普通高等学校教育学系列教材

U0955026

教育政策法规与师德规范

第2版

JIAOYU ZHENGCE FAGUI YU SHIDE GUIFAN

主　编◎杨思帆　刘建银　艾诗根

西南大学出版社
SWUP 国家一级出版社　全国百佳图书出版单位

图书在版编目(CIP)数据

教育政策法规与师德规范 / 杨思帆，刘建银，艾诗根主编. — 重庆 ：西南师范大学出版社，2020.8
ISBN 978-7-5697-0313-9

Ⅰ. ①教… Ⅱ. ①杨… ②刘… ③艾… Ⅲ. ①教育政策—中国②教育法—中国③师德—行为规范—中国 Ⅳ. ①D922.16②G451.6

中国版本图书馆 CIP 数据核字(2020)第 148000 号

教育政策法规与师德规范(第 2 版)

杨思帆　刘建银　艾诗根　主编

责任编辑:郑先俐
责任校对:雷　刚
封面设计:汤　立
排　　版:江礼群
出版发行:西南大学出版社(原西南师范大学出版社)
地址:重庆市北碚区天生路 1 号
邮编:400715　市场营销部电话:023-68868624
网址:http://www.xdcbs.com
经　　销:全国新华书店
印　　刷:重庆亘鑫印务有限公司
成品尺寸:185mm×260mm
印　　张:18.5
字　　数:397 千字
版　　次:2022 年 8 月　第 2 版
印　　次:2024 年 1 月　第 3 次印刷
书　　号:ISBN 978-7-5697-0313-9

定　　价:58.00 元

前　言

百年大计，教育为本；教育大计，教师为本。教师是人类灵魂的工程师，是人类文明的传承者，承载着传播知识、传播思想、传播真理，塑造灵魂、塑造生命、塑造新人的时代重任。新时代对教师的职业理念和知识体系提出了更高更多的要求，而教育政策法规和师德规范正是新时代各级各类教师都必须掌握和领会的学习内容。学习教育政策法规和师德规范的首要目的就是让我们的教师及“准教师”师范生们完整了解并准确把握党和国家的教育行动准则，明晰教育发展的指向，并在实践中落实党的教育政策目标。学习教育政策法规和师德规范更重要的目标是让所有教育从业者知行合一，将教育政策法规和师德规范真正融入内心深处，在教师工作和教育生活中自觉遵从教育政策法规和师德规范的要求。同时，作为师范生走上教育工作岗位的必修课程，教育政策法规和师德规范既能引导学生以更广阔的视野认识理解教育教学现象，也能提升学生分析教育教学问题和探究教育教学规律的能力，更能促进学生践行“学高为师、身正为范”的教师标准。

本教材是基于新时代教师发展要求的视角，以我国教育改革发展为背景，以教育部颁布的教师资格证书考试要求为参考，综合梳理我国各类代表性、典型性和主要的教育政策法规及师德规范文件编撰而成。教材具有以下三个特点：第一，紧密结合基础教育改革及需求。教材以基础教育改革为重要背景，主要对标基础教育领域教师需求，结合中小学教师发展标准，以服务中小学教师队伍建设为根本目标。第二，紧密结合教师资格考试的要求。本教材的知识点较完整地对接了教育部颁布的教师资格证书考试要求，注重教育理论与实践的结合，并坚持内容体系的基础性、时代性、科学性及完整性。第三，紧密结合师范生和一线教师的学习特点。在教材内容上，注重以点带面，理论结合实际，与当代社会和学生的生活相契合；在教材写作语言上，力求简练、清晰、易懂；在教材结构上，强调逻辑清晰、布局科学，各章节在形式和体例上保持一致。

本教材的编写是集体通力合作的过程。杨思帆、刘建银、艾诗根三位主编经多次讨论修改，形成了教材的编写体例和内容大纲。全体作者积极参与了教材编写的全过程，各章的执笔人如下：第一章：梅仪新；第二章：未华倩；第三章：庞贞艾；第四章：袁潇、黄露；第五章：刘建银；第六章：肖未；第七章：陈静；

第八章：黄露、袁潇；第九章：艾诗根；第十章：李彦琳；第十一章：刘丹；第十二章：陈语。书稿最后由杨思帆、刘建银和艾诗根统稿。陈青青、龚俊红等参与了部分校对工作。

本书是重庆市高等教育学会高等教育科学研究课题“面向新时代教师质量标准的教师教育课程群开发与实施研究”的成果之一。本书的编写得到了重庆师范大学副校长杨如安教授、教育科学学院院长申仁洪教授等的大力支持和指导！在本书出版过程中，得到了西南师范大学出版社高等教育分社郑持军社长的大力支持，责任编辑郑先俐老师为本书的顺利出版付出了辛勤劳动和诸多努力！本书的编写还参考、学习了国内外诸多前辈和同行的著作与论文等。在此，谨向上述各位表示诚挚的感谢！

本书可以作为高等师范院校师范生课程教材，也可以作为各类考生参加教师资格证书考试的参考书，还可以作为中小学教师继续学习教材及各类教育从业者平时学习的参考书籍。由于教材编写时间紧张及我们的水平有限，书中不妥之处恳请大家批评指正，谢谢！

目录 CONTENTS

上篇 教育政策

中篇　教育法规

下篇　师德规范

上篇

教育政策

第一章
教育政策概述

◆思维导图

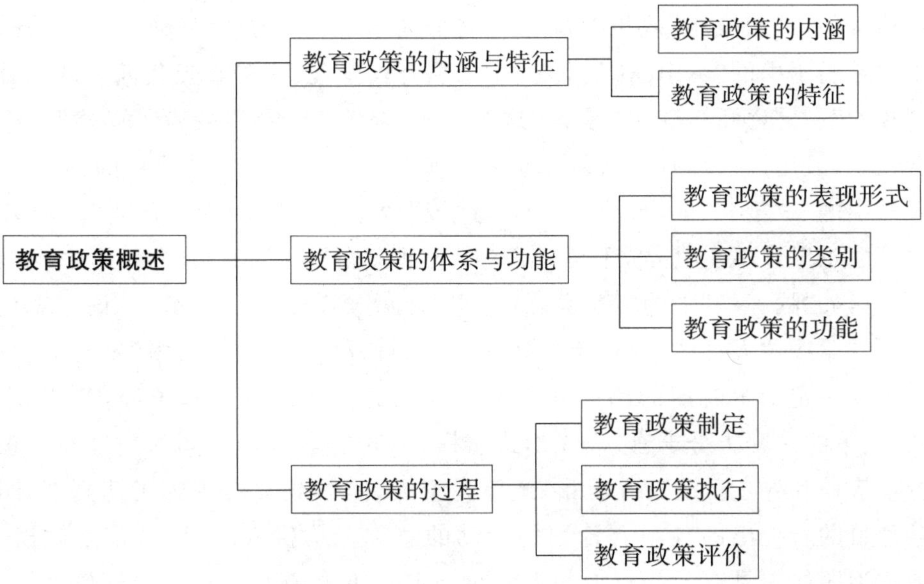

◆学习目标

1. 理解教育政策的内涵及特征。

2. 认识教育政策的主要功能，了解教育政策的五类主要表现形式，了解教育政策的类别。

3. 理解并掌握教育政策制定、教育政策执行、教育政策评价三个阶段及其内容。

◆学习重点

教育政策制定、教育政策执行、教育政策评价三个阶段及其内容。

|第一节|
教育政策的内涵与特征

一、教育政策的内涵

教育政策是国家政策系统的一部分，属于国家政策系统的一个子系统。因此，理解“政策”的内涵是理解“教育政策”内涵的基础。

(一)什么是政策

在英文中，最初没有“政策”(policy)这个词语，只有“政治”(politics)一词，该词来源于古希腊语中的“politeke”，意为“关于城邦的学问”。随着近代西方政治社会的发展，“政治”一词逐渐演变出“政策”这个词汇，具有“政治”“策略”“谋略”“权谋”等多种含义，一般用以指称政府或政党组织为实现某一特定目的所采用的办法。

汉语中的“政策”一词，包含了“政”与“策”两个字。“政”在中国古汉语中有“政权、政事”的意思，“不在其位，不谋其政”即为此意。“策”在中国古汉语中有“计策、策划”之意，如“战国策”中的“策”字，就是指“计策与谋略”。“政策”一词在现代汉语中，一般与“路线”“方针”“策略”等相联系。比如，《辞海》中将“政策”定义为：“国家、政党为实现一定历史时期的路线和任务而规定的行动准则。”基于界定“政策”的视角不同，政策的内容十分丰富，表现形式多样，不同的学者从不同的角度对政策的内涵进行了解释和界定。从广义上讲，政策是个人、团体或政府等为了达到某种目标，实现某种目的所提出的各项有计划的活动的总称。从狭义上讲，政策是政府、政党和其他政治团体等具有公共权力的主体在一定的历史条件下和社会环境中，为了实现其政治、经济、文化、社会、科技、教育等各项发展目标而提出的政治性的行为依据和准则。平常我们所说的“政策”，也是本书论述的“政策”，一般是指狭义的政策，它的表现形式包括计划、法律、措施、规章、规则、条例、策略、方法等。

(二)什么是教育政策

什么是教育政策？不同的学者从不同的视角或切入点对其作了多种解释。叶澜认为，教育政策是“政府或政党制定的有关教育的方针和政策，主要是某一历史时期国家或政党的总任务、总方针、总政策在教育领域内的具体体现”①。张焕庭等认为，教育政策是“党和政府在一定历史时期为教育工作制定的基本要求和行动准则”②。孙绵涛认为：“教育政策是一种有目的、有组织的动态发展过程，是政党、政府

---

①叶澜.教育概论[M].北京：人民教育出版社，1991：146—155.

②张焕庭.教育辞典[M].南京：江苏教育出版社，1989：763.

等政治实体在一定历史时期，为了实现一定的教育目标和任务而协调教育的内外关系所规定的行动依据和准则。”①袁振国认为：“教育政策是一个政党或国家为实现一定历史时期的教育任务而制定的行动准则。”②成有信认为，教育政策是“负有教育的法律或行政责任的组织及团体为了实现一定时期的教育目标和任务而规定的行动准则”③。范国睿认为：“教育政策是负有教育的法律或行政责任的组织和团体为实现特定时期的教育目的，在管理教育事业过程中制定和执行的，用以确定和调整教育利益关系的行为准则。”④

上述学者的解释有助于我们更全面地理解教育政策的内涵。根据上述界定，我们认为，教育政策是国家和政党为了实现一定时期的教育目标和任务，通过一定的程序制定的调节教育内外关系的行动依据和准则，表现为教育路线、教育方针、教育战略、教育规划、教育决定、教育法律法规等形式。

二、教育政策的特征

(一)方向性与政治性

方向性是教育政策的基本特性。教育政策作为宏观的行动准则，规定了教育发展的未来方向。如邓小平同志所指出的“三个面向”——教育要面向现代化，面向世界，面向未来，就是我国当时的教育发展方向。政治性是教育政策的根本特征。教育作为一项培养未来社会公民和统治阶级接班人的社会事业，具有鲜明的上层建筑特质。任何国家和政党制定的教育政策，都必然以满足其自身的利益和要求为根本目的，必须保证政治性特征。

(二)目的性与可行性

教育政策是人们主观意识的体现和主观能动性的产物，具有明确的目的性。明确的目的性是教育政策的基本特征，没有目的性的教育政策是不存在的。同时，要使教育政策的目的变成现实，就要充分考虑教育政策的可行性。教育改革与发展目标的制定，必然要考虑社会环境、经济基础、现有条件等，宏伟的教育目的建立在实事求是的前提下。这就要求我们在制定教育政策时，必须将目的性和可行性联系起来考虑，使两者有机地结合起来，达到一个最佳的平衡点。

(三)稳定性和调整性

教育政策必须具有较强的稳定性。教育政策的制定需要充分考虑社会发展所处的历史阶段的各种情况，使教育政策在一定时期和范围内保持相对的稳定，这有

---

①孙绵涛.教育政策学[M].武汉:武汉工业大学出版社,1997:8.

②袁振国.教育政策学[M].南京:江苏教育出版社,2001:115.

③成有信,等.教育政治学[M].南京:江苏教育出版社,1993:201.

④范国睿,等.教育政策的理论与实践[M].上海:上海教育出版社,2011:5.

利于教育活动正常、稳定地运行。如果教育政策朝令夕改，变化频繁，使人无所适从，就会失去其作为规范和准则的作用，影响民众对教育政策的信任程度和执行教育政策的坚定性。但随着时间的推移，社会政治、经济、科技等外部环境和条件的变化以及教育自身的变化，教育政策也要适应现实而有所调整。

（四）合法性和权威性

合法性和权威性是教育政策的自然属性。教育政策是党和国家依据宪法的授权，为实现人民的教育意志而制定的教育准则。党和国家行为的合宪性决定了其所颁布的教育政策的合法性以及由此而具有的权威性。当然，教育政策的制定和颁布也一定是集思广益、深思熟虑的过程和结果，从政策内容的科学性角度来讲，教育政策也具有很高的权威性。

（五）系统性和多功能性

教育政策的制定是一个严谨、科学的过程，必然要考虑方方面面的平衡和影响因素。每项教育政策的制定都必然会有系统整体的考量，即便是单项教育政策也具有系统性的特征。从教育政策整体来看，一个国家的教育政策体系包括教育体制政策、教育经费政策、教师政策、教育质量政策等多个维度。任何教育政策都是在与其他政策相互作用的过程中发挥作用的，它们相互支持、相互制约，组成了有关社会发展的整体政策。同时，我们也要认识到，教育政策发挥的现实作用是多样的。因为教育政策本身会涉及相关利益者利益的平衡和分配，会涉及多方面的人和事，所以教育政策的影响既可能是政策制定初衷的正功能，也可能会出现政策制定者不愿意看到或没有料到的负功能。认识教育政策功能的多样性，我们才能在教育政策实施过程中客观评价、科学对待其效果。

第二节

教育政策的体系与功能

一、教育政策的表现形式

教育政策一般是以什么样的形式呈现在我们面前呢？一般来说，教育政策是以文本样式呈现的。在我国，教育政策是一个系统的整体，我们见到的教育政策有多种表现形式。

（一）党关于教育的政策性文件

党关于教育的政策性文件主要是指中国共产党中央委员会和省、市、县地方委员会发布的各种纲领、决议中有关教育的内容，以及就教育工作作出的决定、通知等。

1.中国共产党的章程

党章中确立的教育政策是我们党最根本的教育政策，党章中对社会主义教育事业的性质、地位、原则等一系列重大问题作出了明确的规定。

2.中国共产党全国代表大会的决议

在中共中央主持召开的党的全国代表大会上作出的有关教育工作的决议，是党的重要教育政策。例如，中国共产党第十七次全国代表大会的报告和中国共产党第十八次全国代表大会的报告中都有关于新时期党的教育政策的重要表述。

3.党中央制定和批准的文件

由党中央制定和批准发布的有关教育工作的文件，也是党的重要教育政策。例如，1985年经中共中央委员会讨论通过的《中共中央关于教育体制改革的决定》，2010年中共中央、国务院印发的《国家中长期教育改革和发展规划纲要（2010—2020年）》，就是运用政策手段指导中国教育改革和发展的纲领性文件。

4.中国共产党的地方各级领导机关的决议、决定

党的地方各级领导机关及其代表大会讨论本地区范围内教育上的重大问题并形成的决议、决定及其批准的有关教育工作的文件，是适用于本地区的教育政策。

5.党中央直属领导机关和党的地方各级领导机关所属部门制定或批准的文件

党中央直属领导机关和党的地方各级领导机关所属部门在自身职权范围内，可以制定或批准有关教育政策性文件。例如，中共中央宣传部或省委宣传部可以发布规范学校宣传工作的文件。

（二）人民代表大会通过的有关教育的政策性文件

全国人民代表大会、省级人民代表大会和有立法权的市级人民代表大会及其常

务委员会制定或批准的有关教育的政策性文件，即通常所说的教育法律法规，如1994年施行的《中华人民共和国教师法》、2011年实施的《重庆市义务教育条例》等就属于这类教育政策。

(三)国家行政机关制定、发布的有关教育工作的政策性文件

比如，国务院及其所属各部委制定或批准的有关教育的政策性文件；县级以上(含县级)地方各级人民政府及其有关部门依照法律、法规规定的权限制定的有关教育的政策性文件。在实际工作中，这类由国家行政机关作出的有关教育的行政决定，构成了现行教育政策的主体，在指导、规范、协调、促进教育工作方面起着十分广泛而重要的作用。例如，2018年教育部印发的《新时代中小学教师职业行为十项准则》《新时代幼儿园教师职业行为十项准则》就属于这类教育政策。

(四)党与政府出台的教育政策文件

党中央和党的地方各级领导机关所属有关部门与国务院和地方人民政府所属各部门共同制定或批准的有关教育的政策文件，也是党的重要教育政策。例如，中共中央、国务院1993年印发的《中国教育改革和发展纲要》，以及1999年印发的《中共中央 国务院关于深化教育改革，全面推进素质教育的决定》，就属于这类教育政策。

(五)党和国家领导人有关教育问题的讲话、指示

党和国家领导人对教育工作发表的讲话或所作的指示，能否视为教育政策的一种表现形式，学者们的认识不一致。对此，我们认为要做具体分析。《中国共产党章程》中规定："党员个人代表党组织发表重要主张，如果超出党组织已有决定的范围，必须提交所在的党组织讨论决定，或向上级党组织请示。"根据这一规定精神，党和国家领导人有关教育工作的重要主张，是在党的全国代表大会或全国人民代表大会等全国性会议上公布的(如党中央领导在党的全国代表大会上所作的重要讲话、报告等)，或经过党或国家的有关组织批准的，或在党的机关报刊等正式出版物上公开发表的，都应当列入教育政策的范畴，都具有政策性作用。比如，2017年10月18日，习近平在中国共产党第十九次全国代表大会上所作的报告《决胜全面建成小康社会 夺取新时代中国特色社会主义伟大胜利》中的教育部分就属于教育政策。

二、教育政策的类别

各级各类教育政策组成了一个庞大的体系，依据不同的分类标准必然有不同的分类方法。根据我国学者的总结，教育政策可以从协调方式、政策层次、教育类别和政策内容四个方面进行分类。①

① 石正义. 小学教育政策与法规[M]. 北京：北京师范大学出版社，2015：58—60.

(一)基于协调方式的分类

基于协调方式的不同,可以将教育政策分为分配性教育政策、规范性教育政策、再分配性教育政策、构成性教育政策四类。分配性教育政策是为教育领域内的各种主体提供各种权利、利益以及福利等的政策。规范性教育政策是政府为了维护正常的教育秩序、提高教育质量以及促进教育公平,而出台的对教育活动主体的限制和约束的规则、规范等。再分配性教育政策指向教育领域内的资源或权力的转移,这种转移也需要一定的强制性做保障。构成性教育政策是指政府只对教育问题作出原则性的规定和限制,而由教育内部的主体和教育管理者来决定政策以及教育活动方式的政策。

(二)基于政策层次的分类

教育政策按照层次来划分,可以分为教育政策方针、教育政策法规、教育政策规定、教育政策措施四个层次。

教育政策方针指的是国家在一定时期内对教育的总的指导思想和原则,是教育基本政策的总概括。它是确定教育事业发展方向,指导整个教育事业发展的战略原则和行动纲领。例如,1993 年,中共中央、国务院印发的《中国教育改革和发展纲要》中规定:"各级各类学校要认真贯彻'教育必须为社会主义现代化建设服务,必须与生产劳动相结合,培养德、智、体全面发展的建设者和接班人'的方针。"

教育政策法规是指把规范教育领域的问题的规则上升到法律化的层面,形成具有权威性的、稳定性的教育政策,如《中华人民共和国教育法》。

教育政策规定既有由教育法律规定的部分,也有因教育政策调整而出台的某些较成熟的规定。教育政策规定比教育政策法规低一个层次,但是又比教育政策措施高一个层次,它与这两个层次重合的地方比较多。

教育政策措施主要是指根据已有的教育方针、法规以及各种规定而采取的和教育政策相一致的教育政策细化措施、方针等。例如,国家实行义务教育阶段教师绩效工资政策,而各地方可以根据自己的实际情况来制定相应的实施教师绩效工资政策的具体措施。

(三)基于教育类别的分类

教育可以按照纵向的层次划分为初等教育、中等教育、高等教育,相应地可以将教育政策划分为初等教育政策、中等教育政策、高等教育政策。初等教育政策是义务教育政策,如《中华人民共和国义务教育法》等。中等教育政策主要针对中等教育,即高中阶段和其他同等教育阶段的政策。高等教育政策是主要针对高等教育而颁布的各种法律、规定以及各种具体政策,如《中华人民共和国高等教育法》、高等教育自主招生的政策规定等。

教育按照横向顺序来划分,可以分为普通教育与民办教育、职业教育和特殊教育。相应地，除了普通教育政策外，还有民办教育政策、职业教育政策和特殊教育政策等。民办教育政策是规范民办教育发展的政策，主要针对社会力量办学的教育机构而言，如《中华人民共和国民办教育促进法》以及民办教育发展和各项扶持措施。职业教育政策是主要针对职业学校及其教育的各项政策措施，如《中华人民共和国职业教育法》《面向 21 世纪教育振兴行动计划》《国家中长期教育改革和发展规划纲要（2010—2020 年）》中都规定了鼓励和支持职业教育发展的具体政策措施和方针。特殊教育政策是针对特殊教育这个领域的相关政策。

（四）基于政策内容的分类

国内外不少学者都是基于教育政策的内容而对其进行分类的。比如，美国学者佛兰德·S. 柯伯恩认为，教育经费政策、课程政策、学生政策、教师政策、教育管理政策是一个国家教育改革与发展的基本的教育政策。教育经费政策所要解决的是谁出钱、出多少钱、为什么出钱的问题；课程政策所要解决的是教什么的问题；学生政策所要解决的是向谁教的问题；教师政策所要解决的是由谁教的问题；教育管理政策所要解决的是由谁管的问题。① 我国学者孙绵涛把教育质量政策、教育体制政策、教育经费政策、教师政策这四大政策作为一个国家教育改革与发展所必需的基本的教育政策。② 教育质量政策所要解决的是人才培养的质量标准问题；教育体制政策所要解决的是各级各类教育的发展问题；教育经费政策所要解决的是如何筹措教育经费、如何分配教育经费以及如何使用教育经费的问题；教师政策所要解决的是如何建设一支数量充足、质量高的教师队伍的问题。综合国内外学者的研究，我们基于政策内容的标准将教育政策分为教育质量政策、教育体制政策、教育经费政策、教育人事政策四个主要类别，这四个方面是一个国家教育发展与改革中最基本、最重要的政策内容。

三、教育政策的功能

教育政策的功能是多方面的，也是复杂的。不同的教育政策在不同的环境甚至偶然因素的影响下，其发挥的作用和产生的价值也是不尽相同的。学术界对教育政策的功能有多种分析与阐述，依照我国相关学者的总结③④，我们从以下几个方面分析教育政策的功能。

（一）引导功能

教育政策的首要功能就是为教育发展与改革提供方向性的指引，对教育教学活

①孙绵涛．关于国家教育政策体系的探讨[J]．教育研究，2001(3)：8—10，58．

②孙绵涛．关于国家教育政策体系的探讨[J]．教育研究，2001(3)：8—10，58．

③石正义．小学教育政策与法规[M]．北京：北京师范大学出版社，2015：8．

④付世秋．教育政策法规与教师职业道德[M]．北京：清华大学出版社，2016：8—10．

动及人们的行为提供引导作用。教育政策的引导功能通常从两个方面表现出来：一是为教育事业的发展提出明确的目标。例如，《国家中长期教育改革和发展规划纲要（2010—2020 年）》就对我国 2010 年后十年这一段时期教育发展的战略目标作了规定，即“到 2020 年，基本实现教育现代化，基本形成学习型社会，进入人力资源强国行列”，包括实现更高水平的普及教育、形成惠及全民的公平教育、提供更加丰富的优质教育、构建体系完备的终身教育、健全充满活力的教育体制五个方面的具体目标。明确的目标任务能极大地激发社会各界的办学热情，更广泛地凝聚力量共同支持教育事业，全面推进教育发展。二是依据政策推出一系列落实政策的重大措施。比如，《国家中长期教育改革和发展规划纲要（2010—2020 年）》要求深化教育体制改革，加强教育保障措施。教育体制改革包括人才培养体制改革、考试招生制度改革、建设现代学校制度、办学体制改革、管理体制改革、扩大教育开放六个方面的举措；加强教育保障方面的措施主要有加强教师队伍建设、保障经费投入、加快教育信息化进程、推进依法治教、重大项目和改革试点、加强组织领导等。这些措施的提出，能有效促进教育事业的发展，引导教育事业向着政策中的目标迈进。

（二）保障功能

教育政策能够对教育发展起着“保驾护航”的作用。所谓保障功能，是指教育政策客观上起着维护与保障教育事业发展的作用。在现实生活中，人们常说“有了政策保障”，这反映出人们对政策的保障功能的普遍认同与期待。对于教育事业而言，如果没有必要的政策做保障，那么它的发展就会困难重重、举步维艰。教育政策的保障功能主要表现在以下两个方面。

一方面，制定教育政策是为了使教育事业的改革与发展有章可依，这是由制定教育政策的基本目的所决定的。为什么要制定教育政策？或者为什么要制定这样或那样的教育政策？这是因为教育实践中存在着“政策缺失”，有着依凭教育政策的现实需要。教育政策的制定，其本身就意味着要为教育事业的改革和发展提供政策上的支持与保障。

另一方面，实施教育政策是为了保障教育事业能够按照教育政策所确立的目标并沿着教育政策所指引的路径向前发展。无论是宏观的教育政策，还是各项具体的教育政策，均带有鲜明的实践性特征。教育政策指向教育实践，教育实践过程也就成为实践教育政策的过程。教育政策能够为教育的改革与发展提供坚实的实践保障。

从总体上看，教育政策的保障功能重点体现为：保障教育事业在社会发展中应有的地位，保障教育改革与发展的明确方向，保护全社会支持教育事业发展的积极性与热情，等等。保障功能是教育政策的基本功能。

（三）规范功能

教育政策总是带有鲜明的规范性或规定性，它规定着应该做什么或不应该做什么，应该怎样做或不应该怎样做。在教育事业发展过程中，教育政策的规范功能与作用是一种普遍的存在。教育政策的规范功能是由政策本身固有的特点决定的，作为一种政策文本，它所提供的是一种行动的标准。

教育政策的规范功能表现在以下几个方面：其一，指引作用，即教育政策对人的教育行为起着导向、引路的作用。教育政策对人的教育行为指引是一种规范指引，这种指引具有稳定性和连续性的特点。执行教育政策就是按确定的规范行事。其二，评价作用，即教育政策对人的教育行为的评价标准所起的作用。任何教育政策，当它成为一种行为规范时，这种规范就具有判断、衡量他人行为的作用。例如，当人们询问某种教育行为是否是符合政策的行为时，实际上这种询问也就隐含着把教育政策作为一种评价标准和参照。

教育政策的规范功能还体现为其规定了不能做什么、禁止做什么。有的教育政策本身就是一种禁令，如《禁止使用童工规定》《关于坚决制止中小学乱收费的规定》等，这类政策的限制性功能十分明显。在非禁令性的教育政策中，也存在着种种对不被允许的教育行为的限制。教育政策的规范功能还表现为立法制约。任何教育法律，其本身均包含着对违反教育法律行为的制约。

（四）协调功能

教育政策的协调功能是指教育政策在社会发展过程中能起到协调和平衡各种教育关系的作用。教育事业是一项庞大的系统工程，组成这个系统的各个要素之间（如初等教育与中等教育之间、中等教育与高等教育之间）存在着各种各样的关系和结构。除此之外，教育系统与社会母系统之间也无时无刻不在发生着复杂的物质、信息、能量的交换关系，它们之间有时是相安无事的，有时却矛盾重重，表现出异常激烈的冲突。在这种情况下，就需要有一种杠杆来平衡、协调教育关系中各方的权利和利益。教育政策作为利益的“显示器”和“调节器”，能够很好地发挥协调功能。例如，1992 年发布的《国务院关于积极实行农科教结合 推动农村经济发展的通知》在以后的农业发展和农村教育改革中发挥了巨大的协调作用，使长期困扰人们的只就农业抓农业、只就科技抓科技、只就教育抓教育等现象得到了很大程度的缓解，较好地解决了农业、科技、教育三者各自为政的难题，为农业和农村经济的全面振兴打下了良好的基础。经验表明，教育政策的协调功能是以一个全面、配套的教育政策体系为条件的。各种教育政策之间只有纵向一致、横向协调、相互配合、相互补充，而不是相互矛盾和抵触，才可能发挥协调功能。

（五）激励功能

教育政策能够对教育实践产生极大的激励作用。所谓激励功能，是指教育政策客观上起着一种鼓舞、促进教育事业不断向前发展的作用。激励功能是教育政策的力量所在。教育政策是否能真正发挥激励功能或将激励功能发挥到何种程度，取决于教育政策的品质或质量。只有品质优良的教育政策才能对人与社会的教育行为产生良好的影响。而品质优良的教育政策应“符合民意”“顺乎民心”，代表人们的教育意志与愿望，真正符合人们和社会的利益需求。

教育政策的激励功能首先表现为它能够激发起人们内心的普遍认同。真正代表人们利益的教育政策必然是最具有激励功能的，因为这种教育政策是人们所期盼与渴望的，它往往蕴含着对传统教育政策的必要调整与改革。当它得到人们真心实意拥护的时候，必然会焕发出巨大的力量。例如，1977 年，我国教育界及时终止“推荐选拔”制度，恢复高考政策。这一重大的政策调整顷刻间在全国产生了强烈的影响，它唤起了无数青年学子追求科学、追求知识的热情，大大激发了整个社会对教育的重视。

教育政策的激励功能除了表现为它能引起社会大众情感上的共鸣与回应之外，更重要的是，它能激发人们对教育政策实施的积极参与。从拥护政策，到积极、自觉地践履政策，这是政策产生效果的深刻表现。教育政策只有激发了人们广泛而积极的参与，其效果才可能落到实处。

|第三节|

教育政策的过程

教育政策学研究的基本范式或分析框架，一般包括教育政策出台的背景、政策项目、政策实施过程、政策实践结果的因素分析等。① 我国学者袁振国认为，一个完整的政策过程可以分成以下八个阶段：(1)提出问题；(2)问题列入政策议题；(3)寻求解决问题的各种方案；(4)政策抉择；(5)政策执行；(6)政策评估；(7)政策的修改与变更；(8)政策的终结。其中，前四个阶段可以看作“政策制定”阶段，后四个阶段可以看成“政策执行”阶段。② 综合来看，我们将教育政策的过程分为制定、执行、评价三个阶段。

一、教育政策制定

教育政策制定又称为教育政策形成，它是政党、政府等根据一定历史时期的社会政治、经济及教育状况，提出教育工作的行动依据和行为准则的过程。教育政策制定是教育政策过程的第一阶段。这个阶段的主要任务是确定教育政策的目标、任务、内容等，为后续教育政策的实施提供依据和行动框架。

(一)教育政策主题的确定

确定教育政策的主题，是制定教育政策的第一步。政策总是围绕着解决问题而展开的。何谓教育政策主题？它是指将一定的教育问题纳入教育政策讨论的范围，并由此形成教育政策议案。现实中教育问题甚多，但并不是所有的教育问题都应成为或应立即成为教育政策问题。在教育政策制定过程中，如果对教育问题认识不清、不准或教育政策主题不当，制定出的教育政策就无法实现其价值。“政策不及时或政策无的放矢，政策力度不够或杀鸡用牛刀，政策重叠或政策不配套，越俎代庖或回避责任等等，很多时候都是因为对教育问题厘定不清，政策议题不恰当而造成的。”③所以，明确教育问题是决定其能否进入教育政策主题的前提。一个恰当的或良好的教育政策主题必然是对教育问题的准确把握。那么，什么样的教育问题才能成为教育政策的主题呢？一般说来，需要考虑教育问题以下几个方面的特性。

第一，问题的性质。能成为教育政策主题的教育问题究竟应该是一种什么性质

①杨思帆. 处境不利儿童教育补偿政策与实践——美国、印度、中国三国的比较研究[M]. 南昌：江西人民出版社，2016：235.

②袁振国. 教育政策学：一门正在发展的教育新学科[J]. 上海高教研究，1996(1)：8—11.

③袁振国. 中国教育政策评论[M]. 北京：教育科学出版社，2007.

的问题呢？是一种无关痛痒的教育问题，还是比较紧迫的教育问题？是暂时性的教育问题，还是影响深刻久远的教育问题？这对于能否纳入教育政策主题关系甚大。成为教育政策主题的教育问题，应该是带有本质性的对教育改革与发展有重大或重要影响的问题。

第二，问题的重要程度。教育政策主题必须面向现实问题，这类问题应该是亟待解决的问题。

第三，问题的广度。所谓问题的广度，是指教育问题在多大层面上对教育改革与发展产生影响。问题的广度也可视为问题的空间范围，即教育问题是全国性的、普遍性的，还是区域性的、特殊性的。问题影响的空间范围决定着这一问题应该纳入何种层级的政策议题。

第四，解决问题的效益与成本。教育问题一旦纳入教育政策议题，应当是为了通过制定并实施政策以求得对问题及时有效的解决。解决教育问题需要付出一定的人力、物力、财力等教育资源。如果尚待解决的教育问题需要付出的代价过大，或者一时还无力解决，那么这样的问题能否即时纳入教育政策议题便值得认真考虑。权衡得失在正常情况下应被视为一种理性主义的态度。当然，解决教育问题的效益和成本不仅涉及经济、技术层面，也涉及政治、社会影响层面。所以，为解决教育问题付出的代价需要全面衡量、综合考虑。

(二)教育政策制定的主体

教育政策制定的主体是确定由谁来制定教育政策的问题。教育政策制定是一项复杂的系统工程，涉及社会方方面面的利益和关切点，因此，参与的主体应多元化。当然，从根本上说，教育政策是占统治地位的阶级或集团的教育意志的体现。有学者研究发现，教育政策的制定者主要包括两大类：一类是立法者、行政官员、专家、智囊、司法人员、利益团体代言人；另一类是制定政策的组织，如立法机关、行政机关、政党、利益团体、思想库等。[①] 也有学者指出，教育政策制定的主体除了政策制定者(政党、立法者、立法机关)外，还包括在教育政策制定过程中所涉及的教育政策研究者、教育政策咨询专家、智囊、大众传媒以及作为教育政策执行者的各级教育行政机关与官员。在教育决策强调民主化、科学化和专业化的今天，教育政策制定的主体是很广泛的，除了党政机构人员外，学术研究群体、利益相关者代表以及众多的行业普通人员等也会参与到教育政策制定中来。

(三)教育政策的形成

在教育政策的主题确定后，各相关主体会开展一系列复杂的工作，从而形成相

---

①吴志宏，陈韶峰，汤林春. 教育政策与教育法规[M]. 上海：华东师范大学出版社，2003：10.

应的教育政策文本方案并得到确认，即合法化。

第一，确定教育政策目标。教育政策目标是指解决教育政策问题所要达到的结果，一般包括总体目标和具体目标。

拓展阅读

《中国教育现代化2035》的总体目标

《中国教育现代化2035》的总体目标是：到2020年，全面实现“十三五”发展目标，教育总体实力和国际影响力显著增强，劳动年龄人口平均受教育年限明显增加，教育现代化取得重要进展，为全面建成小康社会作出重要贡献。在此基础上，再经过15年努力，到2035年，总体实现教育现代化，迈入教育强国行列，推动我国成为学习大国、人力资源强国和人才强国，为到本世纪中叶建成富强民主文明和谐美丽的社会主义现代化强国奠定坚实基础。2035年主要发展目标是：建成服务全民终身学习的现代教育体系、普及有质量的学前教育、实现优质均衡的义务教育、全面普及高中阶段教育、职业教育服务能力显著提升、高等教育竞争力明显提升、残疾儿童少年享有适合的教育、形成全社会共同参与的教育治理新格局。

第二，拟订教育政策方案。拟订教育政策方案即根据既定的教育政策目标和制定教育政策的基本原则，制定教育政策措施，安排教育政策的实施步骤。教育政策方案是教育实际工作的蓝图，也是实现教育政策目标的途径。教育政策目标能否得以实现最终取决于教育政策方案是否科学合理。科学的教育政策方案，需要了解所要解决教育问题的产生原因、影响因素、实施条件等内容，运用科学的分析方法和思考方法，把握教育发展的规律和教育问题的主要矛盾，进行全面、科学、公平的方案设计和论证，保障政策决策的科学性、有效性，尽可能减少决策失误。

第三，合法化教育政策。教育政策合法化是教育政策制定的最后一个环节，通过这个环节后，教育政策就可以进入实施阶段了。教育政策合法化是指教育政策方案获得合法地位的过程。在对教育政策方案作出决策之后，必须将该方案合法化为真正具有权威性的政策，使之能够得到有效的执行，这就是政策合法化问题。① 教育政策合法化包括主体、程序、结果三个方面的合法化。其中，程序合法化尤为重要。一项教育政策的出台必须要经历系列的认证、审查、通过、批准等环节。如果没有合法的教育政策制定程序，教育政策制定就有可能因为缺乏规范性而成为随机性行为，甚至可能成为领导者的个人意志，给教育政策执行对象带来巨大的伤害。只有经过合法的程序制定出来的教育政策，才可能被人们所认可，并得到良好的执行。

---

①黄忠敬.我国教育政策制定过程之探讨[J].教育理论与实践，2007(3)：21—24.

为了保障教育政策制定的科学性、合理性、公平性，许多发达国家专门制定了涉及政策制定程序的相关法律法规，如审查制度、听证制度、决策监督制度等，对教育政策制定程序的合法化发挥了重要的作用。

二、教育政策执行

（一）教育政策执行的含义

教育政策执行是指各级教育行政机构和相关人员依据国家制定的教育政策，协调相关部门和利益相关者，因地制宜地制定相关措施，开展教育行动，督促下级教育部门和学校等教育机构实施教育政策的一种动态过程。教育政策执行作为教育政策过程的中间环节，起着承上启下的重要作用，是教育政策产生效果的关键环节。这一环节也是检验教育政策的规划和决策是否正确的根本标准。在教育实践中，执行教育政策也是修正与完善教育政策决策失误或问题的基本依据。

（二）教育政策执行的阶段

政策执行是落实政策蓝图或规划的动态过程，也是一个比较长期的过程。参照我国学者已有研究，教育政策执行可以分为准备阶段、实施阶段和总结阶段。①

1.准备阶段

中国有句古语叫“不打无准备之仗”，执行教育政策也是同样的道理，正式执行教育政策的第一个步骤就是做好准备，内容主要包括理解政策、制定执行方案、政策宣传、安排物质、组织准备等。

(1)理解政策

政策执行者在行动前必须了解政策的精神实质，把握政策指导思想、工作目标、政策意义、政策内容等，把政策“吃准吃透”。

(2)制定执行方案

政策的执行是由一系列的活动组成的，需要有一整套包括活动任务、活动方式、活动时间等在内的执行方案，而且方案应当具体、可行，对执行主体的行为方式和目标要求应作出明确的安排。

(3)政策宣传

政策宣传是为了让相关执行人和受政策影响的群体能够理解、支持政策和变革，同时也可以让相关人士做好应对变化的准备。

(4)安排物质

物质资源是政策执行的基础，政策的实施活动有赖于一定的物质资源，包括一定的财力资源和物力资源。例如，执行进城务工人员随迁子女入学政策，需要流入

---

①石正义.小学教育政策与法规[M].北京：北京师范大学出版社，2015:40—41.

地政府不断增加教育经费，加强学校建设，增加学校接纳能力。

(5)组织准备

组织准备包括建立结构合理、精干高效的组织机构，配备胜任的工作人员，制定合理的规章制度，等等。

2.实施阶段

教育政策执行的实施阶段包括政策试验、政策推广等环节，是教育政策执行的核心阶段。

(1)政策试验

许多教育政策在实施前需要先在一定范围内和一定条件下选择对象进行试验，以便了解教育政策存在的不足，及时调整教育政策的实施方案、途径和步骤，减少全面推进方案时可能带来的失效或低效风险。

(2)政策推广

教育政策的全面推广是教育政策执行的最重要环节。在通过试验取得成功的教育政策推广过程中，需要抓住关键问题，以点带面，注意根据不同地区和不同学校的特点，注意不同课程和不同师生的具体要求，进行有针对性、有实效性的推广，充分发挥学校和师生的能动性，才能取得良好的执行效果。

3.总结阶段

教育政策目标是否完成、教育政策贯彻如何、下一步应如何完善，需要对教育政策执行进行评价与总结。既要总结成功的经验，也要总结和反思执行效果不佳的原因，并在后续政策执行中作出调整和改变。

(三)教育政策执行中的问题与对策

教育政策执行中难免会出现各种各样的问题，这些问题有比较普遍的，也有比较特殊的。根据我国学者的梳理，教育政策执行中常见的问题主要有以下几种。①

1.教育政策执行的偏离

所谓教育政策执行的偏离，是指在执行教育政策的过程中，偏离政策目标，违背政策原有的精神与内容，自行其是，其结果导致教育政策执行的严重“变味”与“走样”。这种现象在教育政策执行中并非鲜见。

2.教育政策执行的缺损

所谓教育政策执行的缺损，是指执行教育政策时不是完全按照政策的要求和规划办事，而是仅仅执行教育政策中的部分内容，其余则予以搁置或不理。政策执行的缺损也叫“政策缩水”或“政策折扣”。这种现象在教育政策执行中较严重地存在着。

---

①张乐天.教育政策法规的理论与实践(第三版)[M].上海:华东师范大学出版社,2015:79—80.

3.教育政策执行的表面化

所谓教育政策执行的表面化，是指某种特定的教育政策颁行之后，当进入执行阶段时仅被宣传一通，而未被进一步转化为操作性的具体措施。有时候，政策宣传“轰轰烈烈”，但宣传之后却“按兵不动”或“闻风不动”，于是政策执行只是在做表面文章。这种表面化的现象在教育政策执行中也不乏其例。

4.教育政策执行的泛化

所谓教育政策执行的泛化，是指将仅适宜于某一时段、某一区域或某一领域、部门的教育政策推及至更广泛的时空中实施，其结果是使政策的调控对象、范围、力度、目标超越政策原定的要求。例如，有的教育政策原本规定了不同地区的不同目标，但在实施过程中却用同一种尺度衡量执行的效果与状况。这样，教育政策特有的目的性和针对性就会大打折扣。

5.教育政策执行的附加性

所谓教育政策执行的附加性，是指在执行教育政策的过程中，执行者附加了一些原政策目标所没有的内容，即增添了一些“土政策”，并将此纳入政策执行方案中，使原政策执行融入了一些并不合适的附加条件与成分。

教育政策在执行过程中出现这样或那样的问题或偏差是很难避免的。要想减少这些问题或偏差的出现，就需要在政策执行过程的各个阶段尽力改进或完善相关措施。这些措施包括：加强政策理论与学术研究，提升政策本身的科学性、合理性和规范性；强化教育政策执行机构的施政能力、专业水平及人员素养；更有效地开展政策宣传和舆论引导，最大限度地得到受政策影响群体的理解与支持；加强教育政策执行效果的监督、评价与问责；等等。

三、教育政策评价

（一）教育政策评价的概念

教育政策评价是指依据一定的标准对教育运行的全过程（包括政策方案、政策决策、政策执行、政策效果以及政策实施效率和价值等）进行系统的综合分析与判断，其目的是总结成绩与经验，发现问题与不足，并为教育政策的调整或改变提供依据。

（二）教育政策评价的意义

1.教育政策评价是检验和衡量教育政策效果的基本途径与手段

一项教育政策究竟产生了怎样的实际效果？是否能够达到预期目标？是否带来了一些意料之外的连带效应？这些都需要我们进行检测与评价。评价主体需要密切关注教育政策执行的动向，搜集相关的信息和数据加以科学地分析、思考，得出可靠的结论，以确定该项教育政策的“产出”效果、效率及社会效益。

2.教育政策评价有利于教育决策科学化与民主化

教育决策的科学化依赖于对教育发展形势的客观认识和正确判断。教育政策评价可以帮助决策者更清楚地认识教育政策本身及执行过程中的经验与问题。同时,教育政策评价需要更广泛的群体参与,政策怎么样,人民群众最有发言权。所以,政策评价本身就是依靠民主、发扬民主的过程。

3.教育政策评价是优化教育资源配置的基础

教育资源是有限的,政策决策者和执行者必须考虑如何用有限的资源获得最大的效益。通过教育政策评价,可以确认教育政策的价值,并决定投入各项教育政策资源的优先顺序和比例关系,以寻求最佳的整体效益。

4.教育政策评价是决定教育政策未来走向的重要依据

教育政策具有时限性,也具有持续性。随着社会的发展,一项教育政策是应该继续执行,还是作出调整,抑或是终止?这些必须依据教育政策评价得出的科学结论。所以说,评价是决定教育政策未来走向的重要依据。

(三)教育政策评价的基本方法

教育政策评价是一件很专业且比较复杂的事情,要考虑的因素非常多,包括评价标准、评价数据等。教育政策评价的方法要求科学严谨,限于篇幅,我们在此仅简单介绍几种常用的方法。

1.成本—效益分析法

教育政策在整个过程中都是有成本的,特别是执行过程中更需要投入大量人力和物力,这必然要考虑投入的结果和成效。当然,这种成效不仅仅是经济成效,还包括社会效益等非物质成效。教育是促进学生发展、为未来社会奠基的重要工程,很多时候经济效益只能作为指标之一。结合政策总成本来评价政策效益,是政策评价的一种基本方法。

2.前后对比分析法

前后对比分析法是在排除非政策因素的前提下,将教育政策对象在接受教育政策作用后所取得的变化值,与接受教育政策前的数值或状况相比较,从而确定教育政策带来了多少成效或影响,以此判断教育政策的效果。

3.评价主体分析法

评价主体分析法是指邀请有关专家、政策执行者、政策参与人或受影响群体等以自己对教育政策过程各环节的理解、感受、认识来评定教育政策的执行效果。这种方法有一定的主观性,但这些群体是直接感受政策的"局内人",也是最有发言权的群体,因此,该方法有极大的参考价值。

练习与思考

一、简答题

1.政策的内涵是什么?

2.教育政策的内涵是什么?

3.如何理解教育政策的系统性特征?

4.教育政策的功能包括哪些方面?

5.我国教育政策的主要表现形式有哪些?

6.教育政策的过程主要包括哪些阶段?

二、材料分析题

7.阅读下列材料,分析教育政策制定的主体有哪些。

中共中央1985年发布的《关于教育体制改革的决定》历经了10 000人次的讨论,并十易其稿。1993年的《中国教育改革和发展纲要》,原国家教委召开了多次征求意见的座谈会、研讨会,中央政治局常委前后曾讨论过4次,政治局全体会议讨论过2次,国务院常务会议和办公会议讨论过5次。2010年颁发的《国家中长期教育改革和发展规划纲要(2010—2020年)》自启动到正式颁布,工作小组及其办公室先后在召开不同层面、不同类型的座谈会和研讨会1 800余次,直接参与调研、座谈、讨论的海内外专家和各方人士有35 000余人次。在文本面向社会征求意见期间,全国人大、全国政协、各民主党派中央、中央有关部委、各省(区、市)教育厅(委)、部分大中小学和幼儿园、企事业单位等660多个单位,1 800余名专家、校长、教师、学生、家长、教育部门负责人、企业界人士以及海外人士共提出意见和建议6 100多条。起草组先后召开各类会议近300次,并进行了40多轮大的修改。(材料来源:杨思帆.比较教育探索:理论研究与教育改革[M].南昌:江西人民出版社,2016:213.)

第二章 我国教育政策的历史与发展

◆**思维导图**

- **我国教育政策的历史与发展**
  - 新中国成立后三十年（1949—1978年）的重要教育政策
    - 《中共中央、国务院关于教育工作的指示》
    - “大跃进”时期的教育政策
    - “文化大革命”时期的教育政策
  - 改革开放后三十年（1979—2009年）的重要教育政策
    - 第一次全国教育工作会议与《中共中央关于教育体制改革的决定》
    - 第二次全国教育工作会议与《中国教育改革和发展纲要》
    - 第三次全国教育工作会议与《面向21世纪教育振兴行动计划》《中共中央 国务院关于深化教育改革，全面进行推进素质教育的决定》
    - 《国务院关于基础教育改革与发展的决定》
  - 新时期（2010年至今）我国的主要教育政策
    - 第四次全国教育工作会议与《国家中长期教育改革和发展规划纲要（2010—2020年）》
    - 十八大、十九大与《国家教育事业发展“十三五”规划》
    - 《中共中央 国务院关于全面深化新时代教师队伍建设改革的意见》
    - 第五次全国教育工作会议与《中国教育现代化2035》

◆学习目标

1. 了解不同时期不同教育政策的出台背景、指导思想、教育方针、具体要求。

2. 理解并掌握我国教育政策从新中国成立以来至今的发展轨迹和特点，从而明确教育事业发展的方向，培养收集信息、分析信息的能力。

3. 学会从历史中反思问题，养成全面、辩证分析问题的能力。

◆学习重点

1. 我国教育政策从新中国成立至今的发展轨迹和特点，我国教育事业发展的方向。

2. 教育政策与教育事业发展之间的关系。

|第一节|

新中国成立后三十年(1949—1978年)的重要教育政策

新中国成立后,我国强调"全国一盘棋",即把全国看作一个整体,由中央政府统一制定教育政策,管理和发展教育,由此,颁发了《中共中央、国务院关于教育工作的指示》。1957年后,中国进入了全面建设社会主义时期,社会急剧变化,出现了"大跃进""文化大革命"等重大事件。这些事件对教育改革和发展有着直接或间接的影响,并对教育政策也产生了一定的影响,随之出现了"大跃进"时期的教育政策、"文化大革命"时期的教育政策。

一、《中共中央、国务院关于教育工作的指示》

1958年9月19日,《中共中央、国务院关于教育工作的指示》(简称《指示》)颁布。《指示》被视为全面建设社会主义时期的教育总政策,它在肯定新中国成立以来教育工作取得巨大成绩的同时,也指出了教育工作中的不足,并提出了改进教育工作的具体任务。

《指示》确定了党的教育工作方针,即"党的教育工作方针,是教育为无产阶级的政治服务,教育与生产劳动相结合;为了实现这个方针,教育工作必须由党来领导"。《指示》的主要内容包括:其一,从实践层面肯定了全国解放九年以来,我国教育工作在党的领导之下取得的巨大成绩。例如,"从帝国主义者手里收回了教育主权;妥善地接收了全国的学校;取消了国民党反动派对学校的法西斯管理制度和对学生的法西斯教育和特务统治;建立起社会主义的教育制度……"但是,"教育工作在一定时期内曾经犯过教育脱离生产劳动、脱离实际,并且在一定程度上忽视政治、忽视党的领导的错误"。其二,为改进教育工作的错误提出了一系列具体的任务。例如,在一切学校中,必须进行马克思列宁主义的政治教育和思想教育;在一切学校中,必须把生产劳动列为正式课程;一切教育行政机关和一切学校,应该受党委的领导;等等。其三,强调教育的目的是培养有社会主义觉悟的、有文化的劳动者。为此,教育事业发展的目标是:三年到五年的时间内,基本上完成扫除文盲、普及小学教育、农业合作社社社有中学和使学龄前儿童大多数都能入托儿所和幼儿园的任务。应当大力发展中等教育和高等教育,争取在十五年左右的时间内,基本上做到使全国青年和成年,凡是有条件的和自愿的,都可以受到高等教育。其四,站在人民的历史高度,提出"教育是人民群众的事业",把专业的教育工作者同群众结合起来,采取从群众中来，到群众中去的群众路线的方法，贯彻全党全民办学。

《指示》的颁布正与工农业生产“大跃进”的形势相呼应，全国教育工作者坚决贯彻执行党的指示，按照党的教育方针办事，整个教育事业的面貌发生了巨大的变化。[①] 在短期内，这一教育政策使中国的教育事业得到了迅猛发展。

二、“大跃进”时期的教育政策

随着工农业生产的“大跃进”，“文化大革命”已经开始进入了高潮。与之相契合的是教育政策的“大跃进”，中央作出了多快好省地发展社会主义教育事业的决策，促进了各类教育事业在短期内的迅猛发展。仅以高等教育为例，1957 年全国高校共 229 所，在校生 44.1 万人；1958 年高校迅速增至 791 所，在校生增至 66 万人，高校数量呈现成倍增长的现状。[②] 到 1960 年，全国高校共 1 289 所，在校生 94.7 万人。数据的增长反映了“大跃进”政策所推动的教育的“大跃进式”发展。20 世纪 60 年代初期，“大跃进”和急功近利导致“欲速则不达”的反噬，我国的经济发展、社会发展结果已然突出显现“急躁冒进”的影响，经济和社会发展的调整势在必行。与之相适应，教育政策也作出了重要调整。其一，教育事业放缓了发展的速度，缩小了发展的规模。其二，调整了高校和中等专业学校的专业设置，具体措施是：“合理安排，保证重点，适当放宽专业范围，统一规划国防尖端专业，适当增加文科比重。”[③]

同时期，国家制定并颁布了《全日制小学暂行工作条例(草案)》《全日制中学暂行工作条例(草案)》和《中华人民共和国教育部直属高等学校暂行工作条例(草案)》。这三个条例分别对小学、中学、高校的教育教学作出了系统、科学的规范，是新中国成立以来较为全面、科学的教育教学工作政策，是教育政策本身不断完善、趋于系统化的体现。这三个条例为我国各级各类教育的发展奠定了基础，从小学到中学再到大学，各级教育作为一个整体，强调内部协调、完整统一、科学发展。

三、“文化大革命”时期的教育政策

20 世纪六七十年代，中国发生了“无产阶级文化大革命”。在这一时期，指导教育革命的总政策是《五七指示》。《五七指示》中发出号召：“学生也是这样，以学为主，兼学别样，既不但学文，也要学工、学农、学军，也要批判资产阶级。学制要缩短，教育要革命，资产阶级知识分子统治我们学校的现象，再也不能继续下去了。”《五七指示》批评了资产阶级，强调要夺回教育阵地，驱赶资产阶级，建设无产阶级的教育领地，按照新的教育方式培养无产阶级的建设者和接班人。

---

①连健生. 让党的教育工作方针发射出更大的光芒——纪念“中共中央、国务院关于教育工作的指示”发布一周年[J]. 江苏教育，1959(18)：24—25.

②张乐天. 教育政策法规的理论与实践[M]. 上海：华东师范大学出版社，2009.

③张乐天. 教育政策法规的理论与实践[M]. 上海：华东师范大学出版社，2009.

“文化大革命”时期，在《五七指示》的教育革命总政策指导下，教育事业偏离了正常的发展轨道，“左”倾的教育政策使教育事业的发展遭到了严重的破坏和摧残。“文化大革命”历时十年，教育在漫漫探索之路上，有过进步，也有过彷徨和错误，我们更应该看到错误背后的教训与警醒。

总的来说，新中国成立后的三十年，以《中共中央、国务院关于教育工作的指示》为标志，我国开始了教育改革与发展的探索，中国教育政策的发展经历了曲折，渡过了“大跃进”时期的迅猛发展、“文化大革命”时期的激进，最终迎来了春天。从这段“寻路子，谋发展”的历程中我们可以发现，教育政策对教育事业的发展方向、成效等有着深远的影响，教育政策指引着教育事业的发展，而教育事业的发展又反作用于教育政策的制定，使教育政策在不适应教育发展规律时作出应有的变化与调整。客观地说，新中国成立后三十年的教育政策既发挥了积极的作用，也存在着一定的负面影响，我们应该辩证地看待，以史明鉴。

|第二节|

改革开放后三十年(1979—2009年)的重要教育政策

改革开放后三十年，我国先后召开了第一次、第二次、第三次全国教育工作会议，并颁布了《中共中央关于教育体制改革的决定》《中国教育改革和发展纲要》《面向21世纪教育振兴行动计划》《中共中央 国务院关于深化教育改革，全面推进素质教育的决定》《国务院关于基础教育改革与发展的决定》等纲领性文件。全国教育工作会议的召开，以及教育政策的颁布与实施将中国教育事业提升到一个新的高度，使教育事业实现由量的积累到质的飞跃，跨入了新的阶段。

一、第一次全国教育工作会议与《中共中央关于教育体制改革的决定》

1978年12月，十一届三中全会的召开带来“春的消息”，结束了“文化大革命”，教育重新步入了正轨。1985年5月15日至20日，中共中央、国务院在北京召开了改革开放以来的第一次全国教育工作会议，会议的主要任务是学习邓小平等中央领导关于教育工作的重要指示，商讨完善《关于教育体制改革的决定(草案)》，以及落实该决定的相关措施。会上，邓小平同志做了题为《各级党委和政府要把教育工作认真抓起来》的重要讲话。[①] 此次会议以邓小平同志提出的“教育要面向现代化，面向世界，面向未来”为指针，确立了“教育必须为社会主义建设服务，社会必须依靠教育”的指导思想。

第一次全国教育工作会议的召开迎来了“教育事业改革的春天”，为教育的发展注入了新鲜的血液。教育要面向现代化，面向世界，面向未来，对促进教育努力适应社会主义社会有着极大的推动作用。教育体制改革，尤其是基础教育实行“分级办学、分级管理”的体制原则，调动了社会的积极性，对提高国民的基础文化水平和改善我国教育水平总体落后的情况具有重要的积极意义。邓小平同志提出，各级领导“要像抓好经济工作那样抓好教育工作，把中央的教育体制改革决定落到实处”。在

---

①杨思帆，徐辉. 中国四次国家教育规划的特点、影响及问题分析[J]. 重庆大学学报(社会科学版)，2013，19(1)：167—172.

这样的情况下，我国教育明确了发展方向与重点，开始焕发出勃勃生机。① 据了解，第一次全国教育工作会议结束后，从 1985 年到 1992 年，短短 7 年，社会各界集资约 1 062 亿元办教育，基本消除了农村中小学的破旧危房，明显改善了办学条件，为教育事业的下一步工作奠定了坚实的基础。② 如果说改革开放之前的教育路径是曲折的，那么第一次全国教育工作会议是这条曲线的第一个拐点，是前进的象征和标志，为基本实现九年制义务教育和基本扫除青壮年文盲奠定了基础。

如果将 1985 年第一次全国教育工作会议看作教育发展的新起点，那么《中共中央关于教育体制改革的决定》（简称《决定》）的颁布与实施就是为这个起点锦上添花的，标志着中国教育政策发展进入新阶段。由此，教育体制改革在我国声势浩大地开展起来。

其一，改革开放，人才是国家的关键，而教育是人才的基础。《决定》中明确指出："教育体制改革的根本目的是提高民族素质，多出人才，出好人才。"教育体制的改革与发展的目的是，为社会主义社会服务，从根本上改变现状，间接地多培养人才，培养出好人才，从而发展社会、建设社会。

其二，《决定》的重点是教育体制改革，特别是基础教育管理体制改革。《决定》从纵向的角度明确提出教育结构的三大改革，即基础教育实行九年制义务教育，把发展基础教育的责任交给地方，实行分级管理，建立一支有足够数量的、合格而稳定的师资队伍，提高教师的社会地位和生活待遇；调整中等教育结构，大力发展职业技术教育，发挥中等专业学校的骨干作用；改革高等学校的招生计划和毕业生分配制度，扩大高等学校办学自主权。经过改革，要达到：使基础教育切实得到加强，职业技术教育得到广泛的发展，高等学校的潜力和活力得到充分的发挥，学校教育和学校外、学校后的教育并举，各级各类教育能够主动适应经济和社会发展的多方面需要。

《决定》的颁布与实施启动了教育体制的改革与发展，呈现了该时期教育政策发展的地方性特点，即将发展教育的责任交给地方，实行分级管理，地方制定自己的教育政策。由此，以《中共中央关于教育体制改革的决定》为标志，我国开始了教育改革的探索，至 20 世纪 90 年代教育体制改革全面推进、不断优化，包括宏观上分权、分级的教育体制管理改革，微观上基础教育、中等教育、高等教育体制改革及高等学校招生体制改革等。

---

①杨思帆，徐辉. 中国四次国家教育规划的特点、影响及问题分析[J]. 重庆大学学报（社会科学版），2013，19(1)：167—172.

②改革开放以来的三次全国教育工作会议[EB/OL]. (1999-07-06)[2020-02-09]. http://edu.cnr.cn/eduzt/jygz/hg/201007/t20100716_506746816.html.

二、第二次全国教育工作会议与《中国教育改革和发展纲要》

20世纪90年代，世界风云变幻，科学技术日新月异，教育是国与国之间竞争的核心。可以说，谁掌握了21世纪的教育，谁就掌握了发展的先机。因此，我国的教育迫切需要与时俱进。

中国共产党第十四次全国代表大会在建设中国特色社会主义理论的指导下，明确提出“必须把教育摆在优先发展的战略地位”。① 1993年2月，中共中央、国务院印发《中国教育改革和发展纲要》(简称《纲要》)，这是适应20世纪90年代中国经济社会发展和建立社会主义市场经济体制要求的一个纲领性教育文件。《纲要》绘制了我国教育发展和改革的新蓝图，涉及的内容全面，囊括了当前教育形势、战略方针、体制改革、提高质量、队伍建设、教育经费等。具体来说，主要内容包括以下几个方面。

其一，从国内和国外两个角度对教育面临的形势和任务进行了一定深度和广度的剖析。《纲要》中指出，新中国成立40多年来，我国教育工作取得了显著成就。但总体来说，当前我国教育在总体上还比较落后，具体表现为：教育的战略地位在实际工作中还没有完全落实；教育投入不足，教师待遇偏低，办学条件较差；教育思想、教学内容和教学方法不同程度地脱离实际等。

其二，针对我国的教育实际明确提出教育事业发展的目标和指导方针。《纲要》中提出，到20世纪末，我国教育发展的总目标是：全民受教育水平有明显提高；城乡劳动者的职前、职后教育有较大发展；各类专门人才的拥用量基本满足现代化建设的需要；形成具有中国特色的、面向21世纪的社会主义教育体系的基本框架。再经过几十年的努力，建立起比较成熟和完善的社会主义教育体系，实现教育的现代化。针对我国教育的总体形势以及世界教育呈现的新潮流、新常态，要“进一步扩大教育对外开放，加强国际教育交流与合作”。

其三，就教育体制改革、全面贯彻教育方针、全面提高教育质量、教师队伍建设、教育经费等方面提出了具体的要求和规定。《纲要》对世纪之交的教育改革和发展所作出的战略决策和战略部署具有现实的指导意义，“发展教育事业。提高全民族的素质，把沉重的人口负担转化为人力资源优势，这是我国实现社会主义现代化的一条必由之路”。

1994年6月14日至17日，为贯彻党的十四大和十四届三中全会精神，中共中央、国务院在北京召开了改革开放以来的第二次全国教育工作会议，进一步动员全党全社会认真实施《纲要》，确立教育的优先发展地位。将基本普及九年制义务教育

① 吴德刚.中国教育的伟大变革——党的重要历史文献学习与思考[J].教育研究，2019(2):4—16.

和扫除青壮年文盲列为教育工作的“重中之重”。到1998年，全国73%的人口地区普及了九年义务教育，青壮年文盲率降至5.5%。职业教育和成人教育也有了显著发展，5年来有1.8亿职工和近3亿农民接受了各种形式的岗位培训与文化技术教育。[①]

三、第三次全国教育工作会议与《面向21世纪教育振兴行动计划》《中共中央 国务院关于深化教育改革，全面推进素质教育的决定》

20世纪90年代末，知识经济初见端倪，国力竞争日趋激烈，教育在综合国力的提升中仍然处于基础地位。国力的强弱越来越取决于各类人才的质量和数量，劳动者的素质越来越取决于教育的发展和教育质量的提升。为了应对时代挑战，提高学生整体素质和创新能力，1998年12月，教育部印发了《面向21世纪教育振兴行动计划》(简称《教育振兴行动计划》)。1999年6月，我国召开了第三次全国教育工作会议，发布了《中共中央 国务院关于深化教育改革，全面推进素质教育的决定》(简称《素质教育决定》)。据此，我国教育步入了以强调素质教育为特征的新阶段。

《教育振兴行动计划》遵循“教育要面向现代化，面向世界，面向未来”的战略指导方针，全面规划，突出重点，抓住关键，重在落实。其主要目标是：到2000年，全国基本普及九年义务教育，基本扫除青壮年文盲，大力推进素质教育；完善职业教育培训和继续教育制度，城乡新增劳动力和在职人员能够普遍接受各种层次和形式的教育与培训；积极稳步发展高等教育，高等教育入学率达到11%左右；瞄准国家创新体系的目标，培养造就一批高水平的具有创新能力的人才；加强科学研究并使高校高新技术产业为培育经济发展新的增长点做贡献；深化改革，建立起教育新体制的基本框架，主动适应经济社会发展。到2010年，在全面实现“两基”目标的基础上，城市和经济发达地区有步骤地普及高中阶段教育，全国人口受教育年限达到发展中国家的先进水平；高等教育规模有较大扩展，入学率接近15%，若干所高校和一批重点学科进入或接近世界一流水平；基本建立起终身学习体系，为国家知识创新体系以及现代化建设提供充足的人才支持和知识贡献。《教育振兴行动计划》的主要内容是：提出了教育振兴的“六大工程”，即跨世纪素质教育工程、跨世纪园丁工程、高层次创造性人才工程、211工程、建设一流大学以及一流学科工程、现代远程教育工程。《教育振兴行动计划》是面向新世纪的教育目标和行动方略，是跨世纪教育改革和发展的施工蓝图，它将充满生机与活力的中国教育推向了21世纪。

改革开放以来，我国教育改革和发展取得了显著的成就，但在教育思想、教育观

① 改革开放以来的三次全国教育工作会议[EB/OL].(1999-07-06)[2020-02-09]. http://edu.cnr.cn/eduzt/jygz/hg/201007/t20100716_506746816－1.html.

念、教育体制、教育方法等方面仍然滞后于时代的脚步。“国运兴衰，系于教育；教育振兴，全民有责”，教育政策的完善与发展仍将继续。1999 年 6 月 15 日至 18 日，改革开放以来的第三次全国教育工作会议在北京召开，会议的主题是：动员全党同志和全国人民以提高民族素质和创新能力为重点，深化教育体制和结构改革，全面推进素质教育，振兴教育事业，实施科教兴国战略，为实现党的十五大确定的社会主义现代化建设宏伟目标而奋斗。同时，深刻分析了我国面向 21 世纪教育改革和发展的新形势，从迎接 21 世纪挑战的战略高度，提出了全面发展素质教育的新布局，并阐述了发展素质教育的重要性和必要性。会议强调，发展素质教育既不是对过去十几年努力的否定，也不是对考试制度的全盘否定，只是在前期努力的基础上提出更高的要求，为跨入 21 世纪迎接新挑战提前做好准备工作，这是我国教育事业改革和发展的持续深化，是一次有关教育的关键性改革。

第三次全国教育工作会议期间，中共中央、国务院作出了《素质教育决定》，为构建 21 世纪充满生机的具有中国特色的社会主义教育体系指明了方向，对我国跨世纪的教育改革和发展以及科教兴国战略的落实必将产生深远而重大的影响。《素质教育决定》从德智体美劳五个方面论述了“面向未来、面向世界、面向现代化”素质教育的总方针，提出全面推进素质教育，培养适应 21 世纪现代化建设需要的社会主义新人；深化教育改革，为实施素质教育创造条件；优化结构，建设全面推进素质教育的高质量的教师队伍；加强领导，全党、全社会共同努力开创素质教育的新局面。《素质教育决定》的颁布，标志着中国教育事业的发展进入了新阶段，同时也意味着教育发展从教育体制改革到教育事业优先发展再到全面推进素质教育这一漫长的前进过程拥有持久的生命力。

四、《国务院关于基础教育改革与发展的决定》

2001 年 5 月 29 日印发的《国务院关于基础教育改革与发展的决定》（简称《决定》）中指出：“基础教育是科教兴国的奠基工程，对提高中华民族素质、培养各级各类人才，促进社会主义现代化建设具有全局性、基础性和先导性作用。保持教育适度超前发展，必须把基础教育摆在优先地位并作为基础设施建设和教育事业发展的重点领域，切实予以保障。”《决定》对完善管理体制，保障经费投入，推进农村义务教育持续健康发展；深化教育教学改革，扎实推进素质教育；完善教师教育体系，深化人事制度改革，大力加强中小学教师队伍建设；推进办学体制改革，促进社会力量办学健康发展；加强领导，动员全社会关心支持，保障基础教育改革与发展的顺利进行等方面提出了明确要求。该决定充分反映了新世纪初叶基础教育在教育工作中的重要地位，对大力推进基础教育改革和健康发展具有深远的指导意义。

之后，我国又出台了一些纲领性教育文件，如《国务院关于进一步加强农村教育工作的决定》《国务院关于大力推进职业教育改革与发展的决定》《国务院关于大力发展职业教育的决定》等，涉及农村教育、职业教育、高等教育等不同教育层级的各个方面，旨在深化各级教育的改革，促进教育的发展。

回顾改革开放的三十年，从第一次全国教育工作会议到第二次全国教育工作会议，再到第三次全国教育工作会议；从教育体制改革到教育事业优先发展地位的确立，再到全面推进素质教育，然后提出面向新世纪的教育行动方略，这不仅是我国教育事业改革发展量的积累，也是质的飞跃，更是历史性的跨越。每一次教育改革与发展都与教育政策有着相应的衔接与联系，无论是《中共中央关于教育体制改革的决定》《中国教育改革和发展纲要》，还是《面向21世纪教育振兴行动计划》《中共中央国务院关于深化教育改革，全面推进素质教育的决定》《国务院关于基础教育改革与发展的决定》，从逻辑和历史相结合的角度来讲，都体现出教育政策的国家性、地方性和社会性的特点，在保障教育发展和改革的基础上提倡素质教育，并为中国教育事业提供了新世纪的行动方略，这是历史性的进步。

第三节

新时期(2010年至今)我国的主要教育政策

百年大计，教育为本。以2010年为标志，我国教育事业奋力前行、接力改革，党和国家以解决制约我国教育事业发展的重点和难点问题为出发点，以发展具有中国特色、世界水平、促进学生全面发展的现代教育为落脚点，加快推进我国教育政策和教育事业的发展，使其不断取得新进展。教育改革是一项系统工程，新时期我国先后召开了第四次全国教育工作会议、十八大、十九大、第五次全国教育工作会议，并出台了促进教育改革与发展的新政策，如《国家中长期教育改革和发展规划纲要(2010—2020年)》《国家教育事业发展"十三五"规划》《中共中央 国务院关于全面深化新时代教师队伍建设改革的意见》《中国教育现代化2035》，这些教育政策逐渐发挥着有效的功能和作用。

一、第四次全国教育工作会议与《国家中长期教育改革和发展规划纲要(2010—2020年)》

2010年，被称为"中国当代教育改革元年"，第四次全国教育工作会议召开，《国家中长期教育改革和发展规划纲要(2010—2020年)》(简称《教育规划纲要》)正式发布，中国教育未来十年的总体战略、指导思想和战略目标就此确立。

2010年7月13日至14日，全国教育工作会议在北京隆重召开，这是党中央、国务院在新世纪召开的第一次全国教育工作会议，也是改革开放以来的第四次全国教育工作会议。此次会议深刻总结了新中国教育取得的成就，系统分析了国际国内新形势对教育改革发展的新要求，紧密结合《教育规划纲要》的贯彻实施，围绕"到2020年，基本实现教育现代化，基本形成学习型社会，进入人力资源强国行列"的战略目标进行了全面部署。会议强调要"全面推进教育事业科学发展"，阐述了以科学发展观统领教育事业改革发展的战略思想和基本要求，号召全党全社会积极行动起来，坚持育人为本，以改革创新为动力，以促进公平为重点，以提高质量为核心，加快从教育大国向教育强国、从人力资源大国向人力资源强国迈进。[①] 可以说，改革开放后第四次全国教育工作会议的召开，描绘了未来十年国家教育事业改革与发展的蓝图，吹响了加快教育科学发展的号角。

2010年7月，中共中央、国务院印发的《教育规划纲要》是我国第一个中长期教

①杨思帆，徐辉．中国四次国家教育规划的特点、影响及问题分析[J]．重庆大学学报(社会科学版)，2013，19(1)：167—172．

育改革和发展规划的纲领性文件，是我国教育中长期改革和发展的根本遵循。《教育规划纲要》确立了实施科教兴国、人才强国战略，全面贯彻党的教育方针，以全面推进教育事业科学发展为指导思想，提出优先发展、改革创新、促进公平、提高质量的教育行动方略，围绕新世纪的战略目标和战略主体，对学前教育、义务教育、高中阶段教育、职业教育、高等教育、继续教育、民族教育、特殊教育等提出了具体的发展任务。与此同时，提出了保障教育改革和发展的有力措施。《教育规划纲要》将以人为本、推进素质教育作为中国教育改革和发展的战略主题，重视学前教育发展的同时将其作为重要的章节单独列出，同时也注重高中阶段教育的多样化发展，扩大教育开放，鼓励引进国际优质教育资源，强调生命教育。《教育规划纲要》是党中央总揽全局，推动教育改革发展的又一重大举措。2010 年之后，我国教育在这一纲领性文件的指导下呈现出不同的发展景象。

二、十八大、十九大与《国家教育事业发展“十三五”规划》

十八大、十八届五中全会、十九大相继召开，中共中央、国务院印发了《国家教育事业发展“十三五”规划》，这些会议和文件展望中国教育未来，规划教育发展宏图，强调办好人民满意的教育，以人民为中心办教育。

2012 年 11 月，中国共产党第十八次全国代表大会在北京召开，这是在我国进入全面建成小康社会决定性阶段召开的一次十分重要的大会。在国家宏观政策的指引下，大会对素质教育、学前教育、教师队伍建设等方面进行了相应的布局，从教育要求、教育改革、教育公平三个方面进行了相应的阐述，并强调教育是民族振兴和社会进步的基石。第一，在教育要求上，提出全面贯彻党的教育方针，坚持教育为社会主义现代化建设服务的根本任务，培养德智体美全面发展的社会主义建设者和接班人。第二，对教育改革的要求更加宏观、综合，将教学内容方式、考试招生制度、质量评价制度等的改革进一步拓展为教育领域的综合改革。第三，对教育公平提出了新的要求：“大力促进教育公平，合理配置教育资源，重点向农村、边远、贫困、民族地区倾斜，支持特殊教育，提高家庭经济困难学生资助水平，积极推动农民工子女平等接受教育，让每个孩子都能成为有用之才。”即通过缩小区域、城乡、特殊群体之间的教育差异，给每个学生提供相对公平的教育机会。十八大的召开，再次将教育提升到政治战略高度，强调以人民为中心，努力办好人民满意的教育，为全面建成小康社会培养人才。

“十三五”时期是全面建成小康社会决胜阶段，2015 年 10 月 26 日，十八届五中全会在北京召开，以建设教育强国为目标，通过了《国家教育事业发展“十三五”规划》(简称《“十三五”规划》)，把坚持优先发展确定为推进教育改革发展所必须坚持的基本原则之首，旨在如期实现全面建成小康社会的奋斗目标，推动经济社会持续健康发展。在这种宏观规划的建议之下，教育也是经济社会发展的一部分。《"十三五"规划》把立德树人作为教育的根本任务，旨在培养德智体美全面发展的社会主义建设者和接班人。该规划对教育公平、义务教育的均衡发展、教育体制改革提出了具体要求和建议。与此同时，为提升教育质量，满足经济社会发展和人民群众的需求，该规划提出把落实好立德树人根本任务作为核心，把教师队伍建设作为关键，把创新育人方式作为突破口，把构筑质量保障体系作为基本保障，把教育信息化作为重要手段，全面提高教育质量。可以说，《"十三五"规划》是我国教育政策发展的一个里程碑，教育在经济社会发展中的重要地位再一次得到证明。

2017 年 10 月，中国共产党第十九次全国代表大会在北京召开，我国由中国特色社会主义迈进中国特色社会主义新时代。新时代的中国不忘初心、牢记使命，高举中国特色社会主义伟大旗帜，决胜全面建成小康社会，夺取新时代中国特色社会主义伟大胜利，为实现中华民族伟大复兴的中国梦不懈奋斗。强国须由教育奠基，教育助力强国建设。十九大报告把"建设教育强国"确定为"中华民族伟大复兴的基础工程"，并要求"必须把教育事业放在优先位置，深化教育改革，加快教育现代化，办好人民满意的教育"。这是以习近平同志为核心的党中央对新时代中国特色社会主义教育事业作出的重大决策，为促进教育改革发展以及办好人民满意的教育提供了根本遵循。教育强国是中华民族伟大复兴的基础工程，优先发展教育事业仍然是不变的步骤。十九大报告中指出："发展素质教育，推进教育公平，培养德智体美全面发展的社会主义建设者和接班人。推动城乡义务教育一体化发展，高度重视农村义务教育，办好学前教育、特殊教育和网络教育，普及高中阶段教育，努力让每个孩子都能享有公平而有质量的教育。完善职业教育和培训体系，深化产教融合、校企合作。加快一流大学和一流学科建设，实现高等教育内涵式发展。健全学生资助制度，使绝大多数城乡新增劳动力接受高中阶段教育、更多接受高等教育。"

从十八大到十八届五中全会再到十九大的召开，从教育条件的明显改善到教育质量的提高，这不仅仅是对教育政策发展的巩固，也是教育政策本身的螺旋推进，是我国教育改革发展的有力保障。

三、《中共中央 国务院关于全面深化新时代教师队伍建设改革的意见》

新时代我国继续坚持与强化依法治国的基本国策，教师队伍专业化继续升级，教育法制化建设继续向前推进，教育政策有了新的进展。2018 年 1 月，《中共中央 国务院关于全面深化新时代教师队伍建设改革的意见》（简称《意见》）出台。《意见》以习近平新时代中国特色社会主义思想为指导，全面贯彻落实党的十九大精神，全面贯彻党的教育方针，突出师德师风，创新体制机制，全力推进新时代教师队伍建设改革；坚持正确方向，突出师德养成、坚持优先发展，强化措施保障、坚持改革创新，优化体制机制、坚持分类施策，强化素质提升。教师发展，师德为要，《意见》在全面加强师德师风建设上提出了三个方面的具体举措：一是加强教师党支部和党员队伍建设；二是提高思想政治素质；三是弘扬高尚师德。同时，对提升教师专业素质能力、理顺体制机制、提高教师地位待遇等方面提出了切实的建议与措施。

建设教育强国是中华民族伟大复兴的基础工程，教师队伍质量的提升是建设教育强国的前提。实施《意见》，全面深化新时代教师队伍建设改革，是贯彻落实党的十九大精神的迫切需要。《意见》是新中国成立以来党中央出台的第一个专门面向教师队伍建设的里程碑式的政策文件，立足新时代，将教育和教师工作提到了前所未有的政治高度，对建设教育强国、决胜全面建成小康社会、夺取中国特色社会主义伟大胜利、实现中华民族伟大复兴的中国梦，具有十分重要的意义。

四、第五次全国教育工作会议与《中国教育现代化 2035》

2018 年 9 月，我国召开了改革开放以来第五次、新时代第一次全国教育大会，深刻阐明了教育在党和国家工作大局中的战略地位，集中阐述了“九个坚持”，科学回答了教育的根本性问题，强调了新时代新形势，改革开放和社会主义现代化建设、促进人的全面发展和社会全面进步对教育和学习提出了新的更高的要求；强调教育是国之大计、党之大计，必须加强党对教育工作的全面领导，坚持立德树人，围绕党的教育方针，既坚持一脉相承，又根据新时代新要求作出重要拓展，要求培养德智体美劳全面发展的社会主义建设者和接班人，重申加快推进教育现代化、建设教育强国、办好人民满意教育的总体要求。[①] 此次大会致力于变革教育的方式，致力于增强人民群众的教育获得感，致力于回归教育规律，致力于教育管理机制的完善和教师队伍建设，将“培养什么人”提升为教育的首要问题。第五次全国教育大会承前启后，是一次写入历史、改变生活、走向未来的大会，具有划时代的影响，其现实意义正在新时代教育发展改革的实践中得到证明与显现。

2019 年 2 月，中共中央、国务院印发了《中国教育现代化 2035》，这是中国教育现代化改革与发展又一个里程碑式的纲领性文件，是贯彻落实党的十九大精神和全国教育大会精神，加快教育现代化的重要举措。2035 年是我国基本实现社会主义现代化的重要时间节点，《中国教育现代化 2035》的出台面向 2035 年、面向未来，描绘了教育发展的宏伟蓝图，为新时代开启教育现代化征程指明了方向。

其一，《中国教育现代化 2035》是我国第一个以“教育现代化”为主题的中长期战略规划，是加快推进中国教育现代化的顶层设计，定位于全局性、指导性，时间跨度

① 张力．新中国 70 年教育事业的辉煌历程[N]．中国教育报，2019-09-14(03)．

长。它面向未来描绘了教育现代化发展的美好图景，明确了教育现代化的战略目标、战略任务和实施路径。

其二，《中国教育现代化 2035》以习近平新时代中国特色社会主义思想为指导，深入贯彻党的十九大精神和全国教育大会精神，具有以下鲜明特点：第一，人民性。《中国教育现代化 2035》提出，要加强党对教育工作的全面领导，培养德智体美劳全面发展的社会主义建设者和接班人，以人民为中心构建开放融合的教育体系。第二，前瞻性。《中国教育现代化 2035》坚持以需求为导向，明确推进教育现代化的思路和方向。第三，创新性。《中国教育现代化 2035》倡导以改革促发展，提出运用教育新技术、新机制发展教育改革活力，确保教育现代化目标的实现，如创新人才培养方式，推行启发式、探究式、参与式、合作式等教学方式以及走班制、选课制等教学组织模式，培养学生创新精神与实践能力。第四，可操作性。《中国教育现代化 2035》坚持理论与实践相结合，提出了一系列可操作、可落实的战略任务，明确了实施路径和保障措施，如"加快信息化时代教育变革。建设智能化校园，统筹建设一体化智能化教学、管理与服务平台。利用现代技术加快推动人才培养模式改革，实现规模化教育与个性化培养的有机结合"。

其三，《中国教育现代化 2035》贯彻落实了习近平新时代中国特色社会主义思想以及有关教育的重要论述精神，提出了推进教育现代化的指导思想、基本理念，实现中国教育现代化的战略背景、总体思路、战略任务、实施路径和保障措施，以及推进教育现代化的八大基本理念，即更加注重以德为先，更加注重全面发展，更加注重面向人人，更加注重终身学习，更加注重因材施教，更加注重知行合一，更加注重融合发展，更加注重共建共享。这八大基本理念遵循了教育规律和人的成长规律，也顺应了国际教育的发展趋势。同时，《中国教育现代化 2035》立足于教育发展的突出问题，重点部署了面向教育现代化的十大战略任务，明确了实现教育现代化的实施路径。

《中国教育现代化 2035》是教育面向世界、面向未来、面向现代化的指南，为教育现代化改革和发展指明了方向，提供了根本性的遵循。

中国教育政策发展历经 70 余载，从新中国成立到改革开放，再到中国进入新时代，在这一历史进程中，众多教育政策得以启动、尝试、改进，中国教育的改革和发展也在教育政策的指引下不断向"深水区"开进。《中共中央、国务院关于教育工作的指示》的颁布，《国务院关于基础教育改革与发展的决定》《国家中长期教育改革与发展规划纲要（2010—2020 年）》《国家教育事业发展"十三五"规划》《中国教育现代化 2035》等纲领性文件的相继出台，先后召开的十八大、十九大、第五次全国教育工作会议，不仅是我国教育事业量的积累，更是质的飞跃。由基本普及九年制义务教育和扫除文盲到教育体制改革、优先发展教育事业，再到建设教育强国，一次次的教育积累凸显教育政策发展的国家性、地方性、自主性、协调性和开放性的特点，强调保障基本教育的发展和改革，提倡素质教育，坚持以人民为中心发展教育。回顾往昔，我们从教育政策的发展轨迹中积累经验；综观当今，进入新世纪中国教育所取得的成就得到了许多发达国家的广泛认可和赞赏，中国教育政策将在本土化、全球化、多元化、数字化等方面继续积极发展。

练习与思考

一、简答题

1. 教育振兴的“六大工程”指的是哪六大工程？

2. 试分析改革开放后三十年我国教育政策发展的特点。

二、材料分析题

全面贯彻落实党的十九大精神，以习近平新时代中国特色社会主义思想为指导，紧紧围绕统筹推进“五位一体”总体布局和协调推进“四个全面”战略布局，坚持和加强党的全面领导，坚持以人民为中心的发展思想，坚持全面深化改革，牢固树立新发展理念，全面贯彻党的教育方针，坚持社会主义办学方向，落实立德树人根本任务，遵循教育规律和教师成长发展规律，加强师德师风建设，培养高素质教师队伍，倡导全社会尊师重教，形成优秀人才争相从教、教师人人尽展其才、好教师不断涌现的良好局面。（材料来源：《中共中央 国务院关于全面深化新时代教师队伍建设改革的意见》。）

3. 材料中提到“遵循教育规律”，简要阐述你对教育规律的理解。

4. 结合材料联系实际论述当前教师应具备的基本素养。

三、论述题

5. 简要论述教育政策与教育事业发展的关系。

第三章
我国基础教育重要政策

◆思维导图

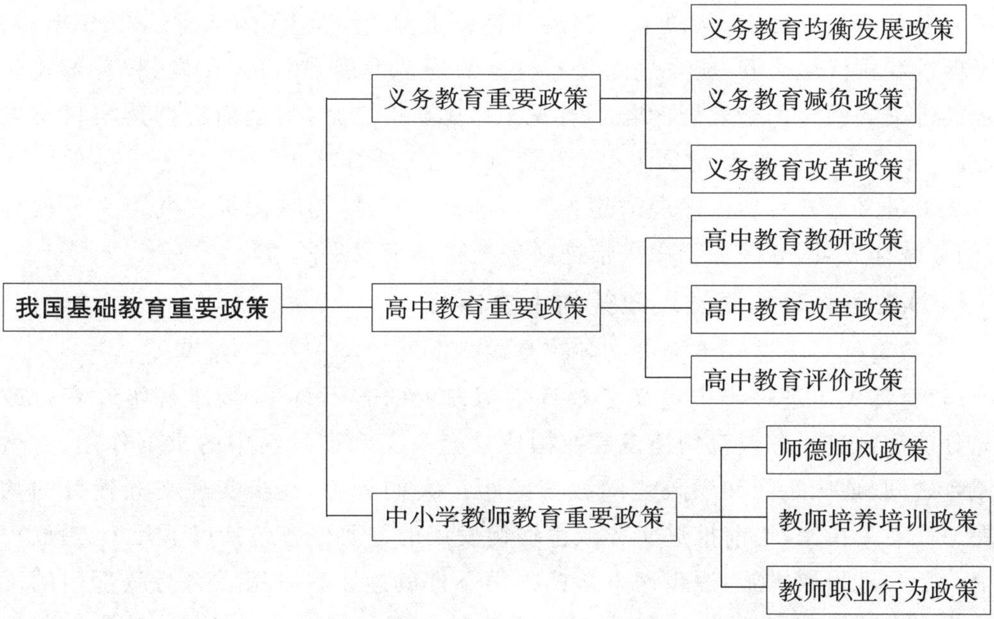

◆学习目标

1. 了解我国基础教育重要政策有哪些。

2. 认识我国基础教育重要政策的发展历程和影响。

3. 通过对我国基础教育重要政策的解读，掌握相关政策的出台背景、总体思路、主要内容、目标及措施，领会政策传达的精神和教育理念。

4. 引导学生恪守师德，弘扬师魂，自觉遵守教师职业道德规范。

◆学习重点

1. 通过对我国基础教育重要政策的学习，明确其指导思想和基本目标。

2. 认识我国基础教育重要政策，领会重要政策的精神，树立先进的教育理念。

|第一节|
义务教育重要政策

一、义务教育均衡发展政策

(一)义务教育均衡发展政策的演进

1986年公布实施的《中华人民共和国义务教育法》提出我国实行九年义务教育制度,2011年我国所有省(区、市)通过了国家“普九”验收,我国用25年时间全面普及了城乡免费义务教育,从根本上解决了适龄儿童“有学上”的问题。2005年5月,为了促进我国区域之间、城乡之间义务教育的均衡发展,教育部印发《教育部关于进一步推进义务教育均衡发展的若干意见》。2010年1月,为全面贯彻落实科学发展观,进一步推进义务教育均衡发展,教育部印发《教育部关于贯彻落实科学发展观进一步推进义务教育均衡发展的意见》。2012年9月,为巩固提高九年义务教育水平,国务院印发《国务院关于深入推进义务教育均衡发展的意见》。

(二)义务教育均衡发展政策的主要内容

1.《教育部关于进一步推进义务教育均衡发展的若干意见》解读

《教育部关于进一步推进义务教育均衡发展的若干意见》要求各级教育行政部门充分认识推进义务教育均衡发展在构建社会主义和谐社会中的重要作用,有效遏制城乡之间、地区之间和学校之间教育差距扩大的势头,逐步实现义务教育的均衡发展。该意见指出,当前推进义务教育均衡发展的主要任务包括以下几个方面。

一是积极采取措施,逐步缩小学校办学条件的差距。各级教育行政部门的工作人员要多实地考察当地学校,加大对办学条件薄弱学校的支持力度,对办学条件低于基本要求的学校,要制定限期改造计划,集中力量加快薄弱学校改造进程,尽快使薄弱学校逐年减少。

二是统筹教师资源,加强农村学校和城镇薄弱学校师资队伍建设。“百年大计,教育为本;教育大计,教师为本。”加强师资队伍建设是促进义务教育均衡发展的一项重要举措。为了鼓励更多的人投身于农村教育事业,政府要采取有力措施,实现同一区域同类教师工资待遇基本相同,并逐步提高农村中小学教师的福利待遇。

三是建立有效机制,努力提高每一所学校的教育教学质量。各地要把全面推进素质教育、全面提高教育质量作为推进义务教育均衡发展的根本任务,教育面向全体学生,促进学生在德智体美劳等方面的全面发展,避免出现只开设语文、数学课程的现象,并且要明确规定任何教师不得挤占音乐、体育、美术和社会实践等课时。

四是落实各项政策,切实保障弱势群体学生接受义务教育。义务教育是国家统一实施的所有适龄儿童、少年必须接受的教育，是国家必须予以保障的公益性事业。义务教育的对象是全体适龄儿童，它具有强制性、公益性、统一性等基本性质。政府要加大对公办学校的建设力度，努力解决跟随父母进城务工的孩子和“留守儿童”在思想、学习、生活等方面存在的问题。

五是建立监测评估体系，切实推进义务教育均衡发展。相关部门要建立健全义务教育均衡发展评估机制，公平公正地对各地义务教育均衡发展状况进行评估，对地方各级政府推动义务教育均衡发展的工作开展督导检查，将评估检查结果作为评价地方教育工作的重要指标。

2.《国务院关于深入推进义务教育均衡发展的意见》解读

《国务院关于深入推进义务教育均衡发展的意见》提出的深入推进义务教育均衡发展的主要任务包括以下几个方面。

(1)推动优质教育资源共享

优质学校要充分发挥自身的辐射带动作用，办学水平高的学校和优秀教师通过共同研讨备课、研修培训、学术交流、开设公共课等方式，共同实现教师的专业发展和教学质量的提升。在信息技术不断发展的背景下，学校要努力打造数字化校园，农村学校要逐步实现为每个班级配置多媒体教学设备，推动教育信息化的进程。

(2)均衡配置办学资源

相关部门要进一步深化义务教育经费保障机制改革，以促进教育公平和提高教育质量为根本，加大对农村地区、贫困地区以及薄弱环节和重点领域的支持力度。为农村中小学配齐图书、教学实验仪器设备、音体美等器材，着力改善农村学校学生宿舍、食堂等生活设施，妥善解决农村寄宿制学校管理服务人员配置问题。

(3)合理配置教师资源

总的来说，城市的教育质量普遍高于农村的教育质量，这在很大程度上说明城市和农村的师资力量失衡。很多高校毕业生不愿意到农村学校任教，因此，各级教育部门要采取各种有效措施，吸引优秀高校毕业生和志愿者到农村学校或薄弱学校任教。对长期在农村和边远地区工作的教师，在工资、职称等方面实行倾斜政策，切实维护农村教师的各种权益。

(4)全面提高义务教育质量

教育工作者要树立科学的教育质量观，以素质教育为导向，促进学生德智体美全面和生动活泼主动发展，不得挤占体育、音乐、美术、综合实践活动及班会、少先队活动的课时。学校要敢于尝试教育教学改革试验，努力办出特色、办出水平，为每位学生提供适合的教育。教师不仅要向学生传授基础知识和基本技能，还要培养学生的社会责任感、创新精神和实践能力。

(5)加强和改进学校管理

任何机构或组织正常有序地运转都离不开各项管理措施，各级教育行政部门在学籍管理、招生办法、财务管理等方面要制定严格的管理机制。各地要加强对学校管理工作的指导，督促学校建立健全管理制度，确保学校各项工作的正常进行。

(三)义务教育均衡发展政策的影响

首先，促进了教育公平的实现。义务教育均衡发展的核心工作是对各地区、各学校之间的教育资源进行均衡配置，提供均等的教育机会，努力实现教育公平，保障青少年儿童都能获得基本的教育教学权利，让每位儿童都能获得良好的发展。

其次，促进了教育质量的提升。义务教育均衡发展政策在使公民获得基本教育机会的基础上，还要推动义务教育的发展，使教育公平与教育质量得到保障。由此，深入推进义务教育均衡发展，全面提高了义务教育质量，推动了教育事业科学发展。

最后，推动了义务教育的可持续发展。过去，义务教育失衡的问题突出，城市与乡村的教育经费、师资队伍、硬件设施等方面有着较大差距，导致城乡教育的差距较大，乡村教育举步维艰。义务教育均衡发展政策强调优质教育资源共享、办学资源均衡配置、教师资源合理配置等，这为城乡义务教育的持续发展提供了动力。

二、义务教育减负政策

(一)义务教育减负政策的发展

1983 年 12 月，教育部发布《关于全日制普通中学全面贯彻党的教育方针，纠正片面追求升学率倾向的十项规定(试行)》，要求减轻学生过重的课业负担。1993 年 3 月，原国家教委发布《关于减轻义务教育阶段学生过重课业负担，全面提高教育质量的指示》，从作业时间长度、考试次数等方面对学生减负提出了要求。2000 年 1 月，教育部印发《关于在小学减轻学生过重负担的紧急通知》后，各地作出了积极反应，大多数地区结合本地实际情况制定了有关减负的规定。2018 年 12 月，教育部等九部门印发《中小学生减负措施》，切实减轻违背教育教学规律、有损中小学生身心健康的过重学业负担。2019 年 12 月，中共中央办公厅、国务院办公厅印发《关于减轻中小学教师负担 进一步营造教育教学良好环境的若干意见》，引导全社会理解教育工作，关心中小学教师发展，共同营造良好的教育教学环境。

(二)《中小学生减负措施》解读

减轻中小学生过重课业负担，不是简单地缩短在校时间、减少作业量、降低课业难度，而是要“有增有减”，一是减去强化应试、机械刷题、校外超前超标培训等不合理的负担；二是增加德育、体育、美育和劳动实践，激发学生兴趣，促进学生德智体美劳全面发展。

1. 关于教学

严格执行国家课程方案和课程标准，开足开齐规定课程，努力提高教学质量，促进学生全面发展。学校不得随意提高教学难度和加快教学进度，杜绝“非零起点”教学。义务教育阶段学校严禁以任何名义设立重点班、快慢班、实验班，规范实施学生随机均衡编班，合理均衡配备师资。

2.关于考试

小学一二年级每学期可组织1次统一考试，其他年级每学期不超过2次统一考试，不得在小学组织选拔性或与升学挂钩的统一考试。考试成绩实行等级评价，严禁以任何形式、方式公布学生考试成绩及排名。

3.关于作业

小学一二年级不布置书面家庭作业，三至六年级家庭作业不超过60分钟，初中家庭作业不超过90分钟。作业难度水平不得超过课标要求，教师不得布置重复性和惩罚性作业，不得给家长布置作业或让家长代为评改作业。

4.关于培训机构

严禁将培训结果与中小学招生入学挂钩，严禁作出与升学、考试相关的保证性承诺，严禁组织举办中小学生学科类等级考试、竞赛及排名。

（三）《关于减轻中小学教师负担 进一步营造教育教学良好环境的若干意见》解读

目前，教师特别是中小学教师还存在负担较重的问题，这极大干扰了学校正常的教育教学秩序。《关于减轻中小学教师负担 进一步营造教育教学良好环境的若干意见》中将中小学教师减负内容分为6个方面共20条，可分为三大部分：一是提高认识，包括第1～3条，阐述了重要意义，分析了主要问题，提出了总体要求，强调聚焦教师主责主业，坚决反对官僚主义、形式主义，让中小学教师从一些无谓的事务中解脱出来；二是明确减负内容和主要举措，包括第4～17条，从统筹规范督查检查评比考核事项、统筹规范社会事务进校园、统筹规范精简相关报表填写工作、统筹规范抽调借用中小学教师事宜四个方面，明确了减负的主要任务、责任主体和重点举措；三是强化组织保障，包括第18～20条，从加强领导、加强督导、加强引导三个方面明确了工作要求。

（四）义务教育减负政策的影响

其一，推动了政府建立一套完整的减负执行情况评价体系。各级教育行政部门要深入考察本地区学校的学生减负执行情况，从教育教学长远发展的角度出发，深刻领会上级教育部门的减负精神，因地制宜地制定减负执行情况评价体系，建立完善的相关制度来促使减负落到实处。

其二，促使了家庭积极发挥减负指令的正向保障作用。实行减负政策以后，学生的课余时间变多，但家长不能把学生的课余时间当成“学习的第二课堂”。家长应该树立正确的教育观，“望子成龙、望女成凤”的美好愿望不是强迫孩子去上各种各样辅导班的理由，家长应基于孩子的兴趣爱好、个人特质和发展水平，锻炼孩子各方面的能力，进而促进孩子全面发展。

其三，义务教育减负政策有待进一步贯彻和落实。我国义务教育减负政策的频频出台，既表明减负一直是我国关注的热点问题，也反映出我国义务教育减负政策执行效果不尽如人意。一方面，“换汤不换药”的做法使政策执行者缺乏积极性，采取麻木和无动于衷的态度；另一方面，忽视我国各地教育的差异性，采取“一刀切”的做法，在一定程度上削弱了政策的可执行性。执行力是政策实施的关键，因此，为了实现减负愿景，切实减轻学生和教师的负担，政策执行者要认真落实减负政策行动方案。

三、义务教育改革政策

(一)义务教育改革政策的发展

1985 年 5 月，中共中央印发《中共中央关于教育体制改革的决定》，强调教育体制改革的根本目的是提高民族素质，多出人才、出好人才。1993 年 2 月，中共中央、国务院印发《中国教育改革和发展纲要》，明确提出“必须把教育摆在优先发展的战略地位，努力提高全民族的思想道德和科学文化水平，这是实现我国现代化的根本大计”。1998 年 12 月，教育部印发《面向 21 世纪教育振兴行动计划》，指出要落实科教兴国战略，全面推进教育的改革和发展。1999 年 6 月印发的《中共中央 国务院关于深化教育改革，全面推进素质教育的决定》中提出，要全面推进素质教育，培养适应 21 世纪现代化建设需要的社会主义新人。2001 年 5 月，基础教育面临着新的挑战，国务院印发《国务院关于基础教育改革与发展的决定》。2010 年 7 月，国务院印发《国家中长期教育改革和发展规划纲要(2010—2020 年)》，提出要促进教育事业科学发展，全面提高国民素质。2019 年 6 月，为加快推进教育现代化，中共中央、国务院印发《中共中央 国务院关于深化教育教学改革 全面提高义务教育质量的意见》。

(二)义务教育综合改革政策:《国务院关于基础教育改革与发展的决定》

新中国成立以来，我国经历了多次基础教育改革，这些改革为我国基础教育的发展奠定了基础，作出了重要贡献，并且形成了完善的课程体系和成熟的课程改革机制。[①]《国务院关于基础教育改革与发展的决定》指出，基本普及九年义务教育和基本扫除青壮年文盲(简称“两基”)的目标初步实现，素质教育全面推进。该文件的主要内容包括以下几个方面。

1. 确立基础教育在社会主义现代化建设中的战略地位，坚持基础教育优先发展

基础教育是科教兴国的奠基工程，对提高中华民族素质、培养各级各类人才，促进社会主义现代化建设具有全局性、基础性和先导性作用。保持教育适度超前发展，必须把基础教育摆在优先地位并作为基础设施建设和教育事业发展的重点领域，切实予以保障。

---

①李泽宇．我国基础教育课程改革的适切性研究[D]．长春：东北师范大学，2010.

2.完善管理体制,保障经费投入,推进农村义务教育持续健康发展

进一步完善农村义务教育管理体制。国家确定义务教育的教学制度、课程设置、课程标准,审定教科书。各级人民政府要加大对贫困地区和少数民族地区义务教育的扶持力度,要承担相应的农村义务教育的办学责任,根据国家规定保障教育经费投入,改善办学条件,确保农村中小学教师工资按时发放,提高教师福利待遇。

3.深化教育教学改革,扎实推进素质教育

素质教育是以全面提高人的基本素质为根本目的,以尊重人的主体性和主动精神,注重开发人的智慧潜能,以形成人的健全个性为根本特征的教育。我国自改革开放以来,党和国家始终把提高全民族的素质作为社会主义现代化建设的一项根本任务。国家要根据不同年龄学生的认知规律,优化课程结构,加快构建符合素质教育要求的基础教育课程体系。

4.完善教师教育体系,深化人事制度改革,大力加强中小学教师队伍建设

建设一支高素质的教师队伍是扎实推进素质教育的关键。国家要加大对教师队伍的建设力度,逐步提高教师的学历,扩大教育硕士的培养规模和招生范围,鼓励更多的人从事教师行业,壮大教师队伍。师范院校要探索新的培养模式,加强教学实践环节,增强师范毕业生的教育教学与终身发展能力,使师范生一毕业就能成为一名合格的教师。

5.推进办学体制改革,促进社会力量办学健康发展

义务教育坚持以政府办学为主,社会力量办学为补充;学前教育以政府办园为骨干,积极鼓励社会力量举办幼儿园;普通高中教育在继续发展公办学校的同时,积极鼓励社会力量办学。通过鼓励社会力量办学,加大社会对教育的关注、投资力度。

6.加强领导,动员全社会关心支持,保障基础教育改革与发展的顺利进行

基础教育是全社会的共同事业,继续支持开展“希望工程”、“春蕾计划”以及城镇居民对农村贫困学生进行“一帮一”等多种形式的助学活动。新闻媒体要进一步加大对实施科教兴国战略,推进基础教育改革与发展的宣传力度。国家机关、企事业单位、社会团体等要发挥各自优势,共同努力,形成全社会关心、支持基础教育的良好社会氛围。

(三)义务教育质量提升改革政策:《中共中央 国务院关于深化教育教学改革 全面提高义务教育质量的意见》

为深入贯彻党的十九大精神和全国教育大会部署,加快推进教育现代化,建设教育强国,办好人民满意的教育,深化义务教育教学改革,全面提高义务教育教学质量,中共中央、国务院于2019年6月23日发布《中共中央 国务院关于深化教育教学改革 全面提高义务教育质量的意见》,就深化教育教学改革、全面提高义务教育质量提出如下意见。

1.坚持立德树人，着力培养担当民族复兴大任的时代新人

国无德不兴，人无德不立。1999年6月，第三次全国教育工作会议提出素质教育应该以德育为核心，以创新精神和实践能力为重点。该意见指出，义务教育应坚持以习近平新时代中国特色社会主义思想为指导，全面贯彻党的教育方针，落实立德树人根本任务。

2.坚持“五育”并举，全面发展素质教育

1912年初，蔡元培发表《对于教育方针之意见》一文，从“养成共和国民健全之人格”的观点出发，提出军国民教育、实利主义教育、公民道德教育、世界观教育和美感教育“五育”并举的教育思想。而该意见中的“五育”并举，一是突出德育实效，二是提升智育水平，三是强化体育锻炼，四是增强美育熏陶，五是加强劳动教育。

3.强化课堂主阵地作用，切实提高课堂教学质量

教师在完成教学任务、达到教学目标的同时要切实提高教学质量，努力营造“高效课堂”，这是一种在有效课堂的基础上，完成教学任务和达成教学目标效率较高、效果较好，并且取得教育教学的较高影响力和社会效益的课堂。为了提高教学质量，教师要优化教学方式，注重启发式、互动式、探究式教学，引导学生主动思考、积极提问、自主探究。

4.按照“四有好老师”标准，建设高素质专业化教师队伍

习近平总书记勉励广大教师做有理想信念、有道德情操、有扎实学识、有仁爱之心的“四有好老师”。他强调：“正确理想信念是教书育人、播种未来的指路明灯。不能想象一个没有正确理想信念的人能够成为好老师。”“合格的老师首先应该是道德上的合格者，好老师首先应该是以德施教、以德立身的楷模。”“扎实的知识功底、过硬的教学能力、勤勉的教学态度、科学的教学方法是老师的基本素质，其中知识是基础。”“好老师要用爱培育爱、激发爱、传播爱，通过真情、真心、真诚拉近同学生的距离。”①“四有标准”成为新时期青年教师队伍建设的行动指南。

5.深化关键领域改革，为提高教育质量创造条件

义务教育质量的提升离不开义务教育财政经费的投入，以及对教师队伍建设、教育教学改革、提高教育质量评价的支持力度。学校在实施国家课程的同时要开发适合当地特色、符合学校发展和学生认知发展规律的校本课程。同时，在提高校本课程质量的基础上，严禁用地方课程、校本课程取代国家课程，严禁使用未经审定的教材。

6.加强组织领导，开创新时代义务教育改革发展新局面

各级党委和政府要把办好义务教育作为重中之重，全面加强党的领导。教育部

---

①习近平．做党和人民满意的好老师——同北京师范大学师生代表座谈时的讲话[J].中国高等教育，2014(18)：4—7.

门要会同有关部门为深化教育教学改革、提高义务教育质量提供保障条件，切实管好学校。全党全社会都要关心支持深化教育教学改革、全面提高义务教育质量工作。新闻媒体要坚持正确舆论导向，做好党的教育方针、科学教育观念和教育教学改革典型经验宣传报道。

(四)义务教育改革政策的影响

第一，促进了各地义务教育工作的落实与发展。义务教育是教育工作的基础、重点和难点，也是人们追求幸福生活的需要。为了促进义务教育的发展，我国出台了许多关于义务教育改革的纲领性文件，在办学体制、管理体制、教学制度、教师教育体系、教育经费分配等方面都制定了详细的实施意见，各级教育行政部门积极配合，深化义务教育改革，推进了各地义务教育工作的有效落实。

第二，促进了学校对教师队伍的培养培训力度。一系列义务教育改革政策的出台和实施，促使学校加强教师队伍建设，提高教师的思想素质、业务素质和教学水平，建设一支具有良好政治业务素质、热爱教育事业、结构合理、相对稳定的教师队伍。同时，这些政策也鼓励和吸引了更多优秀的师范专业或非师范专业的毕业生到乡村中小学任教。

第三，促进了政府对薄弱学校的改善与建设。优质学校与薄弱学校在硬件设施、经费投入、师资建设力度等方面严重失衡，导致薄弱学校的教育质量令人担忧。因此，加强对薄弱学校的建设是义务教育改革的重要工作之一，通过共享优质教育资源、互派优秀教师交流经验、加大硬件设施改造力度等措施，实现了薄弱学校办学条件的标准化、均衡化。

第二节

高中教育重要政策

一、高中教育教研政策

(一)高中教育教研政策的发展

1999年8月,为积极发展高中阶段教育事业,提高国民受教育水平,教育部印发《教育部关于积极推进高中阶段教育事业发展的若干意见》。2001年4月,为全面实施素质教育,培养学生创新精神和实践能力,教育部印发《普通高中"研究性学习"实施指南(试行)》。2018年8月,为深入贯彻党的十九大精神,落实立德树人根本任务,教育部印发《教育部关于做好普通高中新课程新教材实施工作的指导意见》,着力提高普通高中教育质量,培养德智体美劳全面发展的社会主义建设者和接班人。

(二)《普通高中"研究性学习"实施指南(试行)》解读

研究性学习是指学生在教师指导下,从学习生活和社会生活中选择并确定研究专题,用类似科学研究的方式,主动地获取知识、应用知识、解决问题的学习活动。[①] 为帮助学校有效实施研究性学习,落实课程计划中的相关要求,《普通高中"研究性学习"实施指南(试行)》将研究性学习作为全体普通高中学生的必修课。

1.设置研究性学习的目的

设置研究性学习的目的在于改变学生以单纯地接受教师传授知识为主的学习方式,为学生构建开放的学习环境,提供多渠道获取知识并将学到的知识加以综合应用于实践的机会,促进他们形成积极的学习态度和良好的学习策略,培养创新精神和实践能力。

2.研究性学习的目标

研究性学习强调对所学知识、技能的实际运用,注重学习的过程和学生的实践与体验。因此,需要注重以下几项具体目标:一是获得亲身参与研究探索的体验;二是培养发现问题和解决问题的能力;三是培养收集、分析和利用信息的能力;四是学会分享与合作;五是培养科学态度和科学道德;六是培养对社会的责任心和使命感。

3.研究性学习的特点

研究性学习是师生共同探索新知的学习过程,是师生围绕着解决问题共同完成研究内容的确定、方法的选择以及为解决问题相互合作和交流的过程,具有以下特

---

①霍益萍,张人红.研究性学习的特点和课程定位[J].课程·教材·教法,2000(11):8—10.

点:第一,开放性。研究性学习的内容不是特定的知识体系,而是来源于学生的学习生活和社会生活,立足于研究、解决学生关注的一些社会问题或其他问题,涉及的范围很广泛。第二,探究性。在研究性学习过程中,学习的内容是在教师的指导下,学生自主确定的研究课题;学习的方式不是被动地记忆、理解教师传授的知识,而是敏锐地发现问题,主动地提出问题,积极地寻求解决问题的方法,探求结论的自主学习。第三,实践性。研究性学习强调理论与社会、科学和生活实际的联系,特别关注环境问题、现代科技对当代生活的影响以及与社会发展密切相关的重大问题。

(三)《教育部关于做好普通高中新课程新教材实施工作的指导意见》解读

1. 工作目标

到2022年秋季开学,全国各省(区、市)均启动实施新课程新教材,相关工作推进机制和保障机制进一步健全;到2025年,新课程新教材的理念、内容和要求全面落实到普通高中教育教学各个环节。

2. 重点任务

一是扎实做好全员培训工作,切实提高组织实施能力;二是认真做好课程实施,开设好国家规定课程;三是深化学校教学改革,发展学生核心素养;四是加强和改进教学组织管理,有序推进选课走班;五是完善考试评价制度,发挥积极导向作用。

(四)高中教育教研政策的影响

其一,转变了高中教学思维和教学模式。在大力提倡素质教育的时代,传统教学模式已经难以适应教育的不断发展需求。课堂教学从以教师为中心转向以学生为中心,充分发挥了教师的主导作用和学生的主体作用,从学生的实际出发,尊重学生的发展水平与个性特点,关注学生的情绪生活和情感体验,使教育面向全体学生,促进每一位学生的发展。

其二,推动了学校教育教学质量的提升。积极发展高中阶段教育事业,对于提高我国教育水平,满足人民群众对高中阶段教育日益增长的需求,缓解初中升学压力具有重要影响。此外,在政策的引领下,重点学校与薄弱学校联合办学、高初中分离、灵活多样的授课形式等促进了学校教育的发展。

二、高中教育改革政策

(一)高中教育改革政策的发展

2000年3月,教育部印发《关于普通高中毕业会考制度改革的意见》,强调深化教育改革。2005年1月,为改变以升学考试总分作为唯一录取标准的做法,教育部印发《教育部关于基础教育课程改革实验区初中毕业考试与普通高中招生制度改革的指导意见》。2014年9月,国务院印发《国务院关于深化考试招生制度改革的实施意见》,初步形成了相对完整的考试招生体系。2016年9月,为进一步推进高中阶段学校考试招生制度改革，教育部印发《教育部关于进一步推进高中阶段学校考试招生制度改革的指导意见》。2019 年 6 月，为统筹推进普通高中新课程改革和高考综合改革，国务院印发《关于新时代推进普通高中育人方式改革的指导意见》。

（二）《国务院关于深化考试招生制度改革的实施意见》解读

改革开放以来，我国考试招生制度不断改进完善，初步形成了相对完整的考试招生体系，对提高教育质量、提升国民素质发挥了不可替代的重要作用。《国务院关于深化考试招生制度改革的实施意见》就深化考试招生制度改革提出了五大任务。

一是改进招生计划分配方式。提高中西部地区和人口大省高考录取率，增加农村学生上重点高校人数，完善中小学招生办法破解择校难题。

二是改革考试形式和内容。完善高中学业水平考试，规范高中学生综合素质评价，加快推进高职院校分类考试，深化高考考试内容改革。

三是改革招生录取机制。减少和规范考试加分，完善和规范自主招生，完善高校招生选拔机制，改进录取方式，拓宽社会成员终身学习通道。

四是改革监督管理机制。加强信息公开，加强制度保障，加大违规查处力度。

五是启动高考综合改革试点。改革考试科目设置，改革招生录取机制，开展改革试点。保持统一高考的语文、数学、外语科目不变、分值不变，不分文理科，外语科目提供两次考试机会；探索多元录取机制；选择有条件的省（市）开展高考综合改革试点。

（三）《教育部关于进一步推进高中阶段学校考试招生制度改革的指导意见》解读

考试招生是现代教育体系的重要节点，考试招生制度改革是教育领域综合改革的突破口。[①] 21 世纪以来，随着基础教育课程改革的不断推进，一些地方在初中毕业生学业考试、综合素质评价、高中招生录取等方面进行了积极探索，积累了有益经验。但是，高中阶段考试招生制度还存在着唯分数论、考试内容偏重机械记忆、招生违规等突出问题。因此，有必要进一步推进中考改革，更好地发挥改革在推进素质教育中的正确导向作用，促进教育公平。

1. 改革目标

到 2020 年左右初步形成基于初中学业水平考试成绩、结合综合素质评价的高中阶段学校考试招生录取模式和规范有序、监督有力的管理机制，促进学生全面发展健康成长，维护教育公平。

2. 改革任务

改革的任务包括推行初中学业水平考试、完善学生综合素质评价、改革招生录

---

①张珊珊. 关于高中考试招生制度改革问题的探讨[J]. 教育科学研究，2015(6)：45—49.

取办法、进一步完善自主招生政策和加强考试招生管理。

3.规范和完善考试招生加分制度

大幅减少、严格控制加分项目，取消体育、艺术等学生加分项目，相关特长和表现等计入学生综合素质评价档案。省级教育行政部门要组织对本地区加分项目和分值进行清理和规范，取消不合理的加分项目，根据国家有关规定和地方实际保留的加分项目，要严格控制加分分值，健全考生加分资格审核公示制度。

（四）高中教育改革政策的影响

首先，促进了学生的全面发展。文理不分科可以最大限度地保障学生自主选择所热爱学科的权利，不受以往单一文科或单一理科的限制，从学生的实际情况出发，尊重学生的学习兴趣，让学生充分发挥擅长学科的优势，从而促进了学生的全面发展。

其次，促进了高中阶段教育的普及。2014 年 9 月，数易其稿的《国务院关于深化考试招生制度改革的实施意见》正式印发，这是 1977 年我国恢复高考以来最为全面系统的一次考试招生制度改革，具有里程碑的意义，它扩大了高中阶段学校的招生规模，改变了许多学生的命运，在一定程度上促进了基础教育的发展。普及高中阶段教育是我国普及义务教育的“升级版”，保障了学生的受教育权和发展权。

最后，促进了学生综合能力的提升。政策要求建立一套综合素质评价体系，客观记录学生成长过程中的突出表现，组织形式多样、内容丰富、主题鲜明的活动，注重社会责任感、创新精神和实践能力的培养，从而促进学生综合素质全面提升，这是具有强烈现实性与针对性的举措。

三、高中教育评价政策

（一）高中教育评价政策的发展

1994 年 12 月，原国家教委办公厅印发《中小学校督导评估工作座谈会纪要》的通知，强调对中小学校的督导评估工作要不断发展，并逐步深入。2014 年 9 月，国务院印发《国务院关于深化考试招生制度改革的实施意见》，提出要完善高中学业水平考试，规范高中学生综合素质评价，探索基于统一高考和高中学业水平考试成绩、参考综合素质评价的多元录取机制。2014 年 12 月，教育部发布《教育部关于加强和改进普通高中学生综合素质评价的意见》，就改进和完善综合素质评价工作提出了要求。2019 年 6 月，为深化普通高中课程改革和高考综合改革，《国务院办公厅关于新时代推进普通高中育人方式改革的指导意见》印发。

（二）《教育部关于加强和改进普通高中学生综合素质评价的意见》解读

对高中学生综合素质评价实施进行研究，既是推动新一轮基础教育课程改革和教育综合改革的必然要求，也是规范与完善综合素质评价实施，促进高中学校教育目的实现，使先进的评价理念、政策与制度“落地生根”的关键。[①]《教育部关于加强和改进普通高中学生综合素质评价的意见》中指出，评价内容主要包括以下几个方面。

一是思想品德。主要考察学生在爱党爱国、理想信念、诚实守信、仁爱友善、责任义务、遵纪守法等方面的表现。

二是学业水平。主要考察学生各门课程基础知识、基本技能掌握情况以及运用知识解决问题的能力等。

三是身心健康。主要考察学生的健康生活方式、体育锻炼习惯、身体机能、运动技能和心理素质等。

四是艺术素养。主要考察学生对艺术的审美感受、理解、鉴赏和表现的能力。

五是社会实践。主要考察学生在社会生活中动手操作、体验经历等情况。

（三）高中教育评价政策的影响

第一，促进了学生的多样化发展。综合素质评价把促进学生全面发展、健康成长作为评价的出发点和落脚点，关注每个学生的成长，发现和培养学生的兴趣特长，引导实施素质教育，促进人人成才、多样化成才。

第二，促进了学生评价方式的改进。评价政策的出台，有利于改进评价方式，有助于扭转单纯用考试分数评价学生的做法，破除“唯分数论”。近年来，国家出台了一系列评价措施，各地开展了积极探索，逐步加强和改进初中、高中学生综合素质评价工作。

第三，推动了素质教育的进一步实施。综合素质评价是发现和培育学生良好个性的重要手段，高校将综合素质评价作为招生录取的重要参考之一，其目的是帮助学生认识和发现自己，从而促进学生全面且个性化的发展，这是深入推进素质教育的一项重要制度。

---

①陈朝晖．普通高中学生综合素质评价实施研究[D]．开封：河南大学，2016．

第三节
中小学教师教育重要政策

一、师德师风政策

(一)师德师风政策的发展

2000年6月,中共中央组织部、人事部、教育部印发《关于深化高等学校人事制度改革的实施意见》,强调要加强教师队伍建设,特别是师德师风建设。2005年1月,为全面贯彻落实党的教育方针的根本保证——加强和改进师德建设,教育部印发《教育部关于进一步加强和改进师德建设的意见》。2013年9月,教育部印发《教育部关于建立健全中小学师德建设长效机制的意见》,引导教师立德树人,为人师表,不断提升人格修养和学识修养。2018年11月,为进一步规范高校教师履职履责行为,教育部印发《教育部关于高校教师师德失范行为处理的指导意见》。2019年12月,为全面提升教师思想政治素质和职业道德水平,教育部等七部门印发《关于加强和改进新时代师德师风建设的意见》。

(二)《教育部关于进一步加强和改进师德建设的意见》解读

加强师德师风建设是教师职业发展的需要,是建设高素质教师队伍的内在要求,是改进教风学风的有力手段,更是当代社会道德风尚建设的必要内容。[①]《教育部关于进一步加强和改进师德建设的意见》印发以来,党和国家高度重视师德建设,造就让人民满意的教师队伍,取得了突出的成就。

1.加强和改进师德建设的主要任务

加强和改进师德建设的主要任务:一是提高教师的思想政治素质;二是树立正确的教师职业理想;三是提高教师的职业道德水平;四是着力解决师德建设中的突出问题;五是积极推进师德建设工作改进创新。

2.加强和改进师德建设的主要措施

加强和改进师德建设的主要措施包括:其一,强化师德教育,多渠道、分层次地开展各种形式的师德教育;其二,加强师德宣传,每年教师节组织师德主题教育活动,集中开展师德宣传教育活动;其三,严格考核管理,将师德建设作为学校办学质量和水平评估的重要指标;其四,加强制度建设,完善师德建设规章制度,建立师德建设长效机制。

---

①赵培举.加强师德师风建设 培养高素质教师队伍[J].中国高等教育,2013(13):66—68.

（三）《关于加强和改进新时代师德师风建设的意见》解读

推进新时期师德建设，必须以热爱学生、教书育人为核心，以教师的成长为出发点，优化制度环境。①《关于加强和改进新时代师德师风建设的意见》主要从全面加强教师队伍思想政治工作、大力提升教师职业道德素养、将师德师风建设要求贯穿教师管理全过程、着力营造全社会尊师重教氛围、推进师德师风建设任务落到实处等5个方面，提出包含“三个坚持”（坚持思想铸魂、坚持价值导向、坚持党建引领）、“三个突出”（突出课堂育德、突出典型树德、突出规则立德）、“四个严格”（严格招聘引进、严格考核评价、严格师德督导、严格违规惩处）、“四个强化”（强化地位提升、强化权利保护、强化尊师教育、强化各方联动）和“一个加强”（加强工作保障）在内的15项具体任务，全方位构建师德师风建设新格局。

（四）师德师风政策的影响

其一，促进了高素质教师队伍的培养。做一名中国的教师，便要有当代中国的“教师魂”。② 一个优秀的教师不仅要具备丰富的知识与专业的教学技能，更要具备高尚的道德观念、情操与品质，正所谓“学高为师，德高为范”。实施有关师德师风的政策，有助于教师在道德认识、道德情感、道德意志、道德信念、道德行为、道德习惯等多方面的提升。

其二，提升了校园精神风貌和教师声誉。教师作为开展学校教育的主体，人才培养、知识的传递与创新、优良校风与学风的营造都离不开教师优良的师德师风。教师的师德师风也决定着学校的精神风貌，是学校教育教学水平的重要体现。良好的师德师风能让学校的精神面貌焕然一新，使学校赢得较好的社会声誉。

其三，带动了学生的品格成长。教师是学生学习的引领者，其一言一行都会对学生产生非常重要的、潜移默化的影响，这就对教师的个人修养、道德品质提出了较高要求。有人说：“有什么样的教师就会有什么样的学生。”有理想信念、有道德情操、有扎实学识、有仁爱之心的优秀教师必定会促进学生的发展。

二、教师培养培训政策

（一）教师培养培训政策的发展

2001年10月，为认真做好新课程师资培训工作，教育部印发《关于开展基础教育新课程师资培训工作的意见》。2018年1月，为造就党和人民满意的高素质专业化创新型教师队伍，《中共中央 国务院关于全面深化新时代教师队伍建设改革的意

---

①王小梅．以人为本 推进新时期师德建设——学习《教育部关于进一步加强和改进师德建设的意见》的认识与思考[J]．中国高教研究，2005(1)：29—31．

②于漪．谱就师德师风建设的时代诗篇[N]．中国教育报，2020-01-03(01)．

见》印发。2018年3月，为努力建设一支高素质专业化创新型教师队伍，教育部等五部门印发《教师教育振兴行动计划（2018—2022年）》。2018年9月，围绕全面推进教育现代化的时代新要求，教育部印发《教育部关于实施卓越教师培养计划2.0的意见》。

（二）《中共中央 国务院关于全面深化新时代教师队伍建设改革的意见》解读

《中共中央 国务院关于全面深化新时代教师队伍建设改革的意见》就全面深化新时代教师队伍建设改革提出如下意见：第一，坚持兴国必先强师，深刻认识教师队伍建设的重要意义和总体要求。为此，需坚持五个原则：确保方向、强化保障、突出师德、深化改革、分类施策。第二，着力提升思想政治素质，全面加强师德师风建设。为此，需加强教师党支部和党员队伍建设，提高思想政治素质，弘扬高尚师德。第三，大力振兴教师教育，不断提升教师专业素质能力。第四，深化教师管理综合改革，切实理顺体制机制。为此，应创新和规范中小学教师编制配备，优化义务教育教师资源配置等。第五，不断提高地位待遇，真正让教师成为令人羡慕的职业。第六，切实加强党的领导，全力确保政策举措落地见效。强化组织和经费保障。

（三）《教师教育振兴行动计划（2018—2022年）》解读

《教师教育振兴行动计划（2018—2022年）》是自我国师范教育开展以来，在国家层面以"教师教育"为对象制定的最重要的政策，它设计了"十大行动"，几乎涵盖了教师教育的各个方面。[①] 这"十大行动"包括：师德养成教育全面推进行动、教师培养层次提升行动、乡村教师素质提高行动、师范生生源质量改善行动、"互联网＋教师教育"创新行动、教师教育改革实验区建设行动、高水平教师教育基地建设行动、教师教育师资队伍优化行动、教师教育学科专业建设行动和教师教育质量保障体系构建行动。

（四）教师培养培训政策的影响

第一，促进了教师个体的专业化发展。在推行素质教育和新课程改革的背景下，国家急需基础知识扎实、专业能力突出、教学技能过硬的教师。因此，广大教师抓住培养培训机会，加强学习与锻炼，努力提升自身专业水平与能力，促使自己建立专业理想，扩展专业知识，发展专业能力以及形成专业自我。

第二，提升了教师队伍的质量。我国制定了教师信息技术应用能力标准，充分利用云计算、大数据、虚拟现实、人工智能等新技术，推进教师教育信息化教学服务平台建设和应用，提高了教师的信息素养和信息化教学能力，教师队伍的质量显著提高，从而保障了教育教学质量，使学生多方面受益，推动了信息化教育的发展。

第三，推动了教育教学模式的创新。与传统教学模式不同，翻转课堂、混合式教

① 朱旭东."教师教育振兴行动计划"落地需有效策略[J].人民教育，2018(8)：1.

学等新型教学模式迅速推广，形成了线上教学与线下教学有机结合、深度融通的自主、合作、探究学习模式，推动了人工智能、智慧学习环境等新技术与教师教育课程全方位的融合与创新。

三、教师职业行为政策

(一)教师职业行为政策的发展

我国对教师职业行为政策历来比较重视，在较早的政策里就对教师职业行为作出了相关要求。近年来，我国在政策层面加大了对教师职业行为的规范，2008年9月，教育部印发《中小学教师职业道德规范》，内容包括爱国守法、爱岗敬业、关爱学生、教书育人、为人师表和终身学习六个方面。2015年6月，教育部印发《严禁中小学校和在职中小学教师有偿补课的规定》，规范在职中小学教师职业行为。2018年11月，教育部印发《新时代高校教师职业行为十项准则》《新时代中小学教师职业行为十项准则》《新时代幼儿园教师职业行为十项准则》。

(二)《新时代中小学教师职业行为十项准则》解读

教师是人类灵魂的工程师，是人类文明的传承者。长期以来，广大教师贯彻党的教育方针，教书育人，呕心沥血，默默奉献，为国家发展和民族振兴作出了重大贡献。新时代对广大教师落实立德树人根本任务提出新的更高要求，为进一步增强教师的责任感、使命感、荣誉感，规范职业行为，明确师德底线，引导广大教师努力成为有理想信念、有道德情操、有扎实学识、有仁爱之心的好老师，着力培养德智体美劳全面发展的社会主义建设者和接班人。

1.主要内容

(1)坚定政治方向。坚持以习近平新时代中国特色社会主义思想为指导，拥护中国共产党的领导，贯彻党的教育方针；不得在教育教学活动中及其他场合有损害党中央权威、违背党的路线方针政策的言行。

(2)自觉爱国守法。忠于祖国，忠于人民，恪守宪法原则，遵守法律法规，依法履行教师职责；不得损害国家利益、社会公共利益，或违背社会公序良俗。

(3)传播优秀文化。带头践行社会主义核心价值观，弘扬真善美，传递正能量；不得通过课堂、论坛、讲座、信息网络及其他渠道发表、转发错误观点，或编造散布虚假信息、不良信息。

(4)潜心教书育人。落实立德树人根本任务，遵循教育规律和学生成长规律，因材施教，教学相长；不得违反教学纪律，敷衍教学，或擅自从事影响教育教学本职工作的兼职兼薪行为。

(5)关心爱护学生。严慈相济，诲人不倦，真心关爱学生，严格要求学生，做学生良师益友；不得歧视、侮辱学生，严禁虐待、伤害学生。

(6)加强安全防范。增强安全意识,加强安全教育,保护学生安全,防范事故风险;不得在教育教学活动中遇突发事件、面临危险时,不顾学生安危,擅离职守,自行逃离。

(7)坚持言行雅正。为人师表,以身作则,举止文明,作风正派,自重自爱;不得与学生发生任何不正当关系,严禁任何形式的猥亵、性骚扰行为。

(8)秉持公平诚信。坚持原则,处事公道,光明磊落,为人正直;不得在招生、考试、推优、保送及绩效考核、岗位聘用、职称评聘、评优评奖等工作中徇私舞弊、弄虚作假。

(9)坚守廉洁自律。严于律己,清廉从教;不得索要、收受学生及家长财物或参加由学生及家长付费的宴请、旅游、娱乐休闲等活动,不得向学生推销图书报刊、教辅材料、社会保险或利用家长资源谋取私利。

(10)规范从教行为。勤勉敬业,乐于奉献,自觉抵制不良风气;不得组织、参与有偿补课,或为校外培训机构和他人介绍生源、提供相关信息。

这十项准则,每一条既提出正面倡导,又划定师德底线。比如,在"关心爱护学生"中,"做学生良师益友"就是倡导,"严禁虐待、伤害学生"就是底线。这十项准则,明确了新时代中小学教师职业规范,针对主要问题、突出问题划定了基本底线,为教师严格自我约束、规范职业行为、加强自我修养提供了基本遵循,对建设政治素质过硬、业务能力精湛、育人水平高超的高素质教师队伍是大有裨益的。

2.保障措施

第一,提高政治站位,增强"四个意识"。要站在教师职业承担的重要使命和责任的位置上,从党和国家事业全局的角度理解准则的要求。

第二,把握基本定位,增强底线意识。准则中的禁止性规定是底线,是从事教师职业的最低要求,是大、中、小、幼、职、特各级各类学校教师必须遵守的、不可触碰的红线。

第三,正确理解认识,取得思想一致。准则中的禁止性规定,不是体检结果,是预防保健手册,是对广大教师的警示提醒,是严管厚爱。

(三)教师职业行为政策的影响

俗话说"没有规矩不成方圆",教师职业行为政策为广大教师的职业行为指明了方向,既有正面倡导、高线追求,也有负面禁止、底线要求,积极引导广大教师结合教书育人实践,增强行动自觉,时刻自重、自省、自警、自励,做以德立身、以德立学、以德施教、以德育德的楷模。近年来,我国持续加大对违反教师职业行为准则问题的查处力度,对于违反教师职业行为的涉事教师和从教人员严肃处理,采取"零容忍"的坚决态度,切实保障了学生的合法权益,为学生的健康成长保驾护航,也营造了良好的校园氛围和教师风貌。

练习与思考

一、选择题

1. 2006年9月，新修订的《中华人民共和国义务教育法》规定，实施义务教育不收(　　)。

A. 学费　　B. 杂费

C. 学费、杂费　　D. 学费、杂费和住宿费

2. 1999年，第三次全国教育工作会议提出，素质教育应该以(　　)为核心。

A. 减轻学生过重课业负担　　B. 扫除青壮年文盲

C. 提高学生的科学文化素质　　D. 培养学生的创新精神和实践能力

3. 蔡元培所提出的"五育并举"措施中，体现体育思想的是(　　)。

A. 实利主义教育　　B. 军国民教育

C. 公民道德教育　　D. 美感教育

4. 2014年，习近平总书记与北京师范大学师生座谈，提出"四有"好教师的标准是(　　)。

A. 有理想信念、有专业技能、有扎实学识、有道德情操

B. 有理想信念、有道德情操、有扎实学识、有仁爱之心

C. 有专业技能、有仁爱之心、有扎实学识、有创新思维

D. 有专业技能、有仁爱之心、有研究意识、有创新思维

5. 党的十八大报告中指出，教育的根本任务是(　　)。

A. 教育公平　　B. 教书育人　　C. 社会进步　　D. 立德树人

6. 20世纪，我国教育发展总目标中提出的"两基"指的是(　　)。

A. 基础知识和基本素质

B. 基本知识和基本技能

C. 基本普及义务教育，基本实现素质教育

D. 基本普及义务教育，基本扫除青壮年文盲

7. 2001年5月，《国务院关于基础教育改革与发展的决定》提出要深化教育教学改革，扎实推进素质教育。实施素质教育的根本目的是(　　)。

A. 全面提高人的基本素质

B. 培养学生的创新精神和实践能力

C. 全面贯彻教育方针，全面提高教育质量

D. 大力实施创新教育

8.(　　)是国家统一实施的所有适龄儿童、少年必须接受的教育,是国家必须予以保障的公益性事业。

A. 义务教育　　B. 初等教育　　C. 高中教育　　D. 高等教育

9. 2018 年 12 月,教育部等九部门印发的《中小学生减负措施》指出,小学一二年级每学期学校可组织(　　)次统一考试,其他年级每学期不超过(　　)次统一考试。

A. 1;3　　B. 2;3　　C. 1;2　　D. 2;4

10. 教师职业道德区别于其他职业道德的显著标志是(　　)。

A. 为人师表　　B. 敬业爱业　　C. 团结协作　　D. 清正廉洁

二、案例分析题

11. 陈某是某校教师,工作 10 多年了,一直没有参加过进修或其他方式的培训。2010 年 8 月,由于学校有教师进修的名额,陈某便向学校提出要去进修。学校以没人替他上课为由不同意他的请求。陈某认为校领导故意和自己作对,于是与学校发生了纠纷,之后他便经常迟到、早退。后来学校决定扣发陈某 9 月的工资及 1 000 元的奖金。由于不能接受学校的这一做法,陈某决定提出申诉。

请根据上述案情,回答以下问题:

(1)简述教师申诉的范围。

(2)教师陈某是否有权进行申诉?为什么?

(3)学校作出的决定是否合法?为什么?

12. 小明在集体教学活动中注意力很难集中,是个“坐不住的孩子”。有时他会“骚扰”周围的小朋友而打断老师正在进行的教学活动;对于老师布置的任务,他常常不能很好地完成;他想和小朋友一起活动,却因为采取不适当的方式而被拒绝,周围的小朋友经常在老师面前告他的状。老师对这个经常惹麻烦的孩子也很伤脑筋,经常在教室中批评他,盛怒之下勒令全班的孩子都不要理睬他。但这种教育方式的效果并不好,时间一长,在其他孩子的眼中小明成了一个调皮、只知道惹老师生气的坏孩子。

请运用有关教师职业道德的知识对教师的做法进行分析。

第四章
我国高等教育和职业教育重要政策

◆思维导图

- 我国高等教育和职业教育重要政策
  - 我国高等教育“双一流”政策
    - “双一流”政策的制定背景
    - “双一流”政策的主要内容
    - “双一流”政策的影响
  - 《国家职业教育改革实施方案》解读
    - 《国家职业教育改革实施方案》的出台背景
    - 《国家职业教育改革实施方案》的主要内容
    - 《国家职业教育改革实施方案》的影响
  - 《职业学校校企合作促进办法》解读
    - 《职业学校校企合作促进办法》的出台背景
    - 《职业学校校企合作促进办法》的主要内容
    - 《职业学校校企合作促进办法》的影响

◆学习目标

1. 了解和理解“双一流”政策的制定背景、主要内容和影响。

2. 了解《国家职业教育改革实施方案》《职业学校校企合作促进办法》两个文件的出台背景、主要内容和影响。

◆学习重点

1. “双一流”政策的目的、动态遴选机制。

2. 职业学校教师的培养培训制度。

|第一节|

我国高等教育"双一流"政策

自1998年高校扩招以来,中国高等教育高速发展,由最初重视外延式发展逐渐转变为重视内涵式发展,高等教育由数量上的增加转向了质量上的提升。① 建设世界一流大学和一流学科,是党中央、国务院在新时代作出的重大战略决策,对提升我国教育发展水平、增强国家核心竞争力、奠定长远发展基础,具有十分重要的意义。2015年10月,国务院印发《统筹推进世界一流大学和一流学科建设总体方案》(简称《总体方案》),拉开了"双一流"建设的序幕,这是国家自"211工程""985工程"高等教育领域两大历史性的、跨世纪的重点建设工程之后,全面启动的第三个重点建设工程。② 2017年1月,经国务院同意,教育部、财政部、国家发展改革委印发《统筹推进世界一流大学和一流学科建设实施办法(暂行)》(简称《实施办法》),"双一流"建设正式进入实施操作阶段。③ 同年9月,教育部、财政部、国家发展改革委联合发布《关于公布世界一流大学和一流学科建设高校及建设学科名单的通知》,正式确认公布世界一流大学和一流学科建设高校及建设学科名单。④

一、"双一流"政策的制定背景

(一)制定"双一流"政策是对我国科教兴国和人才强国战略的回应

1995年,我国首次提出科教兴国战略已经成为我国国家战略和基本国策之一。1998年制定实施的《面向21世纪教育振兴行动计划》是贯彻落实科教兴国战略的起始点,也是在这一年国家确定"985工程"建设项目。2002年,国家提出实施人才强国战略。2007年,我国又将实施人才强国战略作为发展中国特色社会主义的三大基本战略之一写入党的十七大报告,提出造就世界一流科学家和科技领军人才,抓好以高层次人才和高技能人才为重点的各类人才队伍建设。2012年,正式实施"高等

---

①马源.中国高等教育"双一流"建设的演化、探索与展望[J].四川理工学院学报(社会科学版),2019,34(4):70—87.

②黄宝印.科学谋划 创新推进 加快建设中国特色世界一流大学和一流学科[J].中国高等教育,2017(19):30—36.

③扎实推进中国特色世界一流大学和一流学科建设:教育部、财政部、国家发展改革委有关负责人就"双一流"建设有关情况答记者问[J].中国高等教育,2017(19):8—10.

④世界一流大学和一流学科建设高校及建设学科名单:首批双一流建设高校共计137所,其中世界一流大学建设高校42所(A类36所,B类6所),世界一流学科建设高校95所,双一流建设学科共计465个。

学校创新能力提升计划”的重要原因是解决教育、科技与经济社会发展结合不够紧密以及科研资源配置分散、封闭、低效等问题，以及把握“出创新成果出创新人才和全面提高高等教育质量”这个关键环节。而“双一流”建设项目将总体目标确定为到21世纪中叶，基本建成高等教育强国，这与科教兴国和人才强国战略遥相呼应。①

(二)制定“双一流”政策是消除“985工程”“211工程”所带来的高等学校身份固化、竞争缺失等问题的需要

长期以来，我国高等教育重点大学发展的一个特征，就是根据大学既有的身份来确定其拥有什么样的地位，并给予相应的资源配置，也就是只按既有的身份来确定资源配置的方式，而这种身份往往又是相对固化的，没有竞争机制，缺乏动态流动。② 因此，由政府指定进入“985工程”“211工程”名单的高校，其地位因资源配置和权力赋予而逐渐固化并且形成了“马太效应”。③ 随着社会的发展，以及我国高等教育转向内涵式发展，“985工程”“211工程”的负面作用越来越明显。对于“985工程”“211工程”的负面作用，国务院颁布的《总体方案》中明确指出：“重点建设也存在身份固化、竞争缺失、重复交叉等问题，迫切需要加强资源整合，创新实施方式。”这是对这两项工程的弊端和解决措施的精准概括。启动“双一流”建设，无疑是想消除“985工程”“211工程”的这些弊端，在高等学校建设中消除身份固化、竞争缺失的问题。④

二、“双一流”政策的主要内容

“双一流”政策是国家宏观政策，是推动高等教育创新计划的重要指针，现对其主要内容进行介绍。

《总体方案》共分为五个部分：总体要求（包括指导思想、基本原则和总体目标）、建设任务、改革任务、支持措施和组织实施（《实施办法》七章二十九条）。这五个部分贯通一体，浑然天成，形成逻辑严密的“战略表述系统”。这个方案对国家、省市及高校学科单位乃至社会系统提出了战略性要求，是指向未来、统筹全局、谋求发展、重在落实的战略规划。⑤

(一)明确提出政策建设的总目标和阶段目标

《总体方案》明确提出了“双一流”建设的总目标：推动一批高水平大学和学科进

---

①王庆华，张婷，张李斌．从“211工程”到“双一流”：我国建设世界一流大学政策变迁的内在机理[J]．社会科学家，2017(11)：121—127.

②卢晓中．“双一流”建设：破除身份固化[N]．中国教育报，2016-09-26(02).

③王庆华，张婷，张李斌．从“211工程”到“双一流”：我国建设世界一流大学政策变迁的内在机理[J]．社会科学家，2017(11)：121—127.

④熊丙奇．“双一流”：中国建设世界一流大学2.0版[J]．人民论坛，2016(21)：52—54.

⑤耿有权．论“双一流”建设的战略意义及逻辑体系[J]．研究生教育研究，2017(5)：4—8.

入世界一流行列或前列，加快高等教育治理体系和治理能力现代化，提高高等学校人才培养、科学研究、社会服务和文化传承创新水平，使之成为知识发现和科技创新的重要力量、先进思想和优秀文化的重要源泉、培养各类高素质优秀人才的重要基地，在支撑国家创新驱动发展战略、服务经济社会发展、弘扬中华优秀传统文化、培育和践行社会主义核心价值观、促进高等教育内涵发展等方面发挥重大作用。显然，"双一流"政策的目标总体上是建设世界一流大学和一流学科，提高中国高等教育水平，这是我国第一次提出大学、学科要在一定时间内进入世界一流前列的宏伟目标。①

为了实现这个总目标，《总体方案》又提出了阶段目标：到2020年，若干所大学和一批学科进入世界一流行列，若干学科进入世界一流学科前列。到2030年，更多的大学和学科进入世界一流行列，若干所大学进入世界一流大学前列，一批学科进入世界一流学科前列，高等教育整体实力显著提升。到本世纪中叶，一流大学和一流学科的数量和实力进入世界前列，基本建成高等教育强国。可以看出，与以往的"985工程""211工程"相比，"双一流"政策有更明确的目标做引领，有更明确的时间表做规划。②

（二）突出以学科为载体，带动高校发展积极性

《总体方案》在"基本原则"部分明确提出："坚持以学科为基础。引导和支持高等学校优化学科结构，凝练学科发展方向，突出学科建设重点，创新学科组织模式，打造更多学科高峰，带动学校发挥优势、办出特色。"

拥有高水平的学科或学科群是高水平大学的基本标志。综览世界一流大学，普遍拥有处于顶尖水平的学科，如加州理工学院的航天航空类学科，芝加哥大学的经济类学科，哈佛大学的商科、文理学科、医科等。由于大学办学资源的有限性与学科发展的无限性之间存在天然矛盾，任何大学无论其资源多丰富、办学能力多强，皆不可能"面面俱到"，而只能选择某些学科作为重点发展的方向并逐渐形成特色、比较优势和竞争力。与此同时，拥有高水平学科也是高校实现其他职能的基本载体：有高水平的学科才能开展高水平的科研活动，取得高水平的科研成果；有高水平的学科才能开设高水平的专业，丰富专业内涵，保障人才培养质量；有高水平的学科才能与国家和区域重大需求相对接，提高高校的社会服务能力。因此，"双一流"政策明确提出有特色和优势学科的高校成为受资助的对象，一是有利于促进高校专注于学科内涵发展，并推动学校选择合理的学科发展方向以形成优势特色；二是有利于高

---

①倪伟波.走近"双一流"[J].科学新闻，2017(12)：17—19.

②邓优.我国世界"双一流"建设：政策回顾、存在问题与实践路径[J].赣南师范大学学报，2019(1)：49—54.

校提高办学水平，夯实学科基础，实现成为高水平大学的发展目标；三是将极大地激励一些地方高水平大学的办学积极性，使其成为区域甚至国家层面的高水平大学。①

（三）创新择优遴选机制，动态管理“双一流”建设高校

构建择优遴选机制，是“双一流”建设的重要前提。《实施办法》明确了“双一流”建设名单的遴选标准和遴选程序。本轮“双一流”建设名单的确定方式较以往有重要的调整，以遴选制代替了申报制。②

“双一流”建设高校及建设学科的认定遴选程序主要分为四个步骤：第一步，根据《总体方案》《实施办法》，组建“双一流”建设专家委员会，充分发挥高层次战略专家的作用，使其具体承担遴选认定和审核建设方案的有关工作。第二步，依托专家委员会，以学科为基础，确定遴选认定标准，产生拟建设高校名单及拟建设学科。具体分为三个环节：首先，综合考虑有关第三方评价的权威性、影响力及高校认可度，论证确定采用的第三方评价结果；然后，以中国特色学科评价为主，特别是反映人才培养和学科水平的评价，酌情参考国际评价，统筹考虑国家战略、行业区域急需、不可替代性等因素，论证形成一流学科建设高校认定标准；最后，根据认定标准，遴选产生一流学科建设高校建议名单，随之对应产生拟建设学科。第三步，确定拟建设高校的建设方案。拟建设高校编制论证建设方案，经所属省级人民政府或主管部门审核后，报三部委（即教育部、财政部、国家发展改革委）。专家委员会对拟建设高校的建设方案进行审议咨询，首先把牢政治关，其次坚持综合评价和内涵发展导向，逐校对建设方案提出具体咨询意见。三部委研究后，根据咨询意见通知有关高校修改完善建设方案，并对修改完善情况进行核对把关。第四步，三部委根据专家委员会意见，研究确定一流大学、一流学科建设高校及建设学科，报国务院批准。③

同时，对“双一流”建设高校及建设学科实行五年一周期的动态管理，对整个建设过程实施动态监测。建设过程中，将根据建设高校的建设方案和自评报告，参考有影响力的第三方评价，对建设成效进行评价。根据评价结果等情况，对实施有力、进展良好、成效明显的，加大支持力度；对实施不力、进展缓慢、缺乏实效的，提出警示并减小支持力度。对建设过程中出现重大问题、不再具备建设条件且经警示整改仍无改善的高校及学科，及时调整出建设范围。建设期末，将根据建设高校的建设方案及整体自评报告，参考有影响力的第三方评价，对建设成效进行期末评价。根据期末评价结果等情况，重新确定下一轮建设范围，有进有出，打破身份固化，不搞

①伍宸.《统筹推进世界一流大学和一流学科建设总体方案》政策分析与实践对策[J].重庆高教研究，2016(1)：12—17.

②钟秉林.扎实推进世界一流大学和一流学科建设[J].教育研究，2018，39(10)：12—19.

③扎实推进中国特色世界一流大学和一流学科建设：教育部、财政部、国家发展改革委有关负责人就“双一流”建设有关情况答记者问[J].中国高等教育，2017(19)：8—10.

终身制。[①] 这种遴选机制坚持了客观公正的原则，体现了开放性和竞争性。[②]

(四)引入第三方评价，凸显社会参与机制

与以往政策相比，"双一流"政策的一大亮点是在"双一流"建设名单遴选过程中引入第三方评价，积极发挥第三方的作用，凸显社会参与机制。"双一流"政策提及的社会参与机制建设主要包括四个方面：建立健全社会支持和监督学校发展的长效机制；建立健全理事会制度；形成与行业企业协调合作的有效机制；引入专门机构对学校进行评估。这反映出，在新的建设时期，国家在紧抓原有的世界一流大学建设对象的同时，更突出强调了社会参与机制在世界一流大学建设中的重要作用。随着高等教育普及化时代的到来，高等教育利益相关者愈发多元，多种利益诉求交错混杂。作为利益相关者组织，大学的发展、建设离不开社会多元利益相关者的参与。[③] 而在社会分工越发精细化的现代社会，任何组织的存在都必须与外部环境进行能量交换，这种交换主要表现为与其他社会组织进行合作，从而获得相应资源。作为典型的非经济组织，高校的生存与发展依赖于外部能量的输入和支持，建设世界一流大学更需要汇聚大量的社会资源。因此，积极与社会进行能量交换，寻求社会支持便成为世界一流大学建设的应由之路。[④]

三、"双一流"政策的影响

自《总体方案》《实施办法》颁布以来，"双一流"政策立即引起了社会各界人士的广泛关注，也成为今天高等教育界持续关注的热门话题。实际上，它们的实施时间尚短，还需要再经历一个较长时期的实践，才能对其实施效果进行客观科学的评估。目前来看，它对我国高等教育产生的影响主要有以下几个方面。

(一)促使地方政府加大高校财政支持力度

按照《总体方案》的要求，《实施办法》规定中央财政与地方财政分别负责中央和地方高校"双一流"建设所需经费，并且中央财政还要为地方高校发展提供相关资金和引导支持。《实施办法》颁布以后，地方政府纷纷加大对高校的财政支持力度，以促进"双一流"政策的有效执行。据统计，在已出台的 23 份"双一流"政策实施方案中，有 11 个省(区、市)提出了财政资助，总额在 400 亿元左右。其中，北京市预计投入 100 亿元用于高校高精尖创新中心建设；广东省省、市两级财政 3 年计划投入超

①扎实推进中国特色世界一流大学和一流学科建设：教育部、财政部、国家发展改革委有关负责人就"双一流"建设有关情况答记者问[J]. 中国高等教育，2017(19)：8—10.

②钟秉林. 扎实推进世界一流大学和一流学科建设[J]. 教育研究，2018，39(10)：12—19.

③李峻，刘艳春. 大学治理中的社会参与机制研究[J]. 高等理科教育，2015(6)：28—33.

④李文平. 我国世界一流大学建设政策的特征与发展——基于"985 工程"与"双一流"建设的政策文本比较[J]. 现代教育管理，2020(3)：20—28.

100亿元用于“双一流”建设；山东省将在“十三五”期间拨款50亿元支持“双一流”建设；上海市投入36亿元用于推行“高峰高原”学科建设计划；河南省则投入31亿元打造“一流学科”；河北省预计5年拨款25亿元支持“双一流”建设；作为西部欠发达省份的宁夏，也从2017年到2020年，增加高等教育专项资金2亿元。[①] 可以说，各省建设“双一流”大学的财政投入热情空前高涨，促使各高校也积极投入到“双一流”大学建设之中。

(二)激活了地方高校的活力

“双一流”政策正悄然重塑着我国高等教育的精神面貌，“985工程”“211工程”遗留下来的高校身份固化、资源配置失衡且过分集中等问题得到了一定程度的缓解。而这也给众多之前被挡在“985工程”“211工程”壁垒之外的其他高校以鼓舞，激发了它们主动融入“双一流”时代的积极性。[②] 例如，东莞理工学院在2015年9月入选广东省高水平理工科大学建设高校，获得广东省和东莞市政府的重点经费支持。此后围绕建设高水平理工大学的目标，学校集全校之力，发展学校优势学科，吸引优秀人才进入学校，创新人才培养模式。到2019年，东莞理工学院综合实力排名188位，较2015年提升218位；理工类排名65位，较2015年提升80位；提前完成高水平理工科大学建设的目标任务。2019年7月，广东省教育厅、广东省科技厅、东莞市政府和东莞理工学院再次签约共建新型高水平理工科大学示范校。

需要注意的是，《总体方案》中明确提出“坚持以绩效为杠杆”的基本原则，从理论层面来讲，以绩效为杠杆的基本原则有利于构建中国特色高等教育评价体系，然而在实践过程中却出现高校之间由于吸引人才而展开“挖人大战”，这在很大程度上扰乱了高层次人才的合理流动，[③]一方面出现部分高校不惜以高薪“抢人”“挖人”，催生出频繁“跳槽教授”；另一方面致使西部高校人才出现“孔雀东南飞”现象，人才流失严重。因此，如何避免在“双一流”政策下高校人才流动失序问题，是“双一流”政策执行过程中需要深入思考和解决的。

拓展阅读

中西部高校人才流失加剧[④]

“双一流”大幕开启，历数各地高校人才引进计划，“挖”人才的决心可谓不惜血本，其中尤以“资金实力雄厚的东部理工类高校”为最。华北水利水电大学

---

①孙科技.论“双一流”政策执行的阻碍因素及其优化路径——基于政策工具理论的分析框架[J].复旦教育论坛，2019，17(3)：67—73.

②俞兆达，石火学.“双一流”建设的政策流变、超越及意蕴[J].教育评论，2018(12)：23—28.

③闫建璋，郑文龙.“双一流”“热”背后的“冷”思考[J].江苏高教，2019(7)：8—14.

④柴如瑾，晋浩天.“挖”人才创一流的隐忧[N].文摘报，2017-03-25(01).

给引进的首席科学家提供3 000万元科研启动经费,杭州电子科技大学给院士500万元年薪,天津工业大学给院士500万元住房补贴……人才招聘引进工作"席卷"全国,有人将之称为新一轮的"挖人大战"和"双一流"的"速成法",而其中,中西部和东北地区高校成为人才被挖的"重灾区"。

"东部各高校,请对中西部高校的人才手下留情。"在中西部高等教育振兴计划工作推进会上,教育部部长陈宝生疾呼:"挖走这些人才,就是在掘人家的命根。"而此前,教育部已发文要求,坚持正确导向,促进高校高层次人才合理有序流动,并明确提出,"不鼓励东部高校从中西部、东北地区高校引进人才"。

最近,一所南方高校以150万元年薪来引进华中师范大学的人才,还附加住房补贴、科研经费等"激励条款"。华中师范大学原党委书记马敏告诉记者:"如果一位人才被好几个学校看中,他们还会竞争'挖人',争相抬价。"

"'双一流'的核心是人才竞争,中西部、东北地区高校高层次人才流失的压力会进一步加剧。"陕西师范大学教育学院院长陈鹏表示。

不仅东部名校云集的富集作用对人才有很强的吸引力,而且"高水平的同事、高质量的学生、灵敏的学术信息等也是学者流动过程中比较关注的内容,这些显然也对东部高校有利"。北京理工大学刘进博士指出。研究结果显示,"中西部高校教师比东部的流动意向高8%~9%"。

正是凭借中西部、东北地区高校难以比拟的区位优势,再加上优越的科研平台、学术氛围、薪酬待遇、自然环境和生活保障,东部一些高校得以频频将一些学术尖子、教学骨干挖走。

|第二节|

《国家职业教育改革实施方案》解读

为贯彻全国教育大会精神，进一步办好新时代职业教育，落实《中华人民共和国职业教育法》，国务院于2019年1月24日印发了《国家职业教育改革实施方案》。《国家职业教育改革实施方案》以习近平新时代中国特色社会主义思想为指导，认真贯彻落实党的十九大精神，按照习近平总书记关于教育的重要论述和全国教育大会精神的要求，提出了一系列新目标、新论断、新要求，是办好新时代职业教育的顶层设计和施工蓝图。

一、《国家职业教育改革实施方案》的出台背景

（一）党中央、国务院高度重视职业教育

党的十八大以来，以习近平同志为核心的党中央站在党和国家发展全局的高度，把职业教育摆在了前所未有的突出位置。习近平总书记多次对职业教育作出重要指示，并亲自主持中央全面深化改革委员会第五次会议审议通过了《国家职业教育改革实施方案》。国务院原总理李克强多次对职业教育发展提出明确要求。王沪宁同志也就职业教育改革作出批示。国务院原副总理孙春兰深入调研并主持会议多方听取意见，指导《国家职业教育改革实施方案》编制，组织相关部门共同研究职业教育工作。

（二）职业教育是深化教育改革的重要突破口

职业教育和普通教育是不同类型、同等重要的两类教育。职业教育发展好了，能够为学生提供多样化的成长成才路径，并有效分流高考升学的压力，避免“千军万马挤独木桥”的现象，为深化教育改革创造更好的条件。当前，推动高质量发展，壮大实体经济，需要数量充足的技术技能人才做支撑，职业教育肩负着传承技术技能、培养多样化人才的职能，对接市场需求，更大规模开展职业教育和培训，可以帮助学生掌握一技之长，实现更高质量、更充分的就业创业。然而，与中央的要求和经济社会发展的需要相比，我国职业教育还面临着一系列的问题，如社会认识存在偏差，技术技能人才发展的渠道窄；办学特色不鲜明，职业教育吸引力不强；对职业教育的支持力度不平衡，企业参与办学的积极性不高等。因此，必须深刻把握职业教育面临的形势任务，站位全局、落实政策、解决问题，推动新时代职业教育不断改革发展。

（三）进一步办好新时代职业教育

与发达国家相比，与建设现代化经济体系、建设教育强国的要求相比，我国职业教育还存在着体系建设不够完善、职业技能实训基地建设有待加强、制度标准不够

健全、企业参与办学的动力不足、有利于技术技能人才成长的配套政策尚待完善、办学和人才培养质量水平参差不齐等问题，到了必须下大力气抓好的时候。没有职业教育现代化就没有教育现代化，因此，国务院制定了本实施方案。

二、《国家职业教育改革实施方案》的主要内容

《国家职业教育改革实施方案》作为贯彻落实全国教育大会精神的文件，与《中国教育现代化 2035》和《加快推进教育现代化实施方案(2018—2022 年)》等明确的目标是相衔接的，既立足当前，又着眼长远，确保如期完成历史交汇期各项既定任务，把奋力办好新时代职业教育的决策部署细化为若干具体行动。其主要内容涵盖以下七个方面。

(一)完善国家职业教育制度体系

优化教育结构，把发展中等职业教育作为普及高中阶段教育和建设中国特色职业教育体系的重要基础，保持高中阶段教育职普比大体相当，使绝大多数城乡新增劳动力接受高中阶段教育。把发展高等职业教育作为优化高等教育结构和培养大国工匠、能工巧匠的重要方式，使城乡新增劳动力更多接受高等职业教育。完善学历教育与培训并重的现代职业教育体系，畅通技术技能人才成长渠道。发展以职业需求为导向、以实践能力培养为重点、以产学研用结合为途径的专业学位研究生培养模式，加强专业学位硕士研究生培养。推动具备条件的普通本科高校向应用型转变，鼓励有条件的普通高校开办应用技术类型专业或课程，开展本科层次职业教育试点。制定中国技能大赛、全国职业院校技能大赛、世界技能大赛获奖选手等免试入学政策，探索长学制培养高端技术技能人才。制定具体政策办法，支持适合的退役军人进入职业院校和普通本科高校接受教育和培训，鼓励支持设立退役军人教育培训集团(联盟)，推动退役、培训、就业有机衔接，为促进退役军人特别是退役士兵就业创业作出贡献。

(二)构建职业教育国家标准

完善教育教学相关标准。发挥标准在职业教育质量提升中的基础性作用。深化复合型技术技能人才培养培训模式改革，借鉴国际职业教育培训普遍做法，制定工作方案和具体管理办法，启动 1+X 证书制度试点工作。国务院人力资源社会保障行政部门、教育行政部门在职责范围内，分别负责管理监督考核院校外、院校内职业技能等级证书的实施(技工院校内由人力资源社会保障行政部门负责)，国务院人力资源社会保障行政部门组织制定职业标准，国务院教育行政部门依照职业标准牵头组织开发教学等相关标准。加快推进职业教育国家“学分银行”建设，从 2019 年开始，探索建立职业教育个人学习账号，实现学习成果可追溯、可查询、可转换。有序开展学历证书和职业技能等级证书所体现的学习成果的认定、积累和转换，为技术技能人才持续成长拓宽通道。职业院校对取得若干职业技能等级证书的社会成员，

支持其根据证书等级和类别免修部分课程,在完成规定内容学习后依法依规取得学历证书。对接受职业院校学历教育并取得毕业证书的学生,在参加相应的职业技能等级证书考试时,可免试部分内容。从2019年起,在有条件的地区和高校探索实施试点工作,制定符合国情的国家资历框架。

(三)促进产教融合校企"双元"育人

借鉴"双元制"等模式,总结现代学徒制和企业新型学徒制试点经验,校企共同研究制定人才培养方案,及时将新技术、新工艺、新规范纳入教学标准和教学内容,强化学生实习实训。健全专业设置定期评估机制,强化地方引导本区域职业院校优化专业设置的职责,原则上每5年修订1次职业院校专业目录,学校依据目录灵活自主设置专业,每年调整1次专业。健全专业教学资源库,建立共建共享平台的资源认证标准和交易机制,进一步扩大优质资源覆盖面。职业院校应当根据自身特点和人才培养需要,主动与具备条件的企业在人才培养、技术创新、就业创业、社会服务、文化传承等方面开展合作。学校积极为企业提供所需的课程、师资等资源,企业应当依法履行实施职业教育的义务,利用资本、技术、知识、设施、设备和管理等要素参与校企合作,促进人力资源开发。校企合作中,学校可从中获得智力、专利、教育、劳务等报酬,具体分配由学校按规定自行处理。

(四)建设多元办学格局

各级政府部门要深化"放管服"改革,加快推进职能转变,由注重"办"职业教育向"管理与服务"过渡。政府主要负责规划战略、制定政策、依法依规监管。发挥企业重要办学主体作用,鼓励有条件的企业特别是大企业举办高质量职业教育,各级人民政府可按规定给予适当支持。完善企业经营管理和技术人员与学校领导、骨干教师相互兼职兼薪制度。2020年初步建成300个示范性职业教育集团(联盟),带动中小企业参与。支持和规范社会力量兴办职业教育培训,鼓励发展股份制、混合所有制等职业院校和各类职业培训机构。建立公开透明规范的民办职业教育准入、审批制度,探索民办职业教育负面清单制度,建立健全退出机制。

(五)完善技术技能人才激励和保障政策

支持技术技能人才凭技能提升待遇,鼓励企业职务职级晋升和工资分配向关键岗位、生产一线岗位和紧缺急需的高层次、高技能人才倾斜。建立国家技术技能大师库,鼓励技术技能大师建立大师工作室,并按规定给予政策和资金支持,支持技术技能大师到职业院校担任兼职教师,参与国家重大工程项目联合攻关。积极推动职业院校毕业生在落户、就业、参加机关事业单位招聘、职称评审、职级晋升等方面与普通高校毕业生享受同等待遇。逐步提高技术技能人才特别是技术工人收入水平和地位。机关和企事业单位招用人员不得歧视职业院校毕业生。国务院人力资源社会保障行政部门会同有关部门,适时组织清理调整对技术技能人才的歧视政策,推动形成人人皆可成才、人人尽展其才的良好环境。按照国家有关规定加大对职业院校参加有关技能大赛成绩突出毕业生的表彰奖励力度。办好职业教育活动周和世界青年技能日宣传活动，深入开展“大国工匠进校园”、“劳模进校园”、“优秀职校生校园分享”等活动，宣传展示大国工匠、能工巧匠和高素质劳动者的事迹和形象，培育和传承好工匠精神。

（六）加强职业教育办学质量督导评价

以学习者的职业道德、技术技能水平和就业质量，以及产教融合、校企合作水平为核心，建立职业教育质量评价体系。定期对职业技能等级证书有关工作进行“双随机、一公开”的抽查和监督，从2019年起，对培训评价组织行为和职业院校培训质量进行监测和评估。实施职业教育质量年度报告制度，报告向社会公开。完善政府、行业、企业、职业院校等共同参与的质量评价机制，积极支持第三方机构开展评估，将考核结果作为政策支持、绩效考核、表彰奖励的重要依据。完善职业教育督导评估办法，建立职业教育定期督导评估和专项督导评估制度，落实督导报告、公报、约谈、限期整改、奖惩等制度。国务院教育督导委员会定期听取职业教育督导评估情况汇报。

（七）做好改革组织实施工作

加强党对职业教育工作的全面领导。以习近平新时代中国特色社会主义思想特别是习近平总书记关于职业教育的重要论述武装头脑、指导实践、推动工作。加强党对教育事业的全面领导，全面贯彻党的教育方针，落实中央教育工作领导小组各项要求，保证职业教育改革发展正确方向。要充分发挥党组织在职业院校的领导核心和政治核心作用，牢牢把握学校意识形态工作领导权，将党建工作与学校事业发展同部署、同落实、同考评。指导职业院校上好思想政治理论课，实施好中等职业学校“文明风采”活动，推进职业教育领域“三全育人”综合改革试点工作，使各类课程与思想政治理论课同向同行，努力实现职业技能和职业精神培养高度融合。加强基层党组织建设，有效发挥基层党组织的战斗堡垒作用和共产党员的先锋模范作用，带动学校工会、共青团等群团组织和学生会组织建设，汇聚每一位师生员工的积极性和主动性。

三、《国家职业教育改革实施方案》的影响

《国家职业教育改革实施方案》是进一步深化国家教育体制机制改革、《中国教育现代化2035》等教育政策在职业教育领域的重要篇章，是推进教育整体改革“组合重拳”之一。[①]《国家职业教育改革实施方案》是中央深化职业教育改革的重大制度设计，是推动职业教育基本实现现代化的关键举措，职业教育要牢牢抓住这个大有

①邢晖.创新铸造新时代职教“双师型工匠之师”——学习《国家职业教育改革实施方案》体会[J].中国职业技术教育，2019(7)：98—102.

可为的政策红利期和发展机遇期,努力“下好一盘大棋”。

(一)确立了以习近平新时代中国特色社会主义思想为指导

《国家职业教育改革实施方案》坚持加强党对职业教育工作的全面领导,全面贯彻党的教育方针,落实服务发展、促进就业的办学方向,落实建设中国特色职业教育体系的工作目标,努力培养数以亿计的高素质劳动者和技术技能人才,努力完善职业教育和培训体系,努力让每个人都有人生出彩的机会。

(二)明确了职业教育是一种类型教育

强调教育层次中的教育类型,是不同类型的教育赖以生存的基础;强调教育类型中的教育层次,是同一类型教育赖以发展的空间。[①]《国家职业教育改革实施方案》提出职业教育和普通教育是两种不同的教育类型,具有同等重要地位,提出“没有职业教育现代化就没有教育现代化”,把职业教育摆在更突出的位置。这是非常重要的一个新判断,开启了职业教育发展的新征程。《国家职业教育改革实施方案》还提出了深化职业教育改革的路线图、时间表、任务书,明确了今后5年的工作重点,为实现2035年中长期目标以及2050年远景目标奠定了重要基础。我们在理解这个问题的时候要把握三点:第一,不管是职业教育还是普通教育,都同为教育的一部分;第二,职业教育和普通教育是不同类型的教育;第三,职业教育与普通教育具有同等重要的地位。

(三)提出了职业教育改革新的发展方向和任务

《国家职业教育改革实施方案》对每一项具体工作都配套设计了具体工程项目,以重点项目体现改革导向。项目设计既充分考虑已有的工作基础,也努力体现时代需要,包括中国特色高水平高职学校和专业建设计划、高水平实训基地建设等。《国家职业教育改革实施方案》下决心解决一些长期制约职业教育发展的体制机制问题,提出了职业教育改革新的发展方向和任务,如1+X证书制度试点、研究建立国家资历框架、探索本科职教试点、建立产教融合型企业等。

(四)形成了共同推动职业教育发展的合力

《国家职业教育改革实施方案》把职业教育摆在经济社会发展全局进行谋划,着眼推动形成各部门之间、中央和地方之间协同发展职业教育的工作合力,责任落实既重视部门作用的发挥,也突出地方统筹推进,最大限度凝聚各方共识,具体体现为完善了职业教育工作部际联席会议制度等。把加快标准化进程作为打造职业教育体系软环境升级版的关键举措,持续完善学校设置、师资队伍、教学教材、信息化建设、安全设施等办学标准,建立健全职业培训标准,推动职业教育办出特色和水平。

---

① 姜大源.职业教育要义[M].北京:北京师范大学出版社,2017.

第三节 《职业学校校企合作促进办法》解读

《职业学校校企合作促进办法》由教育部、国家发展改革委、工业和信息化部、财政部、人力资源社会保障部和国家税务总局于2018年2月5日联合制定并发布，自2018年3月1日起实施。

一、《职业学校校企合作促进办法》的出台背景

（一）产教融合、校企合作是职业教育办学的基本模式

产教融合、校企合作是职业教育办学的基本模式，是培养高素质劳动者和技术技能人才的内在要求，也是办好职业教育的关键所在。

（二）职业学校和企业合作问题比较突出

从实践来看，政府、学校和企业在促进校企合作方面作了积极探索，但企业的积极性不够高、参与程度不够深等问题还比较突出，合作不规范、影响育人效果甚至侵害学生权益的现象也时有发生，迫切需要从制度层面予以解决和保障。

（三）党中央、国务院等高度重视“深化产教融合、校企合作”

2014年印发的《国务院关于加快发展现代职业教育的决定》中提出，研究制定促进校企合作办学有关法规和激励政策。2016年，中央全面深化改革领导小组要求尽快印发有关促进校企合作的政策文件。为此，教育部在与国务院法制办沟通的基础上，以多个部门联合印发的形式发布《职业学校校企合作促进办法》。

二、《职业学校校企合作促进办法》的主要内容

《职业学校校企合作促进办法》包括总则、合作形式、促进措施、监督检查和附则等五章，共三十四条，突出“促进”“规范”和“保障”三个关键词，主要内容包括以下六个方面。

（一）明确校企合作内涵

校企合作是指职业学校和企业通过共同育人、合作研究、共建机构、共享资源等方式实施的合作活动。

（二）明确校企合作机制

校企合作实行校企主导、政府推动、行业指导、学校企业双主体实施的合作机

制。国务院相关部门和地方各级人民政府应当建立健全校企合作的促进支持政策、服务平台和保障机制。

(三)明确校企七种合作形式

职业学校应当根据自身特点和人才培养需要,主动与具备条件的企业开展合作,积极为企业提供所需的课程、师资等资源。企业应当依法履行实施职业教育的义务,利用资本、技术、知识、设施、设备和管理等要素参与校企合作,促进人力资源开发。职业学校和企业可以结合实际在人才培养、技术创新、就业创业、社会服务、文化传承等方面,开展以下合作:

第一,根据就业市场需求,合作设置专业、研发专业标准,开发课程体系、教学标准以及教材、教学辅助产品,开展专业建设;

第二,合作制定人才培养或职工培训方案,实现人员互相兼职,相互为学生实习实训、教师实践、学生就业创业、员工培训、企业技术和产品研发、成果转移转化等提供支持;

第三,根据企业工作岗位需求,开展学徒制合作,联合招收学员,按照工学结合模式,实行校企双主体育人;

第四,以多种形式合作办学,合作创建并共同管理教学和科研机构,建设实习实训基地、技术工艺和产品开发中心及学生创新创业、员工培训、技能鉴定等机构;

第五,合作研发岗位规范、质量标准等;

第六,组织开展技能竞赛、产教融合型企业建设试点、优秀企业文化传承和社会服务等活动;

第七,法律法规未禁止的其他合作方式和内容。

(四)明晰政府部门在校企合作方面的职责

《职业学校校企合作促进办法》明晰了国家在促进跨区域校企合作方面的职责、地方政府的职责以及教育、财税、用人和分配等方面的具体政策。地方人民政府有关部门在制定产业发展规划、产业激励政策、脱贫攻坚规划时,应当将促进企业参与校企合作、培养技术技能人才作为重要内容,加强指导、支持和服务。教育、人力资源社会保障部门应当会同有关部门,建立产教融合信息服务平台,指导、协助职业学校与相关企业建立合作关系。教育行政部门应当把校企合作作为衡量职业学校办学水平的基本指标,在院校设置、专业审批、招生计划、教学评价、教师配备、项目支持、学校评价、人员考核等方面提出相应要求;对校企合作设置的适应就业市场需求的新专业,应当予以支持;应当鼓励和支持职业学校与企业合作开设专业,制定专业标准、培养方案等。

拓展阅读

重庆工程职业技术学院与华为技术有限公司签署校企合作协议

2019 年 8 月 27 日，重庆工程职业技术学院与华为技术有限公司签署了深化合作协议，标志着华为技术有限公司与高职院校联合建设“华为信息与网络技术学院”项目正式拉开帷幕，双方将共同推进“人工智能”专业建设、智慧示范校园建设、服务区域产业发展等项目。

(五)明确校企合作奖励优惠政策

《职业学校校企合作促进办法》提出了企业、职业学校等参与校企合作的奖励优惠政策。国家发展改革委、教育部会同人力资源社会保障部、工业和信息化部、财政部等部门建立工作协调机制，鼓励省级人民政府开展产教融合型企业建设试点，对深度参与校企合作，行为规范、成效显著、具有较大影响力的企业，按照国家有关规定予以表彰和相应政策支持。各级工业和信息化行政部门应当把企业参与校企合作的情况，作为服务型制造示范企业及其他有关示范企业评选的重要指标。

(六)明确校企合作监督检查和违法行为惩处机制

《职业学校校企合作促进办法》规定了教育和相关部门的监督检查职责和违法行为的惩处机制等内容，规定了国家、地方、行业企业各层面的校企合作管理运行机制和职权分工。各级人民政府教育督导委员会负责对职业学校、政府落实校企合作职责的情况进行专项督导，定期发布督导报告。各级教育、人力资源社会保障部门应当将校企合作情况作为职业学校办学业绩和水平评价、工作目标考核的重要内容。职业学校、企业在合作过程中不得损害学生、教师、企业员工等的合法权益；违反相关法律法规规定的，由相关主管部门责令整改，并依法追究相关单位和人员责任。职业学校、企业骗取和套取政府资金的，有关主管部门应当责令限期退还，并依法依规追究单位及其主要负责人、直接负责人的责任；构成犯罪的，依法追究刑事责任。

三、《职业学校校企合作促进办法》的影响

(一)深化了产教融合，促进了校企合作

在中央教育工作领导小组领导下，《职业学校校企合作促进办法》鼓励企业举办或参与举办职业教育，发挥企业在实施职业教育中的重要办学主体作用，形成部门协调、部省协同、行业企业参与的政策红利。《职业学校校企合作促进办法》通过明确职业学校校企合作的目标原则、实施主体、合作形式、促进措施和监督检查等，建

立起校企合作的基本制度框架，对贯彻落实习近平新时代中国特色社会主义思想和党的十九大精神，回应职教战线和社会多年的呼声，深化产教融合、校企合作，奋力办好新时代职业教育，具有重要意义。

（二）规范、保障了职业学校校企合作

《职业学校校企合作促进办法》破解了校企合作运行机制不顺畅、合作协议不规范、育人效果不明显等难题，激发行业企业参与职业教育的内生动力。《职业学校校企合作促进办法》鼓励联合国务院、国资委等部门，推动落实《关于国有企业办教育医疗机构深化改革的指导意见》，支持企业特别是国有企业举办职业学校。校企双方既可以根据就业市场需求，合作设置专业、研发专业标准，也可以合作制定人才培养或职工培训方案，实现人员互相兼职，相互为学生实习实训、教师实践、学生就业创业、员工培训、企业技术和产品研发、成果转移转化等提供支持；还可以根据企业工作岗位需求，开展学徒制合作，联合招收学员，按照工学结合模式，实行校企双主体育人；同时鼓励以多种形式合作办学，合作研发岗位规范、质量标准等。

（三）保障了学校、企业、学校教师和学生等的合法权益

校企合作牵扯的核心利益相关主体主要是学校、企业、学校教师和学生等，《职业学校校企合作促进办法》对上述利益相关主体的利益保护给予了充分关注。[①] 对于职业学校及教师、学生拥有知识产权的技术开发、产品设计等成果，可依法依规在企业作价入股。职业学校和企业对合作开发的专利及产品，根据双方协议，享有使用、处置和收益管理的自主权等。对于校企合作企业及员工，县级以上地方人民政府对校企合作成效显著的企业，可以按规定给予相应的优惠政策。企业因接收学生实习所实际发生的与取得收入有关的合理支出，以及企业发生的职工教育经费支出，依法在计算应纳税所得额时扣除。开展校企合作企业中的经营管理人员、专业技术人员、高技能人才，具备职业学校相应岗位任职条件，经过职业学校认定和聘任，可担任专兼职教师，并享受相关待遇。上述企业人员在校企合作中取得的教育教学成果，可视同相应的技术或科研成果，按规定予以奖励。对于学生的合法权益，职业学校与企业就学生参加跟岗实习、顶岗实习和学徒培养达成合作协议的，应当签订学校、企业、学生三方协议，并明确学校与企业在保障学生合法权益方面的责任。企业应当依法依规保障顶岗实习学生或者学徒的基本劳动权益，并按照有关规定及时足额支付报酬，任何单位和个人不得克扣。推动建立学生实习强制保险制度。职业学校和实习单位应根据有关规定，为实习学生投保实习责任保险。职业学校、企业应当在协议中约定为实习学生投保实习责任保险的义务与责任，健全学生

---

① 石伟平，王启龙．促进校企规范合作全面推进产教融合——《职业学校校企合作促进办法》解读[J]．中国职业技术教育，2018(10)：15—18．

权益保障和风险分担机制。职业学校应当将参与校企合作作为教师业绩考核的内容，具有相关企业或生产经营管理一线工作经历的专业教师在评聘和晋升职务（职称）、评优表彰等方面，同等条件下优先对待。

练习与思考

一、选择题

1.（　　）中提出职业教育和普通教育是两种不同的教育类型，具有同等重要地位，提出“没有职业教育现代化就没有教育现代化”。（单选）

A.《国家职业教育改革实施方案》

B.《职业学校校企合作促进办法》

C.《中华人民共和国职业教育法修订草案（征求意见稿）》

D.《中国教育现代化 2035》

2. 现代职业教育体系包括（　　）。（多选）

A. 初、中级层次职业教育　　B. 专科层次职业教育

C. 本科层次职业教育　　D. 研究生层次职业教育

3. 职业学校教师资格包括（　　）。（多选）

A. 高等学校教师资格

B. 中等职业学校教师资格

C. 中等职业学校教师实习指导教师资格

D. 初级中学教师资格

二、辨析题（先判断正误，再论述理由）

4. 职业教育是一种低层次教育。

三、简答题

5. 职业学校教师有哪些培养培训制度？

6.“双一流”政策的主要内容有哪些？

中篇

教育法规

第五章
教育法规概述

◆思维导图

- 教育法规概述
  - 教育法规的内涵与特征
    - 教育法规的内涵
    - 教育法规的类别与体系
    - 教育法规的特征
  - 我国教育法规的发展与演变
    - 过渡时期（1949—1956年）
    - 建设时期（1957—1965年）
    - 破坏时期（1966—1976年）
    - 革新时期（1977—2000年）
    - 完善时期（2000年至今）
  - 教师的权利与义务
    - 教师的权利
    - 教师的义务
  - 学生的权利与义务
    - 学生的权利
    - 学生的义务
  - 教育法律责任与教育法律救济
    - 教育法律责任
    - 教育法律救济

◆学习目标

1. 理解教育法规的内涵与特征。
2. 能根据教师、学生的权利与义务知识，对案例加以分析。
3. 掌握教育法律责任与教育法律救济的类型。

◆学习重点

1. 教师、学生的权利与义务。
2. 教育法律责任与教育法律救济的类型。

第一节
教育法规的内涵与特征

“知其然知其所以然”，学习教育法规，首要的任务是要对教育法规的基本内涵有一个清晰的理解，继而把握教育法规的特征，区分教育法规的类别，认识教育法规承载的功能，了解我国的教育法规从小、散起步到构建起一个完整的体系所经历的过程。

一、教育法规的内涵

长久以来，学界对教育法规的内涵一直没有定论，诸多教育法学者分别提出了自己的见解。研究者们的定义虽然在表述上各有侧重，但又有交叉与重叠。造成这种现象的原因，既有教育法规本身概念的广延性，也有研究者们所选取的角度不同。例如，有的研究者从国家的教育行政权与公民的受教育权入手，将教育法规界定为“调整国家行使教育行政权力和公民行使受教育权利过程中所发生的各种社会关系的一类法律法规的总称”①。有的研究者从我国教育法规作用的机制入手，将教育法规界定为“调整教育行政关系的法规的总称”②。还有的研究者从教育法规自身的特点入手，将教育法规界定为“有关教育方面的法令、条例、规章等规范性文件的总称，也是对人们的教育行为具有法律约束力的行为规则的总和”③。

虽然表述方式千差万别，但是诸多定义都肯定了教育法规是集多种形式于一身的关于教育的法律规范。因此，本书借鉴李晓燕对教育法规所下的定义，从广义角度去界定教育法规，认为：“教育法规是有关教育方面的法令、条例、规章等规范性文件的总称，也是对人们的教育行为具有法律约束力的行为规则的总和。”

二、教育法规的类别与体系

（一）教育法规的类别

作为一种集多种形式规范于一身的概念，教育法规究竟存在哪些类别呢？根据教育法规的划分标准以及法律本身的内在性质与外在形式不同，我国现行的教育法规可以做如下分类。

---

①劳凯声．教育法学[M]．沈阳：辽宁大学出版社，2000：24．

②劳凯声，郑新蓉．教育法学概论[M]．武汉：湖北教育出版社，1996：31．

③李晓燕．教育法学（第2版）[M]．北京：高等教育出版社，2006：29．

1.按照教育法规的创制方式和表达方式不同，分为成文法与不成文法

成文法是指国家权力机关制定颁布或认可的，以不同等级的规范性文件形式表现出来的法律规范，又称“制定法”。不成文法是指由国家机关以一定形式认可其法律效力，但不以规范性文件形式表现出来的法律规范，又称为“判例法”。

2.按照教育法规的效力等级和内容重要程度不同，分为基本法与单行法

基本法是指规定国家教育事业全局性问题的法律，在教育领域中具有最高效力，是单行法的立法依据。我国所有法律法规的基本法是《中华人民共和国宪法》。我国教育领域的基本法则是《中华人民共和国教育法》，它规定了我国教育事业的发展方向与历史任务，明确了我国的教育方针、制度、主体权利义务等重大问题。单行法是指规定了国家某一方面教育事业的法律，如《中华人民共和国教师法》《中华人民共和国民办教育促进法》等。

3.按照教育法规的适用范围不同，分为一般法与特殊法

一般法是指一国之内对一般的人或事普遍适用的法规，如《中华人民共和国教育法》。特殊法是指适用于特定人群、特定事例或是特定时期、特定地区的法规，如《中华人民共和国香港特别行政区基本法》等。

4.按照教育法规的内容不同，分为实体法与程序法

实体法是指规定具体权利义务内容或者法律保护的具体情况的法律。程序法是指规定行使实体法所要遵循的程序的法律。在我国现行的教育法律法规之中，并没有单独颁布施行的教育程序性法律，大多是在一部教育法律之中涵盖实体性内容和程序性内容。① 如果超越教育领域，《中华人民共和国民法典》《中华人民共和国刑法》是实体法，《中华人民共和国民事诉讼法》《中华人民共和国刑事诉讼法》是程序法。

(二)教育法规的体系结构

经过长久的发展，我国诞生了一系列教育法律法规，它们涉及教育的方方面面。这些法律法规之间既相互独立又相互联系，逐渐构建起一个互相协调的体系。

1.纵向结构

学界通常依据制定机关和外在形式，将我国教育法规划分为六个层次，从而形成教育法规体系的纵向结构。

第一层次是《中华人民共和国宪法》中的教育条款。《中华人民共和国宪法》是我国的根本大法，是其他法律的立法依据，也是其他法律的“母法”。《中华人民共和国宪法》第五条规定：“一切法律、行政法规和地方性法规都不得同宪法相抵触。”第

---

①张乐天.教育政策法规的理论与实践(第三版)[M].上海：华东师范大学出版社，2015：33.

十九条规定“国家发展社会主义的教育事业”，明确了我国教育的性质是社会主义教育。第四十六条规定“中华人民共和国公民有受教育的权利和义务”，明确了公民的受教育权。此外，《中华人民共和国宪法》中还有父母抚养教育子女等方面的规定。

第二层次是教育基本法。我国的教育基本法是《中华人民共和国教育法》。它依据《中华人民共和国宪法》对我国教育的基本性质、教育方针、教育基本制度等重大问题作出规定。它是我国教育工作的根本大法，是我国教育法规的“母法”，是协调教育内部、外部相互关系的基本法律准则，任何教育法律都不能与之相抵触。

第三层次是教育部门法。教育部门法也称教育单行法，是用于调节某一方面教育工作或某类教育工作的教育法律。我国的教育部门法主要包括义务教育法、高等教育法、职业教育法、学位条例、教师法和民办教育促进法等。

第四层次是教育行政法规。教育行政法规主要是国务院为实施教育法和各单行法而制定的规范性文件，如《教师资格条例》《扫除文盲工作条例》等。它涉及的内容广泛，规定的问题具体。

第五层次是部门教育规章。它是由国务院各部委制定和发布的，其效力要低于教育行政法规。部门教育规章通常由教育部部长以教育部令的形式签发，或由教育部同国务院其他部门联名发布，其常用名称为“规定、办法、规程、大纲、标准”①，如《学生人身伤害事故处理办法》等。

第六层次是地方性教育法规。它主要是指省、直辖市和有地方立法权的人民代表大会及其常务委员会为执行国家有关教育的法律、行政法规，根据本行政区域的实际需要而制定的规范性文件。《中华人民共和国宪法》第一百条规定：“省、直辖市的人民代表大会和它们的常务委员会，在不同宪法、法律、行政法规相抵触的前提下，可以制定地方性法规，报全国人民代表大会常务委员会备案。”如 2015 年重庆市人民代表大会常务委员会制定的《重庆市教育督导条例》等。

2. 横向结构

根据法律规范内容、所调节的教育法律关系性质的不同，可以将教育法规划分为若干部门，从而组成教育法规体系的横向结构。下面我们将简要阐述部分领域的教育法规。

学前教育法规是调整我国学前教育各种社会关系的规范总和。目前，我国有以教育部规章形式的若干学前教育法规和地方性法规，国家层面还没有统一的学前教育法。不过，国家已经把学前教育法纳入立法进程，相信不久会有一部独立的学前教育法。

义务教育法规是调整我国因实施义务教育而产生的各种社会关系的规范总和。《中华人民共和国义务教育法》于 1986 年颁布，2006 年作主要修订，2015 年和 2018 年

---

①张乐天. 教育政策法规的理论与实践[M]. 上海：华东师范大学出版社，2002：37.

两次修正。《中华人民共和国义务教育法》第二条规定："国家实行九年义务教育制度。"这就说明《中华人民共和国义务教育法》调整的主要范围为普通小学教育和普通初级中学教育。

职业教育法规是调整我国因实施职业教育而产生的各种社会关系的法律规范。我国的职业教育包括职前培养与职后培训两个部分，职前教育包括各级各类职业学校教育，职后教育包括各种在职培训。《中华人民共和国职业教育法》于1996年颁布，目前国家正在组织力量对该法进行研究修订。

高等教育法规是以高等教育部门内外部关系为调整范围的规范总和。我国的高等学历教育通常包括专科教育、本科教育和研究生教育等不同层次。应注意的是，高等教育与学位制度紧密相关，有关学位授予工作中产生的关系及问题也应属于高等教育法规调整和规范的范围。[①]《中华人民共和国学位条例》于1980年制定，2004年进行了修正。《中华人民共和国高等教育法》于1998年制定，2015年、2018年分别进行了修正。

成人教育法规是调整成人教育部门内外部关系的规范总和。我国的成人教育包括以成年人为对象的各种形式、各种类型的教育活动。与普通教育的主要区别在于，成人教育是以成年人为对象，普通教育是以青少年学生为对象。在国家层面，我国目前还没有以"成人教育法"为名的法律。部分省区市制定了以"终身教育促进条例"为名的地方性法规。

教师法规是调整教育教学活动中以教师为中心而产生的社会关系的规范。教师是教育改革与发展中不可回避的重要因素，因而教师法构成了教育类法律中的一个相对独立的板块。1993年制定的《中华人民共和国教师法》，是我国教育史上第一部专门为教师制定的法律。目前，国家正在组织力量对《中华人民共和国教师法》作全面修订。

民办教育法规是调整社会力量办学中所出现的各种关系和问题的规范。我国教育已实行多元化的学校举办体制，因此，除国家外，各种社会组织乃至公民个人都可以依法举办学校及其他教育机构。多元的办学体制必然会催生新的主体，衍生出新的教育法律关系，因此，需要新的法律加以规范。2002年全国人民代表大会常务委员会制定了《中华人民共和国民办教育促进法》，2004年国务院颁布了其实施条例。2016年、2018年全国人民代表大会常务委员会又对《中华人民共和国民办教育促进法》作了相应修正。

除以上教育法规外，我国还在特殊教育、家庭教育等领域制定了行政法规、地方性法规或部门规章。从各部门、各领域的教育法制建设进程来看，教育法规体系的

---

①劳凯声．教育法学[M]．沈阳：辽宁大学出版社，2000：24．

构建是一项系统性的工程，也是一个动态化、开放化的过程。我们在强调教育法规体系完整统一的同时，也要明白教育法规的结构及内容要随着时代的变化而不断变化，根据社会的发展而不断调整、不断充实。

三、教育法规的特征

教育法规是调节教育中的社会关系的国家法规体系的一个子系统。教育法规同样具备一般法规的特征。例如，它们都由国家制定或认可，由国家强制力保证实施，反映国家的意志，是全民共同遵守的行为准则等。但是由于其调节的社会关系不同，教育法规在具备这些共性之外，还具有独特的个性。这些共性与个性的特征具体体现在以下几个方面。

（一）遵循教育规律与适应社会现实相结合

教育法规的这种特征来自它所要调节的对象的特殊性。教育具有相对独立性，它一方面受制于社会其他因素，另一方面又具有自身的规律。教育的这种相对独立性在教育的基本内容、基本原则及其方法等方面表现得最为突出。作为调节教育中的社会关系的教育法规，在制定与执行中都不得不考虑、不得不遵守教育本身的规律，特别是在规定国家的总的教育方向、教育方针、办学体制和教育基本制度等宏观问题的时候。当然，由于教育受制于社会的其他因素，所以教育法规的制定同样不能只顾及教育本身的需要，还应考虑同时代背景下的社会条件。例如，《中华人民共和国义务教育法》1986 年版规定："国家实行九年义务教育制度。"但是又规定："省、自治区、直辖市根据本地区的经济、文化发展状况，确定推行义务教育的步骤。"

（二）系统性与独立性相结合

前文已经提到，教育法规体系是一个完整协调的体系，具有较强的系统性。在构建这个体系时要先构建框架，再完善"枝节"，通盘考虑，精心谋划，按照从上至下、从基本法到单行法的顺序，保证下位法与上位法没有冲突，各部门法之间没有矛盾。但是由于我国教育法制建设起步较晚，加上"文化大革命"时期的破坏，导致我国的教育法规体系与一些发达国家相比差距较大。教育法制体系的建设时间紧迫，任务艰巨，却又不能一步到位。为了应对这样的情况，邓小平同志指出："法律条文开始可以粗一点，逐步完善。有的法规地方可以先试搞，然后经过总结提高，制定全国通行的法律。修改补充法律，成熟一条就修改补充一条，不要等待'成套设备'。总之，有比没有好，快搞比慢搞好。"在这样的思想指导下，1980 年我国制定了《中华人民共和国学位条例》，1986 年制定了《中华人民共和国义务教育法》，1993 年制定了《中华人民共和国教师法》，而作为教育基本法的《中华人民共和国教育法》颁布于 1995 年，比上述几部法律出现的时间都晚。

（三）原则性与灵活性相结合

教育法规是由国家颁布或承认的关于教育方面的行为规范，由国家的强制力保障实施，这就决定了它具有原则性。我国的教育法规体系在原则性之外还具有灵活性，这种灵活性是由以下两点决定的：第一，我国的教育改革发展是一个长期的过程，是逐步向前推进的。与之相应的，教育法规对我国的教育宏观问题的认识也是阶段性的，不可能一步到位。第二，我国幅员辽阔，情况复杂，既要坚持法制的统一，又要考虑不同地区、不同教育层次的差别，因此需要工作思路灵活。有的法规先由地方去制定和实施，然后经过总结提高，再上升为国家的法律；有的则是先制定出全国性的统一规定，然后再由地方予以具体化。

（四）针对性与可操作性相结合

教育法规是调整教育主体关系、规范教育活动的依据。每一部教育法规的颁布都是为了解决教育事业实际存在的问题，这就意味着教育法规必须具有针对性，针对某一具体问题或具体方面作出规定，否则就变成一纸空文。同时，再好的法规，也需要落到实处，因此需要具有可操作性。当然，为了适应不断变化的教育实际，保证教育法规始终具有针对性与可操作性，教育法规也需要不断修订，以适应新的实际，反映新的情况，吸取新的经验，确定新的规则。

（五）立法自主与择优借鉴相结合

我国的教育法规起步较晚，想要快速发展起来，需要借鉴发达国家的教育立法经验和教育法规中的精华。尽管各国的具体情况千差万别，教育事业也不尽相同，但是教育运行的客观规律却不受地域、时间的限制。需要注意的是，教育法规的确立是一个严谨、漫长的过程，需要多方讨论，还要能经得起时间、实践的考验，所以这种借鉴绝不是盲目照搬，而是结合本国实际的择优借鉴。

第二节
我国教育法规的发展与演变

新中国成立后，我国的教育呈现出全然不同的新状态，有了新的性质、新的方针。为了适应教育事业的新变化，教育法规也在不断发展，并在每一个阶段都呈现出不同的特点。本书依据我国社会发展的阶段性变化，将我国教育法规的演变划分为以下几个阶段。

一、过渡时期（1949—1956 年）

1949 年 9 月，中国人民政治协商会议第一届全体会议在北平举行，会议通过了《中国人民政治协商会议共同纲领》(简称《共同纲领》)。《共同纲领》第五章为“文化教育政策”，其中第四十一条规定：“中华人民共和国的文化教育为新民主主义的，即民族的、科学的、大众的文化教育。人民政府的文化教育工作，应以提高人民文化水平、培养国家建设人才、肃清封建的、买办的、法西斯主义的思想、发展为人民服务的思想为主要任务。”这规定了我国教育的性质和任务。第四十七条规定：“有计划有步骤地实行普及教育，加强中等教育和高等教育，注重技术教育，加强劳动者的业余教育和在职干部教育，给青年知识分子和旧知识分子以革命的政治教育，以应革命工作和国家建设工作的广泛需要。”《共同纲领》对新中国教育宏观问题的这些规定，是过渡时期教育事业的恢复与发展的总纲领。依据这一纲领，中央政府相继制定了一系列指导我国教育事业发展的法规。

1950 年 12 月，中央人民政府政务院颁布《关于处理接受美国津贴的文化教育救济机关及宗教团体的方针的决定》，要求“政府应计划并协助人民使现有接受美国津贴的文化教育救济机构和宗教团体实行完全自办”。这一法规强调了我国的教育主权，使帝国主义无法再干涉我国的教育事业。

1951 年 8 月，中央人民政府政务院颁布《关于改革学制的决定》，规定新中国成立初期的幼儿教育、初等教育、中等教育和高等教育的学校类别、办学形式、修学年限和入学条件等。这一法规成为我国过渡时期重要的教育法规之一，奠定了我国的学制基础，对我国教育事业的发展产生了深远的影响。

1956 年 3 月，中共中央、国务院共同颁布《关于扫除文盲的决定》，提出“在全国范围内积极地有计划有步骤地扫除文盲，使广大劳动人民摆脱文盲状态，具有现代化的文化”。这是我国几千年来第一次向文盲“宣战”，把教育变成了一种全民性的事业，具有深远的历史意义。

以上是对过渡时期的教育法规的简要回顾，这一时期的教育法规为新中国从新民主主义教育向社会主义教育过渡提供了方向与原则、规范与保障，为我国教育事业的起步奠定了基础。

二、建设时期（1957—1965年）

1956年，我国社会主义改造基本完成，实现了从新民主主义社会到社会主义社会的过渡，进入了社会主义初级阶段，开始了全面建设社会主义的新时期。这一时期，教育事业的发展又可分为两个阶段。

1.“大跃进”阶段

1958年9月，中共中央、国务院共同颁布了《关于教育工作的指示》（简称《指示》）。《指示》指出：“教育工作在一定的时期内曾经犯过教育脱离生产劳动、脱离实际，并且在一定程度上忽视政治、忽视党的领导的错误。”《指示》提出了新的教育方针：“党的教育工作方针，是教育为无产阶级的政治服务，教育与生产劳动结合；为了实现这个方针，教育工作必须由党来领导。”“一切教育行政机关和一切学校，应该受党委的领导……中央人民政府各部门所属的学校，在政治上应该受当地党委的领导。在一切高等学校中，应当实行学校党委领导下的校务委员会负责制……一切中等学校和初等学校，也应该放在党委的领导之下。”这一教育方针强调了教育的性质是为无产阶级服务，规定了实现教育目的的途径是与生产劳动相结合。更为重要的是，《指示》强调了中国共产党对教育的领导权，奠定了我国教育事业的领导格局。

《指示》还对教育事业的一些具体发展作出了规定：“为了多快好省地发展教育事业，必须动员一切积极因素，既要有中央的积极性，又要有地方的积极性和厂矿、企业、农业合作社、学校和广大群众的积极性，为此必须采取统一性与多样性相结合，普及与提高相结合，全面规划与地方分权相结合的原则。”在教育目标统一的前提下，“办学的形式应该是多样性的，即国家办学与厂矿、企业、农业合作社办学并举，普通教育与职业（技术）教育并举，成人教育与儿童教育并举，全日制学校与半工半读、业余学校并举，学校教育与自学（包括函授学校、广播学校）并举，免费的教育与不免费的教育并举。这就是说，全国将有三类主要的学校：第一类是全日制的学校，第二类是半工半读的学校，第三类是各种形式的业余学习的学校”。“各大协作区应该根据自己的实际情况和需要，建立起一个完整的教育体系。各省、市、自治区也应该逐渐建立起这种比较完整的教育体系。”“中央教育部负责全国教育事业的综合规划和平衡。”“各省、市、自治区的党委和政府有权对新的学制积极进行典型试验。”《指示》还要求：“全国应在三年到五年的时间内，基本上完成扫除文盲、普及小学教育、农业合作社社社有中学和使学龄前儿童大多数都能入托儿所和幼儿园的任务。应当大力发展中等教育和高等教育，争取在十五年左右的时间内，基本上做到使全国青年和成年,凡是有条件的和自愿的,都可以受到高等教育。"

这一规定导致了教育事业"大跃进式"的发展。仅以高等教育为例,1957 年全国高校有 229 所,在校生约 44.1 万人;1958 年迅速增至 791 所,在校生约 66 万人;1960 年再增至 1 289 所,在校生约 94.7 万人。[①]

2.稳步调整阶段

20 世纪 60 年代初期,教育事业"大跃进式"的飞速发展的不良后果开始凸显,各级各类教育问题频出,教育政策的调整势在必行。针对这些问题,中央的教育方针主要是从中小学教育和高等教育入手,力图把教育事业重新拉回平稳发展的正常轨道。

1961 年 9 月,中共中央批准试行《教育部直属高等学校暂行工作条例(草案)》,简称"高教六十条"。该条例共 10 章 60 条,对我国的高等教育作出了系统而科学的规范,规定了我国高等教育的基本任务、培养目标等。在基本任务上,要求"高等学校的基本任务,是贯彻执行教育为无产阶级的政治服务、教育与生产劳动相结合的方针,培养为社会主义建设所需要的各种专门人才"。培养目标要求学生应"具有爱国主义和国际主义精神,具有共产主义道德品质,拥护共产党的领导,拥护社会主义,愿为社会主义事业服务、为人民服务;通过马克思列宁主义、毛泽东著作的学习,和一定的生产劳动、实际工作的锻炼,逐步树立无产阶级的阶级观点、劳动观点、群众观点、辩证唯物主义观点;掌握本专业所需要的基础理论、专业知识和实际技能,尽可能了解本专业范围内科学的新发展;具有健全的体魄"。

1963 年 3 月,中共中央发布试行《全日制中学暂行工作条例(草案)》,又称"中学五十条"。该条例共 8 章 50 条,对我国的中学教育作出了系统而科学的规范,规定了我国中学教育的基本任务和培养目标等。该条例规定:"中学教育的任务,是为社会主义建设事业培养劳动后备力量,和为高一级学校培养合格的新生。"全日制中学学生的培养目标是:"使学生具有爱国主义和国际主义精神,具有共产主义道德品质,拥护共产党的领导,拥护社会主义,愿意为社会主义事业服务、为人民服务;逐步培养学生的工人阶级的阶级观点、劳动观点、群众观点、辩证唯物主义观点。使学生在小学教育的基础上,进一步掌握语文、数学、外国语等课程的基础知识和基本技能,并且具有一定的生产知识。使学生的身心得到正常的发展,具有健康的体质,培养良好的生活习惯和劳动习惯。"

1963 年 3 月,中共中央发布试行《全日制小学暂行工作条例(草案)》,简称"小学四十条"。该条例共 8 章 40 条,对我国的小学教育作出了系统而科学的规范,规定了我国小学教育的基本任务和培养目标等。该条例规定:"小学教育的任务,是为社会

①张乐天.教育法规导读(第三版)[M].上海:华东师范大学出版社,2007:8.

主义建设事业培养劳动后备力量，和为高一级学校培养合格的新生。”小学学生的培养目标，是使学生具有爱祖国、爱人民、爱劳动、爱科学、爱护公共财物等品德，拥护社会主义、拥护共产党，具有初步的阅读、写作和计算的能力，具有初步的自然常识和社会常识，培养良好的学习习惯；使学生的身心得到正常的发展，具有健康的体质，培养良好的生活习惯和劳动习惯。

可以说，三大条例的颁布为当时教育的快速发展提供了全新的指导，对构建科学的学校制度和提升教育质量起到了重要作用。

三、破坏时期（1966—1976年）

1966—1976年，我国陷入了历时十年的“文化大革命”，这是一场全国性的浩劫，对我国的政治、经济、文化等都造成了严重的破坏，整个社会都处于盲目的“狂热”之中，脱离了社会实际，使中国的发展近乎停顿。这种“狂热”对教育领域影响更甚，“文化大革命”十年，初成体系的教育法规被弃之不用，我国的教育处于一种“无法无规”的混乱状态，人才培养出现了“断层”。不仅如此，在“左”倾错误思潮的影响下，教育领域出现了前所未见的“大批判”，使教育事业发展几乎停滞。

四、革新时期（1977—2000年）

1977年，随着“四人帮”的垮台，长达十年的“文化大革命”宣告结束。1978年，中国共产党召开了十一届三中全会。这次大会的召开，揭开了我国社会主义改革开放的序幕，标志着我国进入改革开放和社会主义现代化建设的新时期。

1978年之后，我国开始了思想、政治、组织等领域的全面拨乱反正，在教育方面也不例外。首先，国家恢复了高考制度，给予了广大学子以新的希望，使国家教育事业逐渐回归正轨；其次，国家恢复了“前十七年”颁布的教育法规的效力，重新开始施行，使国家教育不再囿于“人治”的混乱局面；最后，国家颁布了一系列新的法规来适应新的教育实践的需要，我国教育法规的建设开始纳入正常的轨道。

1980年2月12日，第五届全国人民代表大会常务委员会第十三次会议通过了《中华人民共和国学位条例》。该条例制定的宗旨是“为了促进我国科学专门人才的成长，促进各门学科学术水平的提高和教育、科学事业的发展，以适应社会主义现代化建设的需要”。这是我国改革开放以来，由最高权力机关制定颁布的第一部专项教育法规，规定了我国高等教育各级人才的培养目标、培养模式以及取得相关学位的条件和步骤。该条例的颁布对结束“文化大革命”造成的我国高等教育的无序状态有着积极的作用，也标志着我国教育法规体系的建设进入了新的阶段。

此后，我国加快了教育法律的制定进程。1986年4月12日，第六届全国人民代表大会第四次会议通过了《中华人民共和国义务教育法》。《中华人民共和国义务教育法》的宗旨是“为了保障适龄儿童、少年接受义务教育的权利，保证义务教育的实施，提高全民族素质”。这一单行法的颁布，对于发展我国的基础教育、全面提高国民的素质有着十分重要的意义。

1993年10月31日，第八届全国人民代表大会常务委员会第四次会议通过了《中华人民共和国教师法》，这是我国历史上第一部专门为教师制定的法律。《中华人民共和国教师法》的立法宗旨是“为了保障教师的合法权益，建设具有良好思想品德修养和业务素质的教师队伍，促进社会主义教育事业的发展”。这一单行法的颁布，对建立一支为社会主义现代化服务的教师队伍有着十分重要的意义。

1995年3月18日，第八届全国人民代表大会第三次会议通过了《中华人民共和国教育法》。《中华人民共和国教育法》是我国教育的根本大法，规定了我国教育的性质、教育方针等宏观问题。《中华人民共和国教育法》的立法宗旨是“为了发展教育事业，提高全民族的素质，促进社会主义物质文明和精神文明建设”。《中华人民共和国教育法》的颁布，对我国教育事业产生了重要的影响，使我国的教育法规体系的建立向前迈进了一大步，为我国颁布其他教育单行法提供了法律依据。

1996年5月15日，第八届全国人民代表大会常务委员会第十九次会议通过了《中华人民共和国职业教育法》。《中华人民共和国职业教育法》的立法宗旨是“为了实施科教兴国战略，发展职业教育，提高劳动者素质，促进社会主义现代化建设”。《中华人民共和国职业教育法》的颁布，为职业教育的发展提供了法律依据。

1998年8月29日，第九届全国人民代表大会常务委员会第四次会议通过了《中华人民共和国高等教育法》。《中华人民共和国高等教育法》的立法宗旨是“为了发展高等教育事业，实施科教兴国战略，促进社会主义物质文明和精神文明建设”。《中华人民共和国高等教育法》的颁布，对规范我国的高等教育起到十分重要的作用。

自《中华人民共和国学位条例》的颁布到《中华人民共和国高等教育法》的施行，我国教育事业的发展以及教育法制的建设都取得了一系列的成就。在此基础上，国家还颁布了一些具体条例、规章和地方性法规，中国特色社会主义的教育法规体系初见雏形。

五、完善时期（2000年至今）

进入21世纪以来，我国发生了翻天覆地的变化，各个方面都有了长足的发展。新的社会要求也给予了教育新的挑战，为了应对这样的新挑战，教育法制建设也有了新的进展。

2002年12月28日，第九届全国人民代表大会常务委员会第三十一次会议通过了《中华人民共和国民办教育促进法》。《中华人民共和国民办教育促进法》的立法宗旨是“为实施科教兴国战略，促进民办教育事业的健康发展，维护民办学校和受教育者的合法权益”。《中华人民共和国民办教育促进法》界定了民办教育的性质，确立了民办教育在我国的地位，规定了民办教育机构设立的标准等。这不仅仅是我国民办教育史上的一个标志性事件，也为《中华人民共和国中外合作办学条例》的颁布和实行奠定了基础。

2003 年 3 月 1 日，中华人民共和国国务院令第 372 号公布了《中华人民共和国中外合作办学条例》。《中华人民共和国中外合作办学条例》的立法宗旨是“为了规范中外合作办学活动，加强教育对外交流与合作，促进教育事业的发展”。《中华人民共和国中外合作办学条例》一共 8 章 64 条，对中外合作办学的性质与方针、机构的设立与管理、教育教学、资产与财务、法律责任等方面都作出了明确的规定。《中华人民共和国中外合作办学条例》的颁布，表明我国对待中外合作办学态度的重大转变，大大促进了我国教育的开放进程。

这一时期教育法制建设取得的巨大成就，不仅仅是颁布实行了几部单行法，还包括对已有法规的重新修订。例如，2009 年、2015 年、2021 年对《中华人民共和国教育法》的三次修正，2006 年对《中华人民共和国义务教育法》的修订及 2015 年、2018 年对其进行的两次修正，2013 年、2016 年、2018 年对《中华人民共和国民办教育促进法》的三次修正。目前，国家正启动对《中华人民共和国职业教育法》《中华人民共和国教师法》的修订，研究制定《中华人民共和国学前教育法》《中华人民共和国终身教育法》等法律。旧法律的修订和新法律的制定，标志着我国的教育法规体系的日益完善，也标志着我国立法水平、立法技术、立法质量的飞跃。

|第三节|
教师的权利与义务

一、教师的权利

教师的权利是指法律所赋予教师在履行教育教学职责时所享有的权利，是国家对教师能够作出一定行为或要求他人作出一定行为的规定。《中华人民共和国教师法》中将教师定义为“履行教育教学职责的专业人员”。但是，教师还有另一个更基本的身份就是普通公民，所以教师的权利可以分为两部分：一是教师作为普通公民所享有的《中华人民共和国宪法》赋予的基本权利；二是教师作为专业人员所享有的《中华人民共和国教育法》《中华人民共和国教师法》赋予的职业权利。

《中华人民共和国宪法》赋予教师的基本权利包括：选举权与被选举权、言论与出版自由权、宗教信仰自由权、人身自由权、人格尊严不受侵犯权、财产权、通信自由与通信秘密权、劳动权、受教育权等。2020 年 5 月 28 日通过，即将于 2020 年 1 月 1 日起施行的《中华人民共和国民法典》还规定教师作为自然人，应当享有生命权、身体权、健康权、姓名权、肖像权、名誉权、荣誉权、隐私权、婚姻自主权等民事权利。此外，《中华人民共和国教师法》还规定“教师对学校或者其他教育机构侵犯其合法权益的，或者对学校或者其他教育机构作出的处理不服的，可以向教育行政部门提出申诉”，从而赋予了教师申诉权。

《中华人民共和国教育法》《中华人民共和国教师法》赋予教师的职业权利包括六个方面，本书主要介绍教师这六个方面的职业权利。

(一)进行教育教学活动，开展教育教学改革和实验的权利

该权利可简称为“教育教学权”，这是教师最基本的职业权利。这项权利的具体表现是：教师有权在国家允许的范围内选择教材；有权依据学生的实际情况和课程内容确定教学方法和教具；有权组织教学，对学生提问、测验，布置作业；有权在不违背国家教育方针和不影响国家教学计划的前提下，开展教育教学改革和实验；有权组织学生进行有益的课外活动。这项权利保障了教师在教学活动中的自主性，激发了教师的创造性，肯定了教师的能动性。任何人不得非法剥夺在聘教师行使这项基本权利。而不具备教师资格的人不得享有这项权利。虽然取得教师资格，但尚未受聘或已被解聘的人员，此项权利的行使处于停顿状态，待任用时方能行使这项权利。学校及其他教育机构依法解聘教师的，不属于侵犯教师权利的行为。

(二)从事科学研究,学术交流,参加专业的学术团体,在学术活动中发表意见

该权利可简称为“科学研究权”。这项权利的具体表现是:在完成规定的教育教学任务的前提下,教师有权进行科学研究、技术开发、撰写学术论文、著书立说;有权参加有关学术交流活动,参加依法成立的学术团体并在其中兼任工作;有权在学术研究中发表自己的学术观点。需要注意的是,教师在行使科学研究权时不能忘记自己的育人本位,要处理好科学研究和教育教学之间的关系,不能顾此失彼。

(三)指导学生的学习和发展,评定学生的品行和学业成绩

该权利可简称为“管理学生权”。这项权利的具体表现是:教师有权根据教育规律和学生的身心发展特点因材施教,有针对性地指导学生的学习,并在学生的升学、就业等方面给予适当的指导;有权对学生的思想品德、学习成绩、体育劳动等方面给予客观公正的评价;有权运用正确的指导思想和科学的方式方法,使学生的个性和能力得到充分发展。这项权利肯定了教师在教学过程中占主导地位,是教师专业性的一种体现,任何组织和个人都不得非法干预教师行使这项权利。

(四)按时获取工资报酬,享受国家规定的福利待遇以及寒暑假期的带薪休假

该权利可简称为“获取报酬待遇权”。教师待遇是教师维持个人及家庭生活的基本保障,是影响教师职业吸引力的重要因素。这项权利的具体表现是:教师有权要求所在学校及其主管部门根据国家教育法律、教师聘任合同的规定按时足额地支付工资报酬;有权享受国家规定的福利待遇。其中教师的工资报酬,一般包括基础工资、职务工资、课时报酬、奖金、教龄津贴、班主任津贴及其他各种津贴在内的工资性收入。福利待遇主要包括教师的医疗、住房、退休等方面的各项待遇和优惠,以及寒暑假期的带薪休假。

(五)对学校教育教学、管理工作和教育行政部门的工作提出意见和建议,通过教职工代表大会或者其他形式参与学校的民主管理

该权利可简称为“民主管理权”。这是《中华人民共和国宪法》第四十一条“中华人民共和国公民对于任何国家机关和国家工作人员,有提出批评和建议的权利”在教育领域的具体体现。这项权利的具体表现是:教师有权向教育行政部门提出建议和意见,有权通过教职工代表大会、工会等组织形式以及其他适当方式参与学校民主管理,讨论学校改革、发展等方面的重大事项,保障自身的民主权利和切身利益,推进学校的民主建设。这一权利充分肯定了教师的民主参与,有利于发挥教师的主人翁精神,有利于发挥教师对学校和教育行政部门的监督作用。《中华人民共和国

教师法》中还明确了教职工代表大会的法律地位，规定教师可以通过教职工代表大会行使自己的民主管理权，为教师民主管理权的行使提供了渠道和保障。

（六）参加进修或者其他方式的培训

该权利可简称为"进修培训权"。当今社会日新月异，科技飞速发展，知识不断更新，教师早已不是"一次培训，终身适用"的职业。新的社会也给教师提出了新的要求，教师应及时更新知识，调整知识结构，不断提高自身素质和业务水平，实现专业发展。为保障教师这一权利的实现，教育行政部门、学校及其他教育机构应采取多种形式，开辟多种渠道，努力为教师的进修培训创造有利条件。

二、教师的义务

教师的义务是指依照法律规定教师在教育教学过程中必须履行的责任。如同教师的权利一样，教师所要承担的义务也包括两个方面：一是作为普通公民所要承担的《中华人民共和国宪法》规定的义务；二是作为教育工作者所要承担的《中华人民共和国教育法》《中华人民共和国教师法》规定的义务。

《中华人民共和国宪法》规定的公民义务包括：受教育的义务；夫妻双方有实行计划生育的义务；父母有抚养教育未成年子女的义务；成年子女有赡养扶助父母的义务；维护国家统一和全国各民族团结的义务；遵守宪法和法律，保守国家秘密，爱护公共财产，遵守劳动纪律，遵守公共秩序，尊重社会公德的义务；维护祖国的安全、荣誉和利益的义务等。

《中华人民共和国教育法》《中华人民共和国教师法》规定了教师应当履行的六项职业义务，本书主要介绍教师的这六项职业义务。

（一）遵守宪法、法律和职业道德，为人师表

宪法和法律是国家、社会组织和公民活动的基本行为准则，任何组织和公民都必须遵守。教师的职责是教书育人，因而更应以身作则，为人师表，模范地遵守宪法和法律，培养学生的法治观念和民主精神。此外，教师职业是一种专门化的职业，有其自身的职业道德准则，教师应当自觉遵守，如2008年发布的《中小学教师职业道德规范》、2018年发布的《新时代中小学教师职业行为十项准则》等规范。教师身肩"立德树人"的重任，更要严格遵守规范，做到言传身教，给学生和社会树立一个好的榜样。

（二）贯彻国家的教育方针，遵守规章制度，执行学校的教学计划，履行教师聘约，完成教育教学工作任务

教师在教育教学活动中，应当全面贯彻国家关于"教育必须为社会主义现代化建设服务、为人民服务，必须与生产劳动和社会实践相结合，培养德、智、体、美等方面全面发展的社会主义建设者和接班人”的方针；自觉遵守教育行政部门和学校及其他教育机构制定的教育教学管理的各项规章制度；认真执行学校依据国家规定的教学大纲、教学计划或教学基本要求制订的具体教学计划；严格履行教师聘任合同中约定的教育教学职责，完成规定的教育教学任务，保证教育教学活动的正常开展，保证教育教学质量。

（三）对学生进行宪法所确定的基本原则的教育和爱国主义、民族团结的教育，法制教育以及思想品德、文化、科学技术教育，组织、带领学生开展有益的社会活动

教师的职责不仅是教书，更重要也更难的是育人。《管子·权修》中说：“一年之计，莫如树谷；十年之计，莫如树木；终身之计，莫如树人。一树一获者，谷也；一树十获者，木也；一树百获者，人也。”教师的思想品德教育影响着学生的一生，教师应当把立德树人作为教育的头等大事来抓。思想品德教育不仅仅是思想品德教师的职责，也是每一位教师的基本义务；不仅需要思想政治课程来完成，也需要课程思政来完成。在思想品德教育的内容上，教师要对学生进行宪法所确定的基本原则的教育和爱国主义、民族团结的教育，法制教育以及思想品德、文化、科学技术教育。在思想品德教育的形式和方法上，教师要注意适应学生身心发展的阶段性特点，采用适合学生年龄的教学方式，寓教于乐，讲求针对性和实效性。

（四）关心爱护全体学生，尊重学生人格，促进学生在品德、智力、体质等方面全面发展

教师要关心爱护全体同学，无论性别男女、成绩好坏、品格优劣、残疾与否都要一视同仁，都要满怀热情地教育、指导学生认真完成各阶段的学习任务，实现德智体美劳等全面发展；要树立尊重学生人格尊严的观念，不能歧视学生、侮辱学生、体罚或变相体罚学生，不能泄露学生隐私；要树立新的学生观，肯定学生是一个独立的个体，一个发展中的人，尊重学生的主体性，在教育过程中做到以理服人，不能以力压人。

（五）制止有害于学生的行为或者其他侵犯学生合法权益的行为，批评和抵制有害于学生健康成长的现象

保护学生的合法权益和身心健康成长，是全社会的共同责任。作为教师，自然更应担负起此责任，履行此义务。但是，教师履行此项义务具有特定的范围，主要是在与学校工作和与教育教学工作相关的活动中，制止侵犯其所负责教育管理的学生合法权益的违法行为，批评和抵制社会上出现的有害于学生身心健康成长的不良现象。

（六）不断提高思想政治觉悟和教育教学业务水平

在终身教育的学习型社会，每个人都会在人生的不同阶段接受不同形式的教

育，教师也不例外。教师同样也需要不断地提升自身素养，调整自己的知识结构以适应社会的进步、科技的发展以及满足教育的实际需要。教育教学是一项专业性较强的工作，所以教师更要注意通过学习促进自身的专业发展。

对于教师来说，权利和义务是相辅相成、相互依存的，"没有无义务的权利，也没有无权利的义务"[①]。享有了应享有的权利，就要承担起相应的义务。权利要正确地行使，义务也要自觉地履行。

---

①中共中央马克思恩格斯列宁斯大林著作编译局.马克思恩格斯选集(第1卷)[M]北京:人民出版社,1972:8.

第四节
学生的权利与义务

一、学生的权利

与教师身份类似，学生同样可以作为公民、自然人以及作为受教育者。这两种身份使得学生的权利同样包括两个方面，即作为一名普通公民所享有的权利和作为学生所享有的权利。根据2020年5月28日通过，即将于2021年1月1日起施行的《中华人民共和国民法典》第二条规定，学生作为普通公民享有生命权、健康权、姓名权、名誉权、荣誉权、肖像权、隐私权等人身、财产权益。根据《中华人民共和国教育法》的相关规定，学生具有作为受教育者应享有的特殊权利。这里，我们将重点介绍学生作为受教育者在教育活动中享有的权利。

《中华人民共和国教育法》第四十三条规定，受教育者享有以下基本权利。

（一）参加教育教学计划安排的各种活动，使用教育教学设施、设备、图书资料

这项权利可以简称为"接受、享用教育的权利"，是《中华人民共和国宪法》所规定的受教育权的具体体现，是学生参与教育活动的基础和前提。

学生有权参加教育教学计划安排的各种活动，其前提是学生能清晰地知道教育活动的项目和内容。这就要求教育机构有具体的、确定的、可操作的教学计划，并向学生公开，让学生知道自己的权利该如何行使。另外，为了实现学生德智体美劳等方面的全面发展，教育机构还需组织多种形式、多种内容的教育活动，不仅仅局限于教室和教育计划。当然，活动的开展离不开物质支撑，学生有权参与教育活动，就自然享有使用教育设施、设备和图书资料的权利。例如，教室和课桌板凳是课堂教学最基本的物质条件，操场是课外活动和体育锻炼的主要场所，实验室是培养学生的科学实验能力和生产实验技能的重要场所，图书室贮藏着大量的图书和资料等，这些设施设备学生自然有权使用。

（二）按照国家有关规定获得奖学金、贷学金、助学金

这项权利可以简称为"获取物质保障的权利"，它体现了国家对保障学生学业经费的重视，体现了国家对特殊群体学生的鼓励和帮扶。这里的"国家有关规定"主要是指《中华人民共和国义务教育法》《中华人民共和国义务教育法实施细则》《普通高等学校本、专科学生实行奖学金制度的办法》《普通高等学校研究生奖学金办法》《普通高等学校本、专科学生实行贷款制度的办法》《关于在普通高等学校设立勤工助学基金的通知》等。

《中华人民共和国义务教育法》和《中华人民共和国义务教育法实施细则》对义务教育阶段学生获得助学金的条件作了总的规定。《中华人民共和国义务教育法》第二条规定："义务教育是国家统一实施的所有适龄儿童、少年必须接受的教育，是国家必须予以保障的公益性事业。实施义务教育，不收学费、杂费。"第四十四条规定："各级人民政府对家庭经济困难的适龄儿童、少年免费提供教科书并补助寄宿生生活费。"《中华人民共和国义务教育法实施细则》第十八条规定："依照义务教育法第十条第二款规定享受助学金的贫困学生是指：初级中等学校、特殊教育学校的家庭经济困难的学生，少数民族聚居地区、经济困难地区、边远地区的小学及其他寄宿小学的家庭经济困难的学生。实行助学金制度的具体办法，由省级人民政府规定。"

《普通高等学校本、专科学生实行奖学金制度的办法》对奖学金的类型、获取条件等都作了细致的规定。第一条规定："国家和有关部门设立优秀学生奖学金、专业奖学金和定向奖学金。"第二条规定："优秀学生奖学金，用于鼓励德、智、体、美、劳全面发展，品学兼优的学生。"第五条规定："专业奖学金，用于鼓励报考师范、农林、民族、体育和航海等专业的学生。"第八条规定："定向奖学金是有关部门和地区为鼓励立志毕业后到边疆地区、经济贫困地区和自愿从事煤炭、矿业、石油、地质、水利等艰苦行业的学生设立的。"

《普通高等学校本、专科学生实行贷款制度的办法》对贷学金的限额、获取条件都作了全面的规定。第一条规定了贷学金的性质和目的："为了帮助部分学生家庭经济确有困难，无力解决在校学习期间的生活费用，由国家向学生提供无息贷款。"第二条规定了申请的条件："一、学生家庭确有经济困难，不能支付学习期间全部或部分生活费用；二、奋发向上，努力学习；三、遵守国家法律和学校有关规章制度，道德品质良好。对于华侨学生申请贷款与普通高等学校中的其他学生相同，按规定的申请、审批程序办理。"

虽然上述法规中的某些具体标准需要修改完善，但是这些法规所建立的奖学金、助学金、贷学金制度却一直指导着教育实践，为广大学子提供了极大的鼓励和支持。

（三）在学业成绩和品行上获得公正评价，完成规定的学业后获得相应的学业证书、学位证书

这项权利可以简称为"获得公正评价与相应证书的权利"。这项权利包含两个方面：获得公正评价的权利和获得学业证书、学位证书的权利。

教育评价是指在系统地、科学地和全面地搜集、整理、处理和分析教育信息的基础上，对评价对象作出判断的过程。[①] 学生评价是以学校教师作为评价主体，学生作

① 吴钢. 浅谈教育评价方案[J]. 上海教育，2000(7)：14—15.

为评价客体，以学生德智体美劳等方面的发展水平作为依据的评价，目的在于检验教学效果，提升教育质量。[①] 学生评价是教育教学中的一个重要环节，获得公正的评价是学生的一项基本权利，也是教育者和教育机构应尽的义务。

学位证书、学历证书是对学生所受某一阶段教育的学业成绩、学术水平的终结性评定，对学生的升学和就业都有很重要的作用。《中华人民共和国教育法》第二十二条规定："国家实行学业证书制度。经国家批准设立或者认可的学校及其他教育机构按照国家有关规定，颁发学历证书或者其他学业证书。"第二十三条规定："国家实行学位制度。学位授予单位依法对达到一定学术水平或者专业技术水平的人员授予相应的学位，颁发学位证书。"学业证书包括毕业证书、结业证书和肄业证书等，它对应于学生所受教育有不同的等级或规格。学位证书分为学士学位证书、硕士学位证书和博士学位证书三种，它对应于学生所受高等教育的程度。学生达到相应学业成就标准，就应当具有获颁相应学历学位证书的权利。

（四）对学校给予的处分不服向有关部门提出申诉，对学校、教师侵犯其人身权、财产权等合法权益，提出申诉或依法提起诉讼

这项权利可以简称为"申请法律救济的权利"，它是公民申诉权和诉讼权在学生身上的具体体现。学生具有通过申诉获得法律救济的权利。申诉分为诉讼上的司法申诉和非诉讼上的行政申诉。前者向司法部门提出，后者向主管行政部门提出。《中华人民共和国教育法》规定的学生申诉属于非诉讼上的行政申诉。学生对学校、教师侵犯其合法权益的行为，可以向学校提出申诉。学生对学校给予的处分不服，认为所受处分过重或不该受处分，也可向教育行政部门提出申诉。

当学生对申诉不服时，可以向法院提起诉讼。诉讼权是公民的一项基本权利，包括民事诉讼权、刑事诉讼权和行政诉讼权。本项规定中学生对学校、教师侵犯其人身权、财产权等合法权益提起诉讼的权利，主要属于民事诉讼和行政诉讼的范畴。根据《中华人民共和国民事诉讼法》《中华人民共和国行政诉讼法》的规定，学生起诉学校或教师主要体现为：起诉侵犯其受教育权、起诉侵犯其隐私权、起诉侵犯其财产权（如扣押其手机不予归还）、起诉侵犯其生命权或健康权等。

（五）法律、法规规定的其他权利

这项权利可以简称为"法定的其他权利"。学生在上述几条权利之外还享有其他教育法规所赋予的其他权利。如《中华人民共和国未成年人保护法》第三条规定："未成年人享有生存权、发展权、受保护权、参与权等权利，国家根据未成年人身心发展特点给予特殊、优先保护，保障未成年人的合法权益不受侵犯。"这些权利同样也应受到法律保护。

---

① 吴钢. 现代教育评价教程[M]. 北京：北京大学出版社，2015：10.

二、学生的义务

学生的义务是指由法律法规所规定的学生在教育教学活动中所必须履行的责任。当然,学生同样是公民,也要遵守法律规定的普通公民应尽的各种义务。本书主要谈及《中华人民共和国教育法》所规定的学生的四种义务和《中华人民共和国宪法》所规定的受教育的义务。

(一)遵守法律、法规

这项义务可以简称为"守法义务"。法律是国家意志的体现,是符合国家和人民共同利益的行为规范。遵守法律、法规是法律、法规的强制要求,也是每一位公民都应自觉履行的义务。学生也是公民,遵守法律、法规是学生不可推卸的义务。《中华人民共和国宪法》第三十三条规定,中华人民共和国公民在法律面前一律平等。任何公民都享有宪法和法律规定的权利,同时也必须履行宪法和法律规定的义务。需要注意的是,学生在遵守一般的法律、法规之外,还需要遵守教育法规。我国已颁布、施行了一系列较为完备的教育法律、法规和规章,这些教育法律、法规和规章或多或少都涉及了学生的义务,学生应当在教育教学过程中加以遵守。

(二)遵守学生行为规范,尊敬师长,养成良好的思想品德和行为习惯

这项义务可以简称为"养成良好品德义务"。学生行为规范指的是由国家教育行政部门制定的关于学生行为准则的统一规定,主要包括《小学生守则》《中学生守则》与《高等学校学生守则》,《小学生日常行为规范》《中学生日常行为规范》和《高等学校学生行为准则(试行)》等。这些规范集中体现了国家对各个学段学生的政治、思想、品德与行为习惯等方面的基本要求,各级各类学生都应遵守。尊敬师长是遵守学生行为规范的具体要求,是良好的思想品德和行为修养的具体体现。在教育教学活动中,教师是文化知识的传播者,承担着教书育人、提高民族素质的使命,理应受到学生和全社会的尊重。尊敬师长是我国的传统美德,也是社会文明进步的重要标志,学生要养成良好的思想品德和行为习惯,提高自身素养,就应当继承和发扬这一美德。

(三)努力学习,完成规定的学习任务

这项义务可以简称为"努力学习义务"。学习是学生的天职,是学生区别于其他社会成员的主要特征。学生的第一要务就是要努力学习科学文化知识,完成学业,成为德智体美劳全面发展的社会主义建设者和接班人。在日常生活中,这项义务可以具体为以下几个方面:(1)按时到校学习,不能无故迟到、早退和旷课;(2)上课时应该认真听讲,积极思考,敢于提问,积极回答老师提出的问题;(3)认真复习功课,按时、保质、保量完成老师布置的作业;(4)努力完成教学计划所规定的学习任务。

(四)遵守所在学校或者其他教育机构的管理制度

这项义务可以简称为“遵守管理制度义务”。学校的管理制度是学校教育教学活动得以有序开展的基本保证。每一个学生都有义务遵守所在学校的各项管理制度,包括思想政治教育制度、教学管理制度、学籍管理制度等。学生如果违反了这些管理制度,学校和教师有权对学生进行批评教育,必要时可给予学生适当的纪律处分。

(五)受教育的义务

受教育是一种权利,也是一种义务。教育法规中相当一部分规定与受教育权有关。例如,《中华人民共和国宪法》规定了公民有受教育的权利和义务。《中华人民共和国义务教育法》规定:“凡具有中华人民共和国国籍的适龄儿童、少年,不分性别、民族、种族、家庭财产状况、宗教信仰等,依法享有平等接受义务教育的权利,并履行接受义务教育的义务。”“凡年满六周岁的儿童,其父母或者其他法定监护人应当送其入学接受并完成义务教育。”

|第五节|
教育法律责任与教育法律救济

一、教育法律责任

(一)教育法律责任的内涵

法律责任有广义与狭义之分。广义的法律责任是指法律、法规中所规定的各种义务,包括法律、法规中规定的强制遵守的义务和不必强制遵守的义务。狭义的法律责任是指行为人因实施了违反法律、法规的行为,依法所要承担的否定性法律后果,如殴打教师、体罚学生等应承担的法律责任。在司法实践中,人们常用的是狭义的法律责任。这里我们将教育法律责任定义为教育法律关系主体因实施了违反教育法律、法规规定的行为,依照有关法律、法规的规定应当承担的否定性法律后果。

较之其他社会责任而言,教育法律责任主要有以下几个特点。

1. 法律规定性

教育法律责任不是随意赋予的,而是有明文的法律作为支撑的。教育活动中哪些行为应当追究法律责任、由谁来追究、追究什么样的法律责任都必须在教育法律、法规中有明文规定,如《中华人民共和国教育法》第九章、《中华人民共和国义务教育法》第七章都是对法律责任的明文规定。

2. 国家强制性

教育法律责任依托于明文的教育法律规定,这也表明教育法律责任的实施受到国家强制力的保障。这一点与法律本身的强制性相一致。

3. 归责特定性

教育法律责任的承担者必须是在教育法律关系中实施了教育违法行为的特定当事人。无论是自然人还是法人,如果他们并不处于教育法律关系中,其行为便不影响教育法律上的权利义务,也就不会导致教育法律责任的产生。同时,教育法律责任的承担者只限于违反教育法律、法规的行为人本人,不会连累其亲属、朋友。但为督促监护人加强对被监护人的监护,我国教育及相关法律规定,无民事行为能力人或限制民事行为能力人的监护人对被监护人的不法行为承担一定的责任。因此,责任的归属是特定的。

4. 专权追究性

教育法律责任由法律明文规定,由国家强制力保障实施,这就意味着教育法律责任的追究必须由法律规定的、授权的、特定的国家机关或组织来实施，其他任何组织和个人都无权行使这种权利。

（二）教育法律责任的类型

教育法律关系主体实施违法行为是其承担教育法律责任的前提，但需注意教育法律关系主体的法律地位各不相同，违法行为的性质和严重程度也千差万别，一种单一的法律责任不足以满足繁杂的法律实践需要。所以在实践中，教育法律、法规需要根据违法主体的法律地位、违法行为的性质及严重程度，规定出违反教育法律、法规所要承担的法律责任的不同类型。目前，法律责任主要包括三种类型：行政法律责任、民事法律责任和刑事法律责任。

1. 行政法律责任

行政法律责任是指法律关系主体因违反行政法律的规定而应当依法承担的行政性的、否定性的法律后果。由于现行的教育法律、法规中的相当一部分规定是调整教育活动中的行政关系的，具有行政法的属性，所以违反教育法律、法规的行为本身就带有行政违法性。在司法实践中，行政法律责任也是教育法律部门中最常见的一种法律责任。

根据教育法律、法规的规定，违反教育法律、法规的行政法律责任的承担方式主要包括行政处罚和行政处分两类。

行政处罚是国家行政机关依法对违反行政法律规范但尚不构成刑事处罚的组织或个人进行惩戒、制裁的具体行政行为。行政处罚的种类很多，教育领域涉及的行政处罚有：警告；罚款；没收违法所得；没收违法颁发、印制的学历证书、学位证书及其他学业证书；撤销违法举办的学校和其他教育机构；取消颁发学历证书、学位证书和其他学业证书的资格；撤销教育资格；停考；停止申请认定资格；责令停止招生；吊销办学许可证；法律、法规规定的其他教育行政处罚措施等。如《中华人民共和国民办教育促进法》第六十四条规定："违反国家有关规定擅自举办民办学校的，由所在地县级以上地方人民政府教育行政部门或者人力资源社会保障行政部门会同同级公安、民政或者市场监督管理等有关部门责令停止办学、退还所收费用，并对举办者处违法所得一倍以上五倍以下罚款；构成违反治安管理行为的，由公安机关依法给予治安管理处罚；构成犯罪的，依法追究刑事责任。"

行政处分有时也被称为纪律处分，是国家行政机关依照行政隶属关系对有轻微违法失职行为的国家工作人员所实施的惩罚措施，具体包括警告、记过、记大过、降级、降职、撤职、留用察看、开除等。如《中华人民共和国义务教育法》第五十二条规定："县级以上地方人民政府有下列情形之一的，由上级人民政府责令限期改正；情节严重的，对直接负责的主管人员和其他直接责任人员依法给予行政处分：（一）未按照国家有关规定制定、调整学校的设置规划的；（二）学校建设不符合国家规定的办学标准、选址要求和建设标准的；（三）未定期对学校校舍安全进行检查，并及时维修、改造的；（四）未依照本法规定均衡安排义务教育经费的。”

2.民事法律责任

民事法律责任是指法律关系主体由于实施民事违法行为而应承担的法律后果，主要是财产责任。其中，民事违法行为主要包括侵权行为和不履行合同义务的违约行为。教育法律中的民事法律责任是教育法律关系主体违反教育法律、法规，破坏了平等主体之间正常的财产关系或人身关系，依照法律、法规规定应承担的民事法律后果。

教育法律规定了违反相关教育法律的民事法律责任。例如，《中华人民共和国教育法》第八十三条规定：“违反本法规定，侵犯教师、受教育者、学校或者其他教育机构的合法权益，造成损失、损害的，应当依法承担民事责任。”《中华人民共和国义务教育法》及《中华人民共和国义务教育法实施细则》规定教育法律中的民事违法行为主要包括：侵占、破坏学校的场地、房屋和设备；侮辱、殴打教师、学生；体罚学生；将学校校舍或场地出租、出让或者移作他用，妨碍义务教育实施。

《中华人民共和国民法典》规定，承担民事法律责任的主要方式有以下几种：停止侵害；排除妨碍；消除危险；返还财产；恢复原状；修理、重作、更换；继续履行；赔偿损失；支付违约金；消除影响、恢复名誉；赔礼道歉。法律规定惩罚性赔偿的，依照其规定。这些承担民事法律责任的方式，可以单独适用，也可以合并适用。

3.刑事法律责任

刑事法律责任是指法律关系主体由于实施刑事违法行为而应承担的法律后果。现实生活中的违法行为有很多种，违法程度也各不相同，造成的危害也有很大差别，其中刑事违法行为是最严重的，因此，刑事法律责任也是最为严厉的一种法律责任。教育刑事法律责任是指教育法律关系主体实施的违反教育法律的行为同时触犯了刑法，达到了犯罪的程度所必须承担的法律后果。

教育法律对教育刑事法律责任作出了规定，如在《中华人民共和国教育法》第九章“法律责任”中绝大部分的条款都涉及教育刑事法律责任。以下行为构成犯罪的，需要承担教育刑事法律责任：挪用、克扣教育经费；结伙斗殴、寻衅滋事，扰乱学校教育秩序和财产安全；侵占学校校舍、场地及其他财产；明知校舍或教学设施有危险，不采取措施造成人员伤亡的；违反国家规定招生的；在招生工作中徇私舞弊的；在国家教育考试中作弊的；在国家考试中，教育行政部门、教育考试机构疏于管理，造成考场混乱的；制造、销售、颁发假冒学位证书、学历证书或者其他学业证书的。需要注意的是，上述行为中，绝大部分是以构成犯罪的严重情节作为追究教育刑事法律责任的必要条件。不同行为中的“情节严重”的含义是不同的，具体的情况还要视违法行为的危害程度而定。

刑事法律责任包括主刑和附加刑。主刑包括管制、拘役、有期徒刑、无期徒刑和死刑。附加刑包括剥夺政治权利、没收财产、罚金。附加刑可以与主刑一起适用，也可以独立适用。

以上便是对三种法律责任的简要介绍，需要注意的是，这三种法律责任是互相平行而不是互相排斥的，在某些时候这三种法律责任也可以同时存在。也就是说，对于某一违法行为来说，追究行为人行政法律责任的同时也可以追究其民事法律责任或刑事法律责任，或者三种责任同时追究。

二、教育法律救济

“有权利就必须有救济”，教育法律救济对于保障学校、教师、学生的合法权益有着重要的现实意义。如果说法律的根本目的在于规范人们的社会行为、保障人们的权利，那么法律救济就是法律规范得以体现的制度保证。

(一)教育法律救济概述

教育法律救济是指当教育法律关系主体的权利受到侵害并造成损害时，获得补救的法律制度。① 法律救济在教育领域是必不可少的。首先，它给予教育法律关系主体，尤其是师生及学校以权利上的补偿。这种补偿不仅表现在作为教育法律关系主体的个体或组织之间，如教师与学生之间、学生与学校之间，还表现在作为教育法律关系主体的个体或组织与作为教育法律关系主体的行政主管部门之间，如学校与教育行政管理部门之间。其次，它能警示教育法律关系主体的守法意识，预防教育法律关系主体的违法行为。最后，法律救济在教育中的实施，还有利于促进教育法治，建立合理的教育秩序。②

(二)教育法律救济的途径

法律救济的途径是指当法律关系主体的合法权益受到损害时，请求法律予以补救的方式。在教育领域，法律救济主要有三种途径：司法救济、行政救济和其他救济。

1. 其他救济

其他救济是指通过教育法律关系主体的内部组织或机构，以及其他民间渠道来实施的法律救济。本书主要介绍校内申诉。之所以将其放在行政救济和司法救济之前来讲，是因为在法律实践中，教育法律救济的各种途径构成了一个完整的体系，

---

①马焕灵.高等学校学生纪律处分纠纷及其处理[D].上海：华东师范大学，2007：5.

②黄崴，等.教育法学概论[M].广州：广东高等教育出版社，1999：239.

校内申诉是其中最基础的一步。

校内申诉是指学生认为学校给予的处理、处分决定侵犯自己的合法权益或认为学校、教职员工侵犯其人身权、财产权而向学校提起的申诉。校内申诉这一救济途径在《普通高等学校学生管理规定》中就有规定。2017年新公布的《普通高等学校学生管理规定》第六章规定了高校学生校内外申诉的情形、内容、形式和程序。其中，第五十九条规定："学校应当成立学生申诉处理委员会，负责受理学生对处理或者处分决定不服提起的申诉。学生申诉处理委员会应当由学校相关负责人、职能部门负责人、教师代表、学生代表、负责法律事务的相关机构负责人等组成，可以聘请校外法律、教育等方面专家参加。学校应当制定学生申诉的具体办法，健全学生申诉处理委员会的组成与工作规则，提供必要条件，保证其能够客观、公正地履行职责。"

2.行政救济

教育行政救济是指教育行政相对人在认为具体的教育行政行为直接侵害了其合法权益之后，有权请求国家机关依法对教育行政违法行为或教育行政不当行为实行纠正，并追究其行政责任，以保护教育行政相对人的合法权益的制度。教育行政救济通常包括两种方式：行政申诉和行政复议。①

(1)行政申诉

教育行政申诉制度是指教育行政相对人的合法权利受到侵害时，向教育行政部门申诉并请求处理或重新处理的制度。它是一种运用非诉讼形式进行的行政救济方式，旨在尊重并保护个人在教育法律关系中的申诉权利。它主要是使作为教育行政相对人的教师、学生通过向相应的国家机关提出申诉的程序来进行的，其最终目的是保障自身的合法权益。这一制度主要有三个程序：申诉人提出申诉、行政机关处理申诉、行政机关对申诉作出决定。根据申诉人和申诉范围的不同，这一制度可分为教师申诉制度和受教育者申诉制度。

①教师申诉制度。《中华人民共和国教师法》第三十九条规定："教师对学校或者其他教育机构侵犯其合法权益的，或者对学校或者其他教育机构作出的处理不服的，可以向教育行政部门提出申诉，教育行政部门应当在接到申诉的三十日内，作出处理。教师认为当地人民政府有关行政部门侵犯其根据本法规定享有的权利的，可以向同级人民政府或者上一级人民政府有关部门提出申诉，同级人民政府或者上一级人民政府有关部门应当作出处理。"这就赋予了教师申诉权。根据《中华人民共和国教育法》和《中华人民共和国教师法》的相关规定，教师的申诉范围主要包括：教师在职务聘任、教学科研、工作条件、民主管理、培训进修、考核奖惩、工资福利、退休等方面的法定权益受到学校侵犯，或者对学校或教育行政部门作出的处理决定不服。

---

①黄欣. 教育法学[M]. 上海：上海教育出版，2011：115—140.

②受教育者申诉制度。根据《中华人民共和国教育法》第四十三条规定，受教育者对学校给予的处分不服，可以向有关部门提出申诉，对学校、教师侵犯其人身权、财产权等合法权益，提出申诉或者依法提起诉讼。这就赋予了受教育者行政申诉权。根据该条规定，受教育者申诉的范围包括：受教育者对学校给予的处分不服；学校、教师侵犯了受教育者的人身权、财产权等合法权益。

(2)行政复议

教育行政复议制度是指教育行政相对人认为教育行政机关作出的具体行政行为侵犯其合法权益，向作出该行为的机关的上一级教育行政机关或该机关所属的本级人民政府提出申请，受理申请的行政机关对发生争议的具体行政行为进行复查并作出决定的权利救济制度。根据我国的相关教育法律规定，对教育申诉处理决定不服的或受理申诉的主体未按期作出申诉处理决定的，其申诉内容涉及人身权、财产权及其他属于行政复议受案范围的，申诉人可以依法提起行政复议。由此可见，教育行政复议同时也是对教育申诉的救济。教育行政复议主要有五个程序：申请人提出申请、行政复议机关受理申请、行政复议机关审理申请、行政复议机关作出决定、执行复议结果。

根据《中华人民共和国行政复议法》的相关规定，我国教育行政复议的范围主要包括：对教育行政处罚不服的；对教育行政强制措施不服的；对教育行政机关作出的有关许可证、执照、资质证、资格证等证书变更、中止、撤销的决定不服的；教育行政机关不作为违法的；认为教育行政机关违法集资、征收财物、摊派费用或者违法要求履行其他义务的；认为教育行政机关侵犯合法经营自主权的；认为教育行政机关的其他具体行政行为侵犯其合法权益的。

3.司法救济

司法救济是指法律关系主体就特定的侵权行为向人民法院提起诉讼，请求人民法院依法对纠纷作出公平裁决，为法律关系主体提供救济的制度。司法救济是最终途径，可以使法律关系主体在通过其他途径都不能获得权利救济时得到充分的补救。[①] 在教育领域，司法救济途径主要是教育行政诉讼。

教育行政诉讼应当依据《中华人民共和国行政诉讼法》规定的程序来处理，一般包括以下几个部分：起诉和受理；第一审程序；上诉审(二审)程序和审判监督程序；行政案件的执行程序。[②] 不过，并不是所有的教育纠纷都可以诉诸行政诉讼加以解决的。提起教育行政诉讼时，也应当遵循《中华人民共和国行政诉讼法》规定的受案范围。

---

①武模桥，刘合英.教师职业道德修养与教育法规[M].成都：电子科技大学出版社，2008：213.

②黄欣.教育法学[M].上海：上海教育出版社，2011.

拓展阅读

甘露诉暨南大学开除学籍案①

甘露原系暨南大学华文学院语言学及应用语言学专业2004级硕士研究生。2005年，甘露在参加“现代汉语语法专题”科目的撰写课程论文考试时，提交了《关于“来着”的历时发展》的考试论文，任课老师发现其提供的考试论文是从互联网上抄袭的，遂对其进行批评教育后，要求重写论文。甘露第二次向任课老师提供的考试论文《浅议东北方言动词“造”》，又被任课老师发现存在大篇幅抄袭。

2006年3月8日，暨南大学作出《关于给予硕士研究生甘露开除学籍处分的决定》，给予甘露开除学籍的处分。甘露不服，向广东省教育厅提出申诉。广东省教育厅于2006年5月6日作出《学生申诉决定书》，认为暨南大学对甘露作出处分的程序不当，影响了甘露的陈述权、申诉权及听证权的行使，责令暨南大学对甘露的违纪行为重新作出处理。暨南大学收到广东省教育厅的决定书后，于2006年6月1日再次对甘露违纪事件进行调查、处理，经过一系列正当的程序，仍然决定给予甘露开除学籍的处分。2007年6月11日，甘露以暨南大学作出的开除学籍的决定没有法律依据以及处罚太重为由，向广州市天河区人民法院提起行政诉讼，广州市天河区人民法院维持了开除学籍决定。甘露不服，提起上诉。广东省广州市中级人民法院终审判决驳回甘露上诉，维持原判。甘露不服，向广东省高级人民法院申请再审，广东省高级人民法院驳回其申请。甘露不服，向最高人民法院申请再审。2011年10月25日，最高人民法院作出判决如下：撤销广东省广州市人民法院和广州市天河区人民法院的判决，确认暨南大学《关于给予硕士研究生甘露开除学籍处分的决定》违法。

练习与思考

一、选择题

1. 成人杨某对5岁的小明说：“你敢砸人家的玻璃，你就是英雄。”小明听后，拿起一块石头就砸破了小刚家的玻璃。对小刚家的损失应承担赔偿责任的是（　　）。

A. 小明　　B. 杨某

C. 小明的监护人　　D. 杨某和小明的监护人

---

①甘露不服暨南大学开除学籍决定案行政判决书[EB/OL]. (2013-03-21)[2020-03-01]. http://www.cnsikao.com/html/20130414/136594406414116.html. 有删改。

2. 小学教师王某劝退了两个成绩比较落后的学生，教师王某的做法（　　）。

A. 合法，老师有管理学生的权力　　B. 不合法，侵犯了学生的荣誉权

C. 合法，教师有劝退学生的权力　　D. 不合法，侵犯了学生的受教育权

3. 为了保护学生的隐私，某小学规定语文老师不得在课堂上点评学生的作文，该学校的做法（　　）。

A. 正确，学校有权对教师提出工作要求

B. 正确，学校应该满足学生的自尊需要

C. 不正确，学校侵犯了教师的专业权利

D. 不正确，学校限制了教师的言论自由

4. 被学校行政处分之后，张老师认为学校对自己很不公平，依据《中华人民共和国教师法》，张老师可以（　　）。

A. 向当地党委提出申诉　　B. 向当地纪检部门提出申诉

C. 向当地法院提出诉讼　　D. 向当地教育部门提出申诉

5.（　　）是一项专门保护教师权益的法律制度。

A. 教师申诉制度　　B. 教育行政复议

C. 教育行政诉讼　　D. 教育行政赔偿

6. 学生武某上课时，起立回答问题，后排的同学陈某用脚将武某的椅子移开，结果武某重重地坐到了地上。武某当时身体没有任何异常，老师也只批评了陈某几句，就继续上课。可是三天后，武某感到腿脚发麻，后来发展为没有办法正常坐着上课。父母将他送往医院诊断，经检查为尾椎受挫伤，导致下半身麻痹，需要长期治疗。对这起事故，（　　）应该担负责任。

A. 学生陈某

B. 陈某的监护人

C. 学校

D. 学生陈某负主要责任，学校负次要责任

7. 学生小张在暑假期间擅自翻越学校围墙，导致右腿摔伤。对于小张所受的伤害，下列选项中正确的是（　　）。

A. 学校存在过错，应当承担赔偿责任

B. 学校没有过错，但要承担赔偿责任

C. 学校没有过错，无须承担赔偿责任

D. 学校存在过错，但可免除赔偿责任

8. 适龄儿童、少年因身体状况需要延缓入学或者休学的，其父母或者其他法定监护人应当提出申请，由（　　）批准。

A. 学校

B. 乡镇人民政府或者县级人民政府教育行政部门

C. 市级人民政府或者乡镇人民政府教育行政部门

D. 市级人民政府或者县级人民政府教育行政部门

9. 某中学班主任熊老师在翻看学生王强与朋友的书信时，发现王强对自己形象有调侃和不礼貌的描述，因此，要求王强放学以后不准回家，到办公室写检讨。熊老师的行为主要侵犯了学生的（　　）。

A. 隐私权　　B. 人身自由权　　C. 名誉权　　D. 内心自由权

10. 某校楼梯栏杆高度未达标，某日一同学在回应楼下其他同学的喊声时，不慎跌落。学校应向学生承担的法律责任性质是（　　）。

A. 民事责任　　B. 刑事责任　　C. 一般责任　　D. 行政责任

二、案例分析题

11. 谢某是某中学初二女生，一天下午课间，因与同学吵架而私自离开学校。晚自习时，班主任检查发现谢某不在教室，同桌报告说谢某与同学吵架，可能回家了。班主任信以为真，未予追查，想等谢某自行回校后再予以批评教育。第二天下午，班主任上课时发现其仍未返校，这才与家长联系，但家长说谢某昨晚并未回家，经家长与亲友联系，仍无下落。无奈中家长报案，但至今仍无其下落。家长最后到法院状告学校，要求学校赔偿 10 万元。

问题：(1)谢某失踪，学校和谢某班主任是否承担责任？如果承担责任，学校和谢某班主任可能承担什么法律责任？(2)本材料对我们的启示是什么？

第六章 我国教育基本法与教师法规

◆思维导图

- 我国教育基本法与教师法规
  - 《中华人民共和国教育法》解读
    - 《教育法》的立法背景
    - 《教育法》的主要内容
    - 《教育法》的主要影响
  - 《中华人民共和国教师法》解读
    - 《教师法》的立法背景
    - 《教师法》的主要内容
    - 《教师法》的主要影响

◆学习目标

1. 了解《中华人民共和国教育法》《中华人民共和国教师法》的立法背景及影响。
2. 理解《中华人民共和国教育法》《中华人民共和国教师法》的主要内容。
3. 能根据法律知识对案例进行初步分析。

◆学习重点

《中华人民共和国教育法》的主要内容，《中华人民共和国教师法》的主要内容。

第一节
《中华人民共和国教育法》解读

《中华人民共和国教育法》(以下简称《教育法》)于 1985 年开始起草,最终于 1995 年 3 月 18 日由第八届全国人民代表大会第三次会议通过,1995 年 9 月 1 日正式施行,立法周期长达 10 年,先后修改了 12 稿。2009 年、2015 年、2021 年全国人民代表大会常务委员会又对其进行了三次修订。《教育法》对我国教育的全局性问题作出了原则性规范,是我国的教育基本法,在教育部门具有最高的法律效力,是其他教育法规的立法依据。《教育法》的颁布,标志着我国教育法制建设进入了一个新的时期,使我国的教育法制体系的建立向前迈进了一大步。

一、《教育法》的立法背景

十一届三中全会以来,随着民主与法制建设的加强和教育的改革发展,教育立法工作也逐步得到重视和加强。我国先后制定了《中华人民共和国学位条例》《中华人民共和国义务教育法》等单行法律,国务院还制定了 16 个教育行政法规,国务院教育行政部门单独或与其他部委联合发布了数百个有关教育的规章,省、自治区、直辖市以及有地方立法权的城市也制定了大量的地方性教育法规。这些教育法律、法规都只调整和规范某一方面教育关系或某一项教育工作,尚未为我国全面依法治教提供完整的、基本的法律依据。教育领域中许多需要法律调整的关系和问题还无法可依,政策和行政手段在相当程度上和相当范围内还在代替法律的功能。在已有的教育法律、法规中,还存在着不协调、不统一的现象,存在着一定的随意性和盲目性。这些问题的存在使教育立法远不能适应全面依法治教的需要,我国迫切需要一部涉及教育全局、全面规范和调整各类教育关系的教育根本大法。在这样的背景下,《教育法》应运而生。

教育立法不是一劳永逸的,也不是一成不变的。随着时代的发展,教育实践中出现了许多新兴事物,也暴露出了很多新的问题,需要法律界定。依法治国理念的提出也对《教育法》提出了新的要求。《教育法》先后于 2009 年、2015 年、2021 年进行了修正。其中,2015 年第十二届全国人民代表大会常务委员会第十八次会议对《教育法》的修改幅度最大。该轮修正着重对《教育法》中有关教育方针、教育基本制度、办学体制、管理体制和法律责任等内容作了修订、补充和完善,着力解决当前教育改革发展的重大问题。修正案的发布和实施,将为深化教育综合改革、促进教育公平、提高教育质量、加快推进教育现代化、健全终身教育体系提供有力的法律支撑。

二、《教育法》的主要内容

(一)《教育法》的基本框架

《教育法》全文共有10章86条,包括总则、分则、附则3个部分。其中总则是对我国教育活动的总体规定,包括一章;分则是对我国教育活动各个领域的分别规定,包括教育基本制度、学校及其他教育机构、教师和其他教育工作者、受教育者、教育与社会、教育投入与条件保障、教育对外交流与合作、法律责任等8章;附则是对未尽表达事项的补充规定和说明,包括附则一章。

(二)《教育法》的立法宗旨和适用范围

《教育法》第一条规定:"为了发展教育事业,提高全民族的素质,促进社会主义物质文明和精神文明建设,根据宪法,制定本法。"这条规定明确指出了《教育法》的立法宗旨和立法依据,指明了我国教育发展的方向,规定了我国教育的社会主义性质,规定了我国教育的任务是提高全民族的素质,促进社会主义物质文明和精神文明建设。

《教育法》的适用范围包括空间和时间两个方面。从空间上看,《教育法》第二条规定:"在中华人民共和国境内的各级各类教育,适用本法。"这里包括在我国境内的各级各类学校和教育机构、教师和其他教育工作者、受教育者等。但是,有三类学校教育由全国人民代表大会授权其他机构加以规定。《教育法》第八十四条规定:"军事学校教育由中央军事委员会根据本法的原则规定。宗教学校教育由国务院另行规定。"第八十五条规定:"境外的组织和个人在中国境内办学和合作办学的办法,由国务院规定。"《教育法》第八十六条规定:"本法自1995年9月1日起施行。"该条规定了《教育法》实施的时间范围。

(三)我国教育的性质和方针

《教育法》第三条规定了我国教育是社会主义性质的教育:"国家坚持中国共产党的领导,坚持以马克思列宁主义、毛泽东思想、邓小平理论、'三个代表'重要思想、科学发展观、习近平新时代中国特色社会主义思想为指导,遵循宪法确定的基本原则,发展社会主义的教育事业。"我国教育的社会主义性质体现在以下几个方面:一是坚持以马克思列宁主义、毛泽东思想、邓小平理论、"三个代表"重要思想、科学发展观、习近平新时代中国特色社会主义思想为指导;二是坚持中国共产党对教育工作的领导;三是坚持为社会主义现代化服务。

教育方针规定了国家在一定时期内所要培养人的质量的总规格以及实施途径和发展方向。《教育法》规定了我国的教育方针,即"教育必须为社会主义现代化建设服务、为人民服务,必须与生产劳动和社会实践相结合,培养德智体美劳全面发展的社会主义建设者和接班人。"这一条款强调了我国教育的基本方向、实施方式和培养规格。

为了全面贯彻实施教育方针，《教育法》还规定了教育活动所要遵循的相应原则。这些原则概括起来有以下几条：一是教育活动符合国家和社会公共利益；二是对受教育者加强社会主义核心价值观教育；三是教育应当继承和弘扬中华优秀传统文化、革命文化、社会主义先进文化，吸收人类文明发展的一切优秀成果；四是教育与宗教相分离；五是公民依法享有平等的受教育权；六是国家扶持少数民族地区、边远贫困地区、残疾人等发展教育；七是健全终身教育体系。

（四）我国教育的管理体制

《教育法》第十四条、第十五条、第十六条对我国的教育管理体制作出了规定。第十四条规定了我国教育管理的原则："国务院和地方各级人民政府根据分级管理、分工负责的原则，领导和管理教育工作。"其中，分工负责是指中等及中等以下教育在国务院领导下，由地方人民政府管理；高等教育由国务院和省、自治区、直辖市人民政府管理。分级管理是指国务院教育行政部门主管全国教育工作，统筹规划、协调管理全国的教育事业；县级以上地方各级人民政府教育行政部门主管本行政区域内的教育工作；县级以上各级人民政府其他有关部门在各自的职责范围内，负责有关的教育工作。这些规定将教育工作的管理责任与法律责任相联系，赋予了教育管理工作以法律保障，同时也提出了教育管理工作的法律要求。

（五）我国教育的基本制度

《教育法》第二章规定了我国基本的教育制度，包括学校教育制度、九年制义务教育制度、职业教育制度、继续教育制度、国家教育考试制度、学业证书制度、学位制度、扫除文盲教育制度、教育督导和教育评估制度。

1. 学校教育制度

学校教育制度简称学制，它规定了我国各级各类学校各自的性质、任务、入学条件、教育对象、修业年限以及学校与学校之间的衔接关系。《教育法》第十七条规定："国家实行学前教育、初等教育、中等教育、高等教育的学校教育制度。"这就规定了我国的基本学制。

学前教育是学校教育的预备阶段，招收3～6岁的幼儿，以保教结合的方式对其进行粗浅的基础知识和生活技能的培养，发展他们的各项能力，培养他们的学习兴趣和行为习惯。

初等教育是学校教育的基础阶段，招收6～12岁的少年儿童，学习年限5～6年。这一阶段注重学生基础知识与基本技能的掌握和良好学习习惯的养成，任务是为社会主义建设事业培养劳动后备力量和为高一级学校培养合格的新生。

中等教育起着承上启下的重要作用，也承担了为普通教育和职业教育分流的重要职责。这一阶段招收12～18岁的青少年，学习年限是初级、高级各3年。这一阶段的学校可以分为普通学校和职业学校，两者都可以进一步划分为初级和高级。实施普通教育的机构可以分为普通初级中学和普通高级中学,实施职业教育的机构可以分为初等职业学校、职业高中、中等专业学校、技工学校等。普通学校主要承担为高一级学校输送合格新生以及培养劳动后备力量的任务;职业学校承担培养初、中级专业技术人员和技术工人的任务。

高等教育是学校教育的最高阶段,体现了我国文化、科学、技术和教育的最高发展水平。它的任务是培养高级专门人才,发展科学、技术和文化事业。这一阶段可以细分为高等专科教育、本科教育和研究生教育三个层次。高等专科教育的修业年限是 2～3 年,本科教育的修业年限是 4～5 年。研究生教育是在本科教育基础上对知识领域的进一步加深,又可细分为硕士和博士两个阶段,修业年限各为 2～3 年和 3～4 年。

2.九年制义务教育制度

义务教育具有强制性、公益性、普及性、免费性,是国家统一实施的所有适龄儿童、少年必须接受的教育,是国家必须予以保障的公益性事业。《教育法》第十九条规定:"国家实行九年制义务教育制度。各级人民政府采取各种措施保障适龄儿童、少年就学。适龄儿童、少年的父母或者其他监护人以及有关社会组织和个人有义务使适龄儿童、少年接受并完成规定年限的义务教育。"

3.职业教育制度和继续教育制度

职业教育是培养学生从事某种职业或生产劳动所需要的知识和技能的教育,是国家教育事业的重要组成部分,是促进经济、社会发展和劳动就业的重要途径。

在我国,职业教育由职业学校教育和职业培训组成。职业学校教育分为中等职业学校教育和高等职业学校教育。中等职业学校教育由中等职业学校实施;高等职业学校教育根据需要和条件由高等职业学校实施,或者由普通高等学校实施;其他学校按照教育行政部门的统筹规划,可以实施同层次的职业学校教育。职业培训包括从业前培训、转业培训、学徒培训、在岗培训、转岗培训及其他职业性培训,可以根据实际情况分为初级职业培训、中级职业培训和高级职业培训。职业培训分别由相应的职业培训机构、职业学校实施。其他学校或者教育机构可以根据办学能力,开展面向社会的、多种形式的职业培训。

继续教育是面向学校教育之后所有社会成员特别是成人的教育活动,是终身学习体系的重要组成部分。《教育法》规定:"国家鼓励发展多种形式的继续教育,使公民接受适当形式的政治、经济、文化、科学、技术、业务等方面的教育,促进不同类型学习成果的互认和衔接,推动全民终身学习。"成人教育的主要形式有成人高考、远程网络教育、自学考试、电视大学等。

4.国家教育考试制度

考试是教育的一个重要环节,也是我国选拔人才的一个重要方式。《教育法》第二十一条规定:“国家教育考试由国务院教育行政部门确定种类,并由国家批准的实施教育考试的机构承办。”我国确定的国家级教育考试种类繁多,如全国高校招生统一考试、研究生入学考试、计算机等级考试等,国家已经建立了适用于教育考试的系列制度。

5.学业证书制度和学位制度

《教育法》第二十二条、第二十三条规定,国家实行学业证书制度和学位制度。

《教育法》第二十二条规定:“经国家批准设立或者认可的学校及其他教育机构按照国家有关规定,颁发学历证书或者其他学业证书。”学业证书是指学校及其他教育机构颁发的,表明学生的受教育程度及其达到的知识和能力水平的凭证。我国的学业证书包括学历证书和非学历证书两大类,其中学历证书包括毕业证书、结业证书、肄业证书等。非学历证书包括进修证明、资格证书等。

《教育法》第二十三条规定:“学位授予单位依法对达到一定学术水平或者专业技术水平的人员授予相应的学位,颁发学位证书。”《中华人民共和国学位条例》对我国学位制度作出了全面的规定。

6.扫除文盲教育制度

扫除文盲是一项群众性工作,党和政府要动员各方面力量参与这项工作。《教育法》第二十四条规定:“各级人民政府、基层群众性自治组织和企业事业组织应当采取各种措施,开展扫除文盲的教育工作。按照国家规定具有接受扫除文盲教育能力的公民,应当接受扫除文盲的教育。”《扫除文盲工作条例》规定:“凡年满十五周岁以上的文盲、半文盲公民,除丧失学习能力的以外,不分性别、民族、种族,均有接受扫除文盲教育的权利和义务。”

7.教育督导和教育评估制度

《教育法》第二十五条规定:“国家实行教育督导制度和学校及其他教育机构教育评估制度。”教育督导是指教育督导部门依据国家的教育方针、政策和法规对下级教育行政部门和学校进行视察、监督、评价、帮助和指导的制度。教育督导的基本形式有综合性督导、专项性督导、经常性检查等。我国的教育督导机构分为国家、省(自治区、直辖市)、地(市、州、盟)、县(区、旗)四级设置。各级教育督导机构设专职督学和兼职督学。

教育评估是指根据既定的目的,确定相应的目标,建立科学的指标体系,通过系统地信息收集和定性、定量分析,依据客观的价值标准,对教育系统的功效和工作状态作出评价和审议。教育评估的主要内容包括办学条件、教育质量、管理情况等方面。

(六)学校及其他教育机构设置的条件

《教育法》第二十七条规定了学校及其他教育机构设置的条件:“(一)有组织机

构和章程;(二)有合格的教师;(三)有符合规定标准的教学场所及设施、设备等;(四)有必备的办学资金和稳定的经费来源。”第二十八条规定了学校及其他教育机构设置的程序:“学校及其他教育机构的设立、变更和终止,应当按照国家有关规定办理审核、批准、注册或者备案手续。”一般来说,举办学历教育的学校应通过主管部门的审批,然后在相应部门取得法人执照,才可招生并开展教育教学工作。

(七)教育关系主体的权利和义务

法律与权利和义务密不可分。任何法律都是社会成员直接或间接的权利和义务规范。《教育法》对各类教育关系主体的权利和义务作了明确的规定。

《教育法》第二十九条规定学校及其他教育机构行使下列权利:“(一)按照章程自主管理;(二)组织实施教育教学活动;(三)招收学生或者其他受教育者;(四)对受教育者进行学籍管理,实施奖励或者处分;(五)对受教育者颁发相应的学业证书;(六)聘任教师及其他职工,实施奖励或者处分;(七)管理、使用本单位的设施和经费;(八)拒绝任何组织和个人对教育教学活动的非法干涉;(九)法律、法规规定的其他权利。国家保护学校及其他教育机构的合法权益不受侵犯。”第三十条规定学校及其他教育机构应当履行下列义务:“(一)遵守法律、法规;(二)贯彻国家的教育方针,执行国家教育教学标准,保证教育教学质量;(三)维护受教育者、教师及其他职工的合法权益;(四)以适当方式为受教育者及其监护人了解受教育者的学业成绩及其他有关情况提供便利;(五)遵照国家有关规定收取费用并公开收费项目;(六)依法接受监督。”

此外,《教育法》还确定了学校的法人地位:“学校及其他教育机构具备法人条件的,自批准设立或者登记注册之日起取得法人资格。”在我国,公办学校一般是事业法人,非营利性民办学校是民办非企业单位法人,营利性民办学校是企业法人。

《教育法》还对教师、其他教育工作者和受教育者的权利、义务作出了明确的规定,相关内容已在第五章作了详细的介绍。

(八)教育的社会责任

“百年大计,教育为本。”教育是最大的民生,是关乎全民族的事业,需要全社会负担起发展教育的责任。《教育法》第四条规定:“教育是社会主义现代化建设的基础,国家保障教育事业优先发展。全社会应当关心和支持教育事业的发展。全社会应当尊重教师。”《教育法》单列出第六章共八条规定了社会各方面参与支持教育的责任和形式,目的是让青少年得到健康的发展。

(九)教育投入渠道和保障机制

《教育法》第五十四条对教育投入体制作了规定:“国家建立以财政拨款为主、其他多种渠道筹措教育经费为辅的体制,逐步增加对教育的投入,保证国家举办的学校教育经费的稳定来源。企业事业组织、社会团体及其他社会组织和个人依法举办的学校及其他教育机构，办学经费由举办者负责筹措，各级人民政府可以给予适当支持。”在此基础上，《教育法》对教育经费投入的相关比例作了原则性规定，并对教育投入的来源、用途以及教育捐赠经费使用原则作了规定，要求必须用于教育，不得挪用、克扣。

（十）教育对外交流与合作的基本原则和主要方式

教育对外交流与合作，是我国对外开放政策的重要组成部分。《教育法》第六十七条规定：“国家鼓励开展教育对外交流与合作，支持学校及其他教育机构引进优质教育资源，依法开展中外合作办学，发展国际教育服务，培养国际化人才。”

《教育法》规定了教育对外交流与合作的基本原则：“教育对外交流与合作坚持独立自主、平等互利、相互尊重的原则，不得违反中国法律，不得损害国家主权、安全和社会公共利益。”《教育法》还规定了教育对外交流与合作的基本方式：“中国境内公民出国留学、研究、进行学术交流或者任教，依照国家有关规定办理。”“中国境外个人符合国家规定的条件并办理有关手续后，可以进入中国境内学校及其他教育机构学习、研究、进行学术交流或者任教，其合法权益受国家保护。”

《教育法》对境外学历证书、学位证书的有效性也作了规定：“中国对境外教育机构颁发的学位证书、学历证书及其他学业证书的承认，依照中华人民共和国缔结或者加入的国际条约办理，或者按照国家有关规定办理。”

（十一）违反教育法规的法律责任

法律责任是立法精神的集中体现，在整部《教育法》中居于非常重要的地位。《教育法》针对教育实践中经常发生的、普遍存在的、直接影响《教育法》实施问题的法律责任作了明确的规定，主要包括：挪用、克扣教育经费的法律责任；乱收费、乱招生的法律责任；在招生考试中作弊行为的法律责任；盗用、冒用他人身份取得入学资格的法律责任；乱发学业证书的法律责任；扰乱学校教学秩序，侵占校产行为的法律责任；造成人员伤亡和重大财产损失的法律责任。

三、《教育法》的主要影响

（一）确保了教育在社会主义现代化建设中的战略地位，保障了教育事业的优先发展

确立教育在社会主义现代化建设中优先发展的战略地位，是党和国家的战略选择。《教育法》正是把这种经过实践检验证明了的科学认识和决策加以概括和提炼，把“百年大计，教育为本”的呼吁和口号上升为国家意志，成为有法律约束力的行动准绳。以法律的强制力确保了教育在社会主义现代化建设中的战略地位，保障教育事业的优先发展。

（二）推进了教育的改革和发展，建立了适应社会主义市场经济发展和社会进步需要的现代教育制度

改革开放以来，我国的教育改革取得了丰硕的成果，但也暴露出了许多突出的问题。这些成果和经验需要通过立法加以总结，问题和困难也需要通过立法加以解决和约束。《教育法》正是适应了这种需要，针对涉及教育全局性的重大问题作出法律规定，为依法管理教育、建立我国现代教育制度提供了法律依据。

（三）奠定了我国法律体系的基础，促进了我国社会主义教育法律体系的完善

《教育法》的颁行改变了我国教育法律部门没有教育基本法的尴尬局面，改变了我国过去在没有教育基本法的情况下采用的零星立法和单项推进的特殊做法。《教育法》的颁行使我国教育工作开始置于《教育法》的调整、规范之下，并可以根据《教育法》确定的原则和精神，加快教育部门的立法速度，尽快完备我国的教育法律体系。

（四）为教育关系主体提供了法律保障，推进了我国全面依法治教

《教育法》以法律的形式明确规定了各类教育法律关系主体的法律地位、权利义务和法律责任，对教育领域的行为作出规范，为我们实行依法治教、依法治校、依法执教和依法维护学校、教师、学生的合法权益，提供了法律保障。①

---

①严一新. 基础教育法规概论[M]. 武汉：华中师范大学出版社，2001.

|第二节|

《中华人民共和国教师法》解读

1993 年 10 月 31 日，第八届全国人民代表大会常务委员会第四次会议通过了《中华人民共和国教师法》(简称《教师法》)，该法从 1986 年开始起草，历时 8 年。《教师法》是我国教育史上第一部专门为教师制定的法律，它的颁布与实施对我国保障教师的合法权益、建设高素质的教师队伍、发展社会主义教育事业产生了不可估量的作用。

一、《教师法》的立法背景

改革开放之初，我国的教育法律体系亟待重建，在邓小平同志“快搞比慢搞好，有比没有好”的指导思想之下，我国选择了先推行单行法，再颁布教育基本法的方式进行教育立法。长期以来，我国教师面临着地位和待遇偏低、拖欠工资、干扰教育教学活动等状况，教师的合法权益得不到法律的保障，挫伤了教师的积极性，影响了教育事业的发展。我国亟须通过立法的方式保障教师的合法权益，提高教师职业的吸引力。《教师法》在此背景下产生。

二、《教师法》的主要内容

(一)《教师法》的基本框架

《教师法》共 9 章 43 条，其中第一章“总则”规定了该法的立法宗旨和适用范围、教师的定义和地位等宏观问题；第二章“权利和义务”规定了教师所享有的权利和所要承担的义务；第三章“资格和任用”规定了教师资格的获取和丧失以及教师的聘用制度；第四章“培养和培训”规定了教师的培养途径和培训方式；第五章“考核”规定了教师的考核要求；第六章“待遇”规定了教师的待遇及其保障；第七章“奖励”规定了教师获取奖励的种类和途径；第八章“法律责任”规定了侵犯教师权利的法律责任以及教师没有履行义务的相关责任；第九章“附则”对某些用语进行了解释，对未规定事项进行了补充。

(二)《教师法》的立法宗旨和适用范围

《教师法》第一条规定：“为了保障教师的合法权益，建设具有良好思想品德修养和业务素质的教师队伍，促进社会主义教育事业的发展，制定本法。”由此可见，《教师法》的立法宗旨包括以下三个方面。

1. 保障教师的合法权益

教师承担着为国家培养人才的重任，是建设社会主义物质文明和精神文明的重要力量。但是长期以来，我国教师的地位不高、经济待遇偏低、教师职业的吸引力不强。教师的权益得不到保障，必然会影响教师教书育人的积极性，影响教育质量，阻碍教育事业的发展。要想保障教师的权益，就必须对教师的地位作出法律上的肯定，必须以法律的形式给予教师充分的保护和支持。《教师法》的颁布对于保障教师的合法权益，促进我国教育事业的发展有着巨大的现实作用和历史作用。

2. 建设高素质的教师队伍

建设一支高素质的教师队伍是关乎民族未来的大事。《教师法》的颁布是我国教师队伍建设的一件大事，标志着我国的教师队伍建设步入现代化、法治化和规范化的新阶段。

3. 发展社会主义教育事业

《教师法》颁布的根本目的是促进社会主义教育事业的发展。教育能否振兴和健康发展，关键在于能否建设一支具有良好思想品德和业务素质的教师队伍。因此，制定《教师法》，依法加强教师队伍建设，是促进教育事业发展不可回避的关键一步。

《教师法》的适用范围包括对象、空间和时间三个方面。《教师法》的适用对象是在各级各类学校或其他教育机构中专门从事教育教学工作的教师。需要注意的是，军队所属院校的教师和教育教学辅导人员由中央军事委员会制定相关规定，外籍教师的聘任办法由国务院教育行政部门规定，他们不是《教师法》的适用对象。《教师法》适用的地域范围是中华人民共和国境内，时间范围是 1994 年 1 月 1 日之后。

(三)教师的权利和义务

教师的权利和义务在本书第五章有详细的论述，这里不再赘述。

(四)教师的资格和任用

1. 教师资格的获取与丧失、撤销

《教师法》第十条规定："中国公民凡遵守宪法和法律，热爱教育事业，具有良好的思想品德，具备本法规定的学历或者经国家教师资格考试合格，有教育教学能力，经认定合格的，可以取得教师资格。"该条规定明确了教师资格获取的基本条件和程序。随着时代的发展，教师资格认定所需要的学历也在提高。2011 年开始，国家又启动了教师资格统一考试，使教师资格准入更加严格。

在我国，中小学教师资格由县级以上地方人民政府教育行政部门认定。中等专业学校、技工学校的教师资格由县级以上地方人民政府教育行政部门组织有关主管部门认定。普通高等学校的教师资格由国务院或者省、自治区、直辖市教育行政部门或者由其委托的学校认定。具备本法规定的学历或者经国家教师资格考试合格的公民，要求有关部门认定其教师资格的，有关部门应当依照本法规定的条件予以认定。取得教师资格的人员首次任教时，应当有试用期。

获取教师资格也有相应的限制。《教师法》第十四条规定，受到剥夺政治权利或者故意犯罪受到有期徒刑以上刑事处罚的，不能取得教师资格；已经取得教师资格的，丧失教师资格。丧失资格的，由其资格认定机构收回教师资格证书。另外，根据《教师资格条例》第十九条规定："有下列情形之一的，由县级以上人民政府教育行政部门撤销其教师资格：(一)弄虚作假、骗取教师资格的；(二)品行不良、侮辱学生，影响恶劣的。被撤销教师资格的，自撤销之日起5年内不得重新申请认定教师资格，其教师资格证书由县级以上人民政府教育行政部门收缴。"

2. 教师的职务与聘任

国家实行教师职务制度。教师职务制度是专业技术职务，也是教师任用的重要制度。根据人力资源和社会保障部、教育部等的有关文件规定，教师职务分为初级职务、中级职务和高级职务。目前，我国已经构建了统一的中小学教师职务制度。中小学设正高级、副高级、一级、二级、三级教师；中等职业学校教师包括技工学校文化课教师、技术理论课教师，其职务设正高级讲师、高级讲师、讲师、助理讲师、教员；技工学校生产实习课教师职务设高级、一级、二级、三级实习指导教师；高等学校教师职务设教授、副教授、讲师、助教。为适应改革的需要，国家教育行政部门将继续对教师职务制度作进一步的完善。

国家实行教师聘任制和全员聘用制，加强考核，竞争上岗。实行教师聘任制度，将本着公开招聘、平等竞争、择优录用的原则，采取用人单位和教师之间签订具有明确任职期限的聘任合同的形式，明确双方的权利、义务和责任，形成劳动契约关系。

取得教师资格的人首次任教应当有试用期。在试用期内，学校或教育行政部门可以对其从事教育教学工作的能力、水平予以考察，决定是否予以聘任或担任某种教师岗位工作。试用期通常为一年。①

(五)教师的培养和培训

教师的培养和培训是提高整个教师队伍素质的两个重要的基本途径。《教师法》专列第四章对教师的培养和培训作出规定。《教师法》第十八条规定："各级人民政府和有关部门应当办好师范教育，并采取措施，鼓励优秀青年进入各级师范学校学习。各级教师进修学校承担培训中小学教师的任务。非师范学校应当承担培养和培训中小学教师的任务。各级师范学校学生享受专业奖学金。"第十九条规定："各级人民政府教育行政部门、学校主管部门和学校应当制定教师培训规划，对教师进行多种形式的思想政治、业务培训。"目前，我国已经形成了以师范院校为主体、其

---

①张乐天. 教育法规导读(第三版)[M]. 上海：华东师范大学出版社，2007：67.

他院校参与的教师培养与培训体系。

(六)教师的待遇和奖励

为了激发广大教师的教学积极性,增加教师职业的吸引力,《教师法》第六章、第七章分别对教师的待遇和奖励作了明确的规定。《教师法》第二十五条规定:"教师的平均工资水平应当不低于或者高于国家公务员的平均工资水平,并逐步提高。建立正常晋级增薪制度,具体办法由国务院规定。"教师的待遇不仅仅是指工资,还包括一系列的福利。如第二十九条规定的医疗福利,第三十条规定的退职福利等。《教师法》第三十三条规定:"教师在教育教学、培养人才、科学研究、教学改革、学校建设、社会服务、勤工俭学等方面成绩优异的,由所在学校予以表彰、奖励。"

(七)法律责任

《教师法》中的法律责任主要分为两个方面。一是保障教师权益的规定,包括第三十五条、第三十六条、第三十八条、第三十九条。《教师法》规定,侮辱、殴打教师的,根据不同情况,分别给予行政处分或者行政处罚;造成损害的,责令赔偿损失;情节严重,构成犯罪的,依法追究刑事责任。对依法提出申诉、控告、检举的教师进行打击报复的,由其所在单位或者上级机关责令改正;情节严重的,可以根据具体情况给予行政处分。国家工作人员对教师打击报复构成犯罪的,依照刑法第一百四十六条的规定追究刑事责任。地方人民政府对违反本法规定,拖欠教师工资或者侵犯教师其他合法权益的,应当责令其限期改正。二是规范教师行为的法规,包括第三十七条。《教师法》第三十七条规定:"教师有下列情形之一的,由所在学校、其他教育机构或者教育行政部门给予行政处分或者解聘:(一)故意不完成教育教学任务给教育教学工作造成损失的;(二)体罚学生,经教育不改的;(三)品行不良、侮辱学生,影响恶劣的。教师有前款第(二)项、第(三)项所列情形之一,情节严重,构成犯罪的,依法追究刑事责任。"

拓展阅读

"20年后打老师"案①

常仁尧曾于栾川县实验中学就读,张某于2000年2月至同年6月教授其英语并担任班主任(现任该校历史老师),之后二人再未有过联系。2018年7月的一天下午,常仁尧驾车与同村潘某一起外出钓鱼,走到一半发现忘带渔具,把车停在路边等同伴送渔具。在等待过程中,张某骑电瓶车路过。常仁尧认出了张某,想起上学时因违反学校纪律曾被张某处罚,心生恼怒,将手机交给潘某

①常仁尧寻衅滋事案.河南省栾川县人民法院(2019)豫0324刑初第43号.

并要求为其录制视频。接着,常仁尧拦下张某,对张某进行呵斥、辱骂并进行一连串的殴打,情节恶劣,引发二十余人围观。后张某绕道离开,对家人谎称骑车摔倒造成身体受伤和车辆损伤,并自行医疗治愈。

常仁尧回到车上后,反复观看潘某录制的时长9分20秒的视频,并截取自认为“最精彩”的1分09秒视频通过微信传播给其他人看。2018年12月15日,该视频在多个微信群和朋友圈传播扩散,被众多媒体平台连续报道,引发社会舆论广泛关注。

视频被网络传播后,常仁尧在“栾川贴吧”发文为自己辩解。12月19日凌晨,常仁尧在“常氏宗亲”微信群发布由其本人制作的时长5分钟的视频。在视频中,常仁尧承认网络传播的视频是其指使他人录制的,并声称自己的行为没有错,即使打老师不对,张某也有50%的责任等。随着该5分钟的视频在微信等平台传播,相关事件再次引发社会舆论关注。

常仁尧拦截、辱骂、殴打张某及相关视频在网络上的传播,造成张某身心伤害,严重影响了张某的正常工作、生活及其家庭安宁,造成了恶劣的社会影响。2018年12月20日,被告人常仁尧在从杭州返回栾川配合公安机关调查途中被抓获,到案后如实供述了犯罪事实,后向张某写了道歉信。2019年4月12日,栾川县人民检察院以栾检公诉刑诉〔2019〕30号起诉书指控被告人常仁尧犯寻衅滋事罪,向河南省栾川县人民法院提起公诉。2019年6月12日,河南省栾川县人民法院公开开庭进行了审理。2019年7月10日,判决常仁尧犯寻衅滋事罪,判处有期徒刑一年六个月。宣判后,常仁尧提出上诉。2019年8月19日,河南省洛阳市中级人民法院对常仁尧寻衅滋事案裁定驳回上诉,维持原判。

三、《教师法》的主要影响

(一)从法律上确认了教师的社会地位和作用

《教师法》的首要意义是从法律上确认了教师的社会地位和作用。《教师法》第三条规定:“教师是履行教育教学职责的专业人员,承担教书育人,培养社会主义事业建设者和接班人、提高民族素质的使命。”青少年是整个民族、整个国家的未来,培养青少年是国家发展、民族振兴的根本。《教师法》对教师地位与作用的规定,是对教师作用的高度肯定。

对教师作用的肯定,为提高教师社会地位提供了依据。我国教师的社会地位不高,职业吸引力不强有其历史原因,但不可回避的是我国社会还存在着轻师、轻教的观念,急需以法律的形式来提高教师的社会地位。《教师法》正好填补了这一法律空白，它不仅要求各级政府采取措施提高教师的社会地位，而且还规定“全社会都应当尊重教师”，要在整个社会形成尊重教师的良好风气。

（二）为保障教师合法权益提供了法律依据

要提高广大教师的社会地位，形成尊师重教的社会风气，一个重要的前提就是要保障广大教师的合法权益。长期以来，在一些地方和一些学校，教师的合法权益得不到保障，拖欠教师工资的现象常常见诸报端，干扰教师的正常工作，甚至侮辱、殴打教师的现象也屡见不鲜。这些侵犯教师合法权益的现象会影响教师地位的提高，打击教师工作的积极性，破坏教师队伍的建设。《教师法》的制定与施行，第一次以法律的形式明确规定教师应有的权利和应该享受的待遇，并规定了各级政府要采取措施保障教师的合法权益。《教师法》还明确规定，侵犯教师的合法权益，要根据情节的轻重，依法承担不同的法律责任。总之，《教师法》的制定与实施，为广大教师维护自己的权利、保障自己的合法权益提供了强大的法律武器。

（三）运用法律形式来加强教师队伍的管理

我国幅员辽阔，人口众多，教育规模十分庞大。为了适应这样庞大的教育需求，我国必须建立一支庞大的教师队伍。根据我国教育部网站提供的统计数据，截至2018年底，我国各级各类学校和教育机构共有教职工2 084万余人，其中专任教师1 670万余人。要促进我国教育事业的健康发展，提高教育教学质量，就必须加强教师队伍的管理。大力加强教师队伍的规范化管理，一方面能够最大限度地发挥广大教师的积极性，另一方面也有利于提高教师队伍的整体素质。

《教师法》明确规定了教师资格制度、教师任用制度、教师职务制度和教师聘用制度，还对教师的培养和培训、教师的考核、教师的奖励以及教师违犯法律法规必须承担的法律责任都作了规定。这些规定给我国的教师管理提供了系统的、科学的规范，使教师管理科学化成为可能。

（四）为建设高水平、高素质教师队伍提供了法律保障

《教师法》首次以法律形式确认了教师在提高民族素质中的重要作用，用法律条文的形式规定了教师的历史使命和承担的义务，增强了广大教师的使命感，激发了广大教师献身教育事业的热情，促进了教师队伍思想素质的提高。《教师法》对提高教师的社会地位、改善教师的经济待遇、保障教师的合法权益都作了具体的规定。通过《教师法》的贯彻实施，教师职业会逐步成为受人尊敬、令人羡慕的职业之一，这将有利于吸引社会中的优秀人才来充实教师队伍。《教师法》明确规定了国家实行教师资格制度，并对各级各类学校教师必须具备的学历也提出了比较具体的规定，提高了进入教师队伍的“门槛”，这对教师队伍整体素质的提高有着非常重要的意义。教师的职前培养和职后培训是提高素质的重要途径，《教师法》对教师的培养和培训也作了规定，为教师的培养和培训的制度化和规范化提供了法律基础。

目前,我国教师队伍发生了很大变化,教师待遇得到了极大改善,一些好做法、好经验、好政策急需通过法律加以明确。《教师法》的实施已有将近 30 年的时间,一些问题应当通过系列研究加以修改完善。2019 年,国家已经启动了《教师法》的修订工作,相信在不久后一部新的《教师法》就要出台。

练习与思考

一、选择题

1.《中华人民共和国教师法》的适用范围是(　　)。

A. 各级各类学校的教师

B. 国家公办学校的教师

C. 各级各类学校和其他教育机构中专门从事教育教学工作的教师

D. 幼儿园、小学、中学和大学的教师及教务人员

2. 某学校规定女教师必须在学校工作三年后,方可怀孕,否则按事假对待,该规定(　　)。

A. 合法,体现了学校的办学自主权

B. 合法,保障了学校的正常教学秩序

C. 不合法,侵犯了女教师的身体权

D. 不合法,侵犯了女教师的人身权

3. 下列选项中,不属于可以解聘教师的法定事由的是(　　)。

A. 体罚学生,屡教不改的

B. 侮辱学生,影响恶劣的

C. 连续两年教学业绩排在末尾的

D. 故意不完成教学任务造成损失的

4. 教师王某认为自己是师范毕业生,而且获得了教师资格证书,就能终身从教了,王某的想法(　　)。

A. 不符合统一城乡教师编制的准备要求

B. 不符合教师资格证定期登记制度的规定

C. 不符合统一中小学教师职称条例的规定

D. 不符合严格实施教师准入制度的要求

5. 初二学生小华染上不良行为习惯,学校可以对他依法采取的措施是(　　)。

A. 勒令退学　　B. 开除学籍　　C. 批评教育　　D. 单独禁闭

6. 下列法律中含有规定我国学生法律地位条款的是(　　)。

A.《中华人民共和国教育法》和《中华人民共和国义务教育法》

B.《中华人民共和国教育法》和《中华人民共和国教师法》

C.《中华人民共和国宪法》和《中华人民共和国民法典》

D.《中华人民共和国未成年人保护法》和《中华人民共和国预防未成年人犯罪法》

7. 某县教育局局长马某挪用教育经费建造教育局办公大楼，对于马某应当依法(　　)。

A. 给予行政处分　　B. 给予行政拘留

C. 责令其悔过　　D. 责令其赔礼道歉

8. 教育行政部门取缔了一批违反国家规定、私自招收未成年学生的私立学校。教育行政部门这一行政行为的法律依据是(　　)。

A.《中华人民共和国教育法》

B.《中华人民共和国教师法》

C.《中华人民共和国未成年人保护法》

D.《中华人民共和国预防未成年人犯罪法》

9. 我国学校及其他教育机构的校长或者主要行政负责人的任职条件不包括(　　)。

A. 具有中华人民共和国国籍　　B. 在中国境内定居

C. 具备国家规定任职条件的公民　　D. 是中国共产党党员

10. 根据《中华人民共和国教师法》，学校或者其他教育机构对教师进行考核的内容不包括(　　)。

A. 业务水平　　B. 工作态度　　C. 工作成绩　　D. 工作年限

二、材料分析题

11. 某小学三年级学生涛涛很淘气，经常在课堂上说话、做小动作，有时还不完成作业。一天，他又在课堂上说话、做鬼脸，被班主任发现了。班主任非常生气地对涛涛说："你不要上课了，回家把家长找来，什么时候你爸爸来了你再来上课。"涛涛不敢回家，只好在教室外面站着。这时，正好校长路过，问清原因后把涛涛送回教室。事后校长对班主任进行了批评。

问题：结合相关教育法律、法规对该材料进行分析，校长做得对吗？

12. 某小学因翻修校舍，急需一部分资金，2014 年扣留了全体教师从 7 月到 9 月的全部工资款共计 4.32 万元。全体教师对学校的行为极为不满，联名向教育行政部门提出申诉，要求学校归还扣留教师的全部工资。其申诉依据是：《中华人民共和国教育法》第三十四条："国家保护教师的合法权益……教师的工资报酬、福利待遇，依照法律、法规的规定办理。"《中华人民共和国教师法》第七条规定，教师享有"按时获取工资报酬，享受国家规定的福利待遇以及寒暑假期的带薪休假"的权利。

问题：学校侵犯了教师的什么权利？教师的申诉能得到教育行政部门的支持吗？为什么？教育行政部门应如何处理？

第七章
我国基础教育法规

◆思维导图

- 我国基础教育法规
  - 《中华人民共和国义务教育法》解读
    - 《义务教育法》的出台及修订背景
    - 《义务教育法》的主要内容
    - 《义务教育法》的影响
  - 《中华人民共和国未成年人保护法》解读
    - 《未成年人保护法》的出台及修订背景
    - 《未成年人保护法》的主要内容
    - 《未成年人保护法》的影响
  - 《中华人民共和国预防未成年人犯罪法》解读
    - 《预防未成年人犯罪法》的出台背景
    - 《预防未成年人犯罪法》的主要内容
    - 《预防未成年人犯罪法》的影响
  - 校园伤害事故相关法规解读
    - 《学生伤害事故处理办法》解读
    - 《中小学幼儿园安全管理办法》解读
    - 《教育部等九部门关于防治中小学生欺凌和暴力的指导意见》解读

◆学习目标

1. 了解《中华人民共和国义务教育法》《中华人民共和国未成年人保护法》《中华人民共和国预防未成年人犯罪法》和《学生伤害事故处理办法》四部法律、法规的出台及修订背景、主要内容和影响。

2. 掌握义务教育、未成年人保护、预防未成年人犯罪和学生伤害事故的内涵。

3. 理解《中华人民共和国义务教育法》《中华人民共和国未成年人保护法》《中华人民共和国预防未成年人犯罪法》和《学生伤害事故处理办法》四部法律、法规的精神，有意识地培养自身的法律意识和法律修养，在未来的教育工作中守法用法，保护学生权益。

◆学习重点

《中华人民共和国义务教育法》《中华人民共和国未成年人保护法》《中华人民共和国预防未成年人犯罪法》和《学生伤害事故处理办法》四部法律、法规的主要内容。

第一节 《中华人民共和国义务教育法》解读

1986年4月12日，第六届全国人民代表大会第四次会议通过了《中华人民共和国义务教育法》(简称《义务教育法》)。2006年6月29日，第十届全国人民代表大会常务委员会第二十二次会议对其进行了修订。2015年、2018年，全国人民代表大会常务委员会又对其加以修正。《义务教育法》的颁布和修订是我国义务教育发展中具有里程碑意义的大事。

一、《义务教育法》的出台及修订背景

(一)世界各国都十分重视义务教育

义务教育制度最早发端于近代德国，后来在英国、法国、日本等经济发达国家中得到推行，这些国家多数在20世纪初已经完成了义务教育的普及。迄今为止，已有约170个国家和地区宣布实施义务教育。在市场经济发达的国家，有的已经实施了12年义务教育。

(二)推行义务教育是中国的百年梦想

1911年，清政府学部派人在北京主持召开中央教育会议，会议通过了《试办义务教育章程案》等文件，明确规定以四年为义务教育期，并提出了试办义务教育的办法。1912年，民国临时政府教育部颁布了《学校系统令》，即《壬子学制》，也规定"初等小学四年，为义务教育"。但因为清末、民国时期战乱频繁，以及新中国成立后的若干年里经济比较落后，我国的义务教育一直未能实施。改革开放以后，国家把重心转移到经济建设上来，1985年通过的《中共中央关于教育体制改革的决定》中指出，义务教育，即依法律规定适龄儿童和青少年都必须接受，国家、社会、家庭必须予以保证的国民教育，为现代生产发展和现代生活所必需，是现代文明的一个标志。教育是"百年大计"，在整个经济社会发展中具有全局性、基础性和战略性的地位，义务教育是整个教育体系的基础，是经济社会发展的"重中之重"。1986年，我国颁布了《义务教育法》，2006年对其进行全面修订，从农村到城市，最终全面实施全民免费的义务教育，实现了中华民族百年以来推行义务教育的梦想。

(三)义务教育面临新的问题和挑战

1986年，我国颁布和实施了《义务教育法》。经过多年的艰苦努力，我国义务教育事业取得了举世瞩目的成绩，站到了新的发展起点上。2005年与1986年相比，全国小学学龄儿童净入学率由96.4%提高到99.1%；小学毕业生升学率由69.5%提

高到98.4%。2005年底,全国普及九年义务教育人口覆盖率已经超过了95%。[①] 随着社会的发展,我国的义务教育有了新的发展机遇,也面临着许多新的问题与挑战:[②]农村义务教育经费投入严重不足,一些孩子因贫失学;城市教育资源分配失衡,"择校"现象难以破解;"分数至上、考试至上"的社会风气让无数孩子学习负担过重;"上学难、上学贵"已为人民群众普遍关注等。《义务教育法》的修订迫在眉睫。

二、《义务教育法》的主要内容

(一)《义务教育法》的基本框架

《义务教育法》共8章,依次为:总则(第一~第十条)、学生(第十一~第十四条)、学校(第十五~第二十七条)、教师(第二十八~第三十三条)、教育教学(第三十四~第四十一条)、经费保障(第四十二~第五十条)、法律责任(第五十一~第六十条)和附则(第六十一~第六十三条),由原有的18条增加到63条。

(二)《义务教育法》的重点内容

1.立法宗旨和适用范围

《义务教育法》第一条规定:"为了保障适龄儿童、少年接受义务教育的权利,保证义务教育的实施,提高全民族素质,根据宪法和教育法,制定本法。"该规定明确指出了《义务教育法》的立法宗旨和依据。

《义务教育法》的适用范围包括对象、空间和时间三个方面。《义务教育法》的适用对象是所有适龄儿童、少年。《义务教育法》适用的地域范围是中华人民共和国境内,时间范围是2006年9月1日之后。

2.义务教育的经费保障

《义务教育法》第二条、第四十二条、第四十四条明确了义务教育经费的总体需求,要求国家制定有关经费标准,明确义务教育不收学费、杂费,实施步骤由国务院规定,义务教育经费投入实行国务院和地方各级人民政府根据职责共同负担,省、自治区、直辖市人民政府负责统筹落实的体制,明确了各级政府的职责,保证了"人民教育人民办"向"义务教育政府办"的根本转变。此外,经费严格按照预算规定用于义务教育,从法律上杜绝了过去那种"转移支付被转移""上进下退"等漏洞,使义务教育经费有了切切实实的法律保障。[③]

3.义务教育的主要内容

义务教育作为基础教育,应当实施素质教育,使学生得到全面发展。《义务教育法》第三条规定:"义务教育必须贯彻国家的教育方针,实施素质教育,提高教育质

---

①陈小娅.我国义务教育发展史上的重要里程碑[EB/OL].(2006-09-05)[2020-02-10].http://www.npc.gov.cn/npc/c222/200609/efec8a2d3a4d4b3491ffe9618e445787.shtml.

②孙霄兵.《义务教育法》修订:背景、进程和主要突破[J].教育发展研究,2006(15):11—17.

③叶平,张传萍.解读新《义务教育法》[J].政策,2006(8):41—43.

量，使适龄儿童、少年在品德、智力、体质等方面全面发展，为培养有理想、有道德、有文化、有纪律的社会主义建设者和接班人奠定基础。”

《义务教育法》对教育行政部门、学校、教师实施素质教育的各方面作出了明确的规定，要求国家教育行政部门根据适龄儿童、少年身心发展的状况和实际情况，确定教学制度、教育教学内容和课程设置，改革考试制度，并改进高级中等学校招生办法，推进实施素质教育。

4.义务教育的均衡发展

《义务教育法》第六条、第十二条、第二十二条对义务教育的均衡发展作出了明确规定，要求各级政府合理配置教育资源，编制经费预算除向农村地区学校和薄弱学校倾斜外，应当均衡安排义务教育经费。促进学校均衡发展，改善薄弱学校的办学条件，缩小学校之间办学条件的差距，不得将学校分为重点学校和非重点学校，学校不得分设重点班和非重点班。均衡配置本行政区域内学校师资力量，组织校长、教师的培训和流动。保障家庭经济困难的和残疾的适龄儿童、少年接受义务教育。在非户籍所在地工作或者居住的适龄儿童、少年，当地人民政府应当为其提供平等接受义务教育的条件。

5.义务教育的学校规定

《义务教育法》第二十五条、第五十六条明确规定，学校不得违反国家规定收取费用，不得以向学生推销或者变相推销商品、服务等方式谋取利益。学校违反国家规定收取费用的，由县级人民政府教育行政部门责令退还所收费用；对直接负责的主管人员和其他直接责任人员依法给予处分。

6.义务教育的教师规定

《义务教育法》第三十条、第三十一条规定，教师应当取得国家规定的教师资格。国家建立统一的义务教育教师职务制度。各级政府应当采取措施改善教师工作和生活条件。教师的平均工资水平应当不低于当地公务员的平均工资水平。这既保证了教师队伍的质量，又维护了教师的权利。

三、《义务教育法》的影响

习近平总书记说：“教育是国之大计、党之大计。”“教育兴则国家兴，教育强则国家强。”2018 年，中国共有义务教育学校 21 万余所，在校生近 1.5 亿，中国小学学龄儿童净入学率达到 99.95%，初中毛入学率近 100%。[①] 截至 2019 年 11 月 20 日，全国 832 个国家级贫困县的义务教育阶段辍学人数已由 5 月底的 29 万减少至 2.3 万，

①义务教育入学率近 100%，中国为什么能？[EB/OL].(2019-09-25)[2020-03-10]. http://www.moe.gov.cn/jyb_xwfb/s5147/201909/t20190925_400807.html.

其中建档立卡家庭贫困学生人数由15万减少至0.6万。[①] 我国义务教育普及进展顺利，适龄儿童入学率已经超过世界中高收入国家平均水平。

（一）强化了义务教育的政府行为

《义务教育法》体现了全面落实科学发展观，坚持以人为本、促进人的全面发展的指导思想，强调政府是提供教育公共产品、实现教育公平的"第一责任人"。义务教育是政府必须予以保障的公益性事业。《义务教育法》从管理体制和经费保障机制上明确了政府对义务教育的责任，这是我国义务教育管理体制和经费投入体制的一次重大调整。新修订的《义务教育法》较之1986年的《义务教育法》和2001年的《国务院关于基础教育改革与发展的决定》的规定更为完善，责任更为明晰，在制度设计上更具操作性。这对于强化义务教育的政府行为，改善各级政府的社会管理和公共服务职能，提高政府的管理水平和公共服务质量都具有重要意义。[②]

（二）奠定了免费义务教育的法律基础

1986年颁布的《义务教育法》规定，国家对接受义务教育的学生免收学费。但小学生、初中生仍需缴纳一定的杂费。在其实施的近20年间，可以收取杂费的规定让一些家庭尤其是农村贫困家庭饱受经济压力。2006年修订的《义务教育法》将"不收学费、杂费"作为一条重要原则予以确立，国家建立起义务教育经费保障机制，从而有力地保证了义务教育制度的实施，为今后施行真正意义上的免费义务教育奠定了重要的法律基础。

（三）提供了促进教育公平的法律保障

推进义务教育均衡发展，是社会主义教育的本质体现，也是构建社会主义和谐社会的基础性工作。2006年修订的《义务教育法》首次把促进义务教育均衡发展作为一个方向性要求确定下来，加强了对义务教育均衡发展的督导评估；建立了义务教育阶段学校办学基本标准，实施标准化学校建设；均衡配置义务教育资源；集中力量加快薄弱学校改造，努力解决弱势群体公平接受义务教育问题。这对今后义务教育的发展具有非常重要的导向作用，为保障适龄儿童、少年平等接受义务教育的权利，促进教育公平提供了法律保障，为构建社会主义和谐社会奠定了坚实的基础。

义务教育是教育工作的重中之重，是国家必须保障和优先发展的基本公共事业。近年来，国务院及其有关部门切实改进和加强义务教育工作，推进县域义务教育均衡发展和城乡义务教育服务均等化，义务教育普及水平进一步巩固和提高，乡村教育质量明显提升。但城乡义务教育资源供需矛盾依然突出，城镇义务教育学校

---

①"国贫县"义务教育阶段辍学人数减至2.3万[EB/OL].(2019-11-26)[2020-03-10].http://www.moe.gov.cn/jyb_xwfb/xw_fbh/moe_2606/2019/tqh20191125/mtbd/201911/t20191126_409637.html.

②陈小娅.我国义务教育发展史上的重要里程碑[EB/OL].(2006-09-05)[2020-02-10].http://www.npc.gov.cn/npc/c222/200609/efec8a2d3a4d4b3491ffe9618e445787.shtml.

“大班额”和乡村学校“空心化”现象并存。还有一些地区随迁子女仍然面临无学可上的情况，不少留守儿童因为家庭教育缺失而存在心理问题，容易引发未成年人犯罪等社会问题。[①] 这些问题亟待解决。

拓展阅读

失学少年小王重返校园

小王今年12岁，是家里的第三个孩子，父母离婚，两个姐姐初中毕业后在外地打工。小王小学毕业后，因在老家无人看管，便跟着父亲在外地谋生。回家过年时，当地村委会了解情况之后，及时到小王家，和小王的父亲讨论小王接受教育的问题。小王的父亲起初很不耐烦，认为孩子是自己生的，读不读书自己说了算。后来，村委会给小王的父亲普及了《义务教育法》的相关知识，小王的父亲这才发现自己违法了，便向村委会说明了自己的家庭情况。村委会综合考虑，给小王申请了助学金补助，于是当年9月，小王在离开学校一年之后重新回到校园，接受义务教育。

①对推动城乡义务教育一体化发展 提高农村义务教育水平工作情况报告的意见和建议[EB/OL].(2018-09-27)[2020-03-18]. http://www.npc.gov.cn/npc/c22242/201809/e4dd0d80a867443c832efff128a0dc94.shtml.

|第二节|

《中华人民共和国未成年人保护法》解读

1991 年 9 月 4 日，第七届全国人民代表大会常务委员会第二十一次会议通过了《中华人民共和国未成年人保护法》(简称《未成年人保护法》)。2006 年 12 月 29 日，第十届全国人民代表大会常务委员会第二十五次会议对其进行了修订。2020 年 10 月 17 日，第十三届全国人民代表大会常务委员会第二十二次会议对其进行了再次修订，并规定该法自 2021 年 6 月 1 日起施行。

一、《未成年人保护法》的出台及修订背景

《未成年人保护法》的颁布和修订，是几亿孩子的大事，涉及亿万家庭，事关国家未来，有利于贯彻尊重和保障人权的宪法原则，更好地维护未成年人的合法权益；有利于促进未成年人健康成长，保证党和国家事业后继有人；有利于构建社会主义和谐社会，促进社会稳定和家庭幸福。

(一)时代对未成年人保护工作的高需求和高要求

贯彻邓小平理论和“三个代表”重要思想，落实科学发展观，构建社会主义和谐社会，坚持尊重和保障人权的宪法原则，都要求更好地维护未成年人的合法权益，为未成年人的健康成长营造良好的法制环境。我国综合国力日益增强，人民群众生活水平明显提升，保护未成年人的社会环境、物质文化条件也显著提升。全社会都应了解少年儿童、尊重少年儿童、关心少年儿童、服务少年儿童，为少年儿童提供良好的社会环境，让少年儿童更好地成长。

(二)未成年人保护领域出现新情况、新问题

随着社会的发展，未成年人保护领域出现了一些新的情况和问题，如城市流动儿童增多，农村留守儿童大量存在，要求法律给以关照；数以百万计的孩子沉迷网络不能自拔，要求法律作出回应；未成年人违法犯罪呈现低龄化趋势，需要法律作出应对；与《未成年人保护法》相关的一些法律(如刑法、刑事诉讼法、婚姻法等)已相继修改；等等。此外，通过十多年的执法实践，各地积累了许多保护未成年人的好经验、好做法，国家和地方也出台了一系列有关的法规和政策文件，有必要将其中一些行之有效而又具有普遍意义的经验和规定上升为法律，进而推广。①

---

①于建伟.未成年人保护法修订的背景、思路与主要内容[J].青少年犯罪问题，2007(2)：4—9.

二、《未成年人保护法》的主要内容

（一）《未成年人保护法》的基本框架

《未成年人保护法》共 9 章 132 条，分为总则（第一～第十四条）、家庭保护（第十五～第二十四条）、学校保护（第二十五～第四十一条）、社会保护（第四十二～第六十三条）、网络保护（第六十四～第八十条）、政府保护（第八十一～第九十九条）、司法保护（第一百～第一百一十六条）、法律责任（第一百一十七～第一百二十九条）、附则（第一百三十～第一百三十二条），约 16 000 字。1991 年通过的《未成年人保护法》共 56 条，修订稿增加了 16 条，修改了 33 条，删除了 1 条。2020 年通过的《未成年人保护法》共 132 条，新增"网络保护"和"政府保护"两章，条文增加了 60 条。

（二）《未成年人保护法》的重点内容

1. 立法宗旨和适用范围

《未成年人保护法》第一条规定："为了保护未成年人的身心健康，保障未成年人的合法权益，促进未成年人在品德、智力、体质等方面全面发展，培养有理想、有道德、有文化、有纪律的社会主义建设者和接班人，根据宪法，制定本法。"该规定明确指出了《未成年人保护法》的立法宗旨和依据。

《未成年人保护法》的适用范围包括对象、空间和时间三个方面。《未成年人保护法》的适用对象是未成年人，即未满十八周岁的公民。《未成年人保护法》适用的地域范围是中华人民共和国境内，时间范围是 2021 年 6 月 1 日起。

2. 强调"坚持最有利于未成年人的原则"

《未成年人保护法》第四条规定，保护未成年人，应当坚持最有利于未成年人的原则。处理涉及未成年人事项，应当符合给予未成年人特殊、优先保护；尊重未成年人人格尊严；保护未成年人隐私权和个人信息；适应未成年人身心健康发展的规律和特点；听取未成年人的意见；保护与教育相结合六项要求。同时在第六条明确规定："保护未成年人，是国家机关、武装力量、政党、人民团体、企业事业单位、社会组织、城乡基层群众性自治组织、未成年人的监护人以及其他成年人的共同责任。"充分考虑到未成年人的特殊性，尊重了未成年人的身心发展特点。

3. 未成年人的家庭保护

家庭是未成年人成长的摇篮，父母是未成年人的第一任老师。家庭在未成年人保护工作中承担着不可替代的责任。《未成年人保护法》规定的"六大保护"，排在第一位的就是家庭保护。《未成年人保护法》第二章"家庭保护"第十五条规定："未成年人的父母或者其他监护人应当学习家庭教育知识，接受家庭教育指导，创造良好、和睦、文明的家庭环境。"第十六条明确规定未成年人的父母或者其他监护人履行"为未成年人提供生活、健康、安全等方面的保障"等十项具体的监护职责。第十七条明确规定未成年人的父母或者其他监护人不得实施"虐待、遗弃、非法送养未成年人或者对未成年人实施家庭暴力"等十一项行为。第十九条规定："未成年人的父母或者其他监护人应当根据未成年人的年龄和智力发展状况，在作出与未成年人权益有关的决定前，听取未成年人的意见，充分考虑其真实意愿。”第二十二条规定：“未成年人的父母或者其他监护人因外出务工等原因在一定期限内不能完全履行监护职责的，应当委托具有照护能力的完全民事行为能力人代为照护；无正当理由的，不得委托他人代为照护。”第二十四条规定：“未成年人的父母离婚时，应当妥善处理未成年子女的抚养、教育、探望、财产等事宜，听取有表达意愿能力未成年人的意见。不得以抢夺、藏匿未成年子女等方式争夺抚养权。”这些规定都致力于为未成年人成长创造良好的家庭环境。

4.未成年人的学校保护

学校保护包括四个方面。一是为了全面贯彻国家的教育方针，《未成年人保护法》第三章“学校保护”第二十五条强调：“学校应当全面贯彻国家教育方针，坚持立德树人，实施素质教育，提高教育质量，注重培养未成年学生认知能力、合作能力、创新能力和实践能力，促进未成年学生全面发展。”二是为了保障未成年人身心健康发展，《未成年人保护法》第三十条规定：“学校应当根据未成年学生身心发展特点，进行社会生活指导、心理健康辅导、青春期教育和生命教育。”三是为了保障未成年学生的人身安全，《未成年人保护法》第三十五条规定：“学校、幼儿园应当建立安全管理制度，对未成年人进行安全教育，完善安保设施、配备安保人员，保障未成年人在校、在园期间的人身和财产安全。”并对学校安全事故的预防、报告和处理等问题作出了新规定。四是建立学生欺凌防控工作制度和预防性侵害、性骚扰未成年人工作制度。《未成年人保护法》第三十九条规定：“学校应当建立学生欺凌防控工作制度，对教职员工、学生等开展防治学生欺凌的教育和培训。”“对实施欺凌的未成年学生，学校应当根据欺凌行为的性质和程度，依法加强管教。”第四十条规定：“学校、幼儿园应当建立预防性侵害、性骚扰未成年人工作制度。”“学校、幼儿园应当对未成年人开展适合其年龄的性教育，提高未成年人防范性侵害、性骚扰的自我保护意识和能力。”这些规定致力于建立全面的学校保护体系。

5.未成年人的社会保护

社会保护涵盖三个方面。一是针对未成年人活动场所不足、有些场所利用又不够充分等问题，《未成年人保护法》第四章“社会保护”第四十四条规定：“爱国主义教育基地、图书馆、青少年宫、儿童活动中心、儿童之家应当对未成年人免费开放；博物馆、纪念馆、科技馆、展览馆、美术馆、文化馆、社区公益性互联网上网服务场所以及影剧院、体育场馆、动物园、植物园、公园等场所，应当按照有关规定对未成年人免费或者优惠开放。”第四十六条规定：“国家鼓励大型公共场所、公共交通工具、旅游景区景点等设置母婴室、婴儿护理台以及方便幼儿使用的坐便器、洗手台等卫生设施，为未成年人提供便利。”二是为了使未成年人免受不良文化的危害，《未成年人保护法》第五十八条规定，中小学周边不得设置营业性歌舞娱乐场所、互联网上网服务营业场所等不适宜未成年人活动的场所。不适宜未成年人活动的场所，不得允许未成年人进入。第五十二条规定，禁止制作、复制、发布、传播或者持有有关未成年人的淫秽色情物品和网络信息。第五十三条规定，任何组织或者个人不得刊登、播放、张贴或者散发含有危害未成年人身心健康内容的广告。三是保护未成年人的安全和隐私。第五十六条规定，公共场所发生突发事件时，应当优先救护未成年人。第六十三条规定，任何组织或者个人不得隐匿、毁弃、非法删除未成年人的信件、日记、电子邮件或者其他网络通讯内容。此外，为了维护未成年人的人身权，更好地保护弱势群体，加强基层基础工作等，《未成年人保护法》还作出了一系列规定，致力于为未成年人营造良好的社会环境。

6.未成年人的网络保护

完善未成年人网络保护制度，一是国家保护未成年人依法使用网络的权利，保障和引导未成年人安全、合理使用网络。《未成年人保护法》第五章“网络保护”第六十四条规定：“国家、社会、学校和家庭应当加强未成年人网络素养宣传教育，培养和提高未成年人的网络素养，增强未成年人科学、文明、安全、合理使用网络的意识和能力，保障未成年人在网络空间的合法权益。”二是加强对未成年人使用网络的引导和监督。第七十一条规定：“未成年人的父母或者其他监护人应当通过在智能终端产品上安装未成年人网络保护软件、选择适合未成年人的服务模式和管理功能等方式，避免未成年人接触危害或者可能影响其身心健康的网络信息，合理安排未成年人使用网络的时间，有效预防未成年人沉迷网络。”三是网络产品和服务提供者不得向未成年人提供诱导其沉迷的产品和服务。第七十四条规定：“网络游戏、网络直播、网络音视频、网络社交等网络服务提供者应当针对未成年人使用其服务设置相应的时间管理、权限管理、消费管理等功能。”四是避免未成年人遭受网络欺凌。第七十七条规定：“任何组织或者个人不得通过网络以文字、图片、音视频等形式，对未成年人实施侮辱、诽谤、威胁或者恶意损害形象等网络欺凌行为。”与此同时，还明确规定网络产品和服务提供者应当建立便捷、合理、有效的投诉和举报渠道，公开投诉、举报方式等信息，及时受理并处理涉及未成年人的投诉、举报。一系列规定都致力于为未成年人创造安全、健康的网络环境。

7.未成年人的政府保护

《未成年人保护法》明确了各级政府应当建立未成年人保护工作协调机制，细化政府及其有关部门的职责。一是设立专人专岗，保护未成年人。《未成年人保护法》第六章“政府保护”第八十一条规定：“县级以上人民政府承担未成年人保护协调机制具体工作的职能部门应当明确相关内设机构或者专门人员，负责承担未成年人保护工作。”二是政府要保障未成年人受教育的权利。第八十三条规定：“各级人民政府应当保障未成年人受教育的权利，并采取措施保障留守未成年人、困境未成年人、残疾未成年人接受义务教育。”同时，第八十四条和第八十五条对保障婴幼儿照护服务机构、幼儿园和职业教育做出了明确规定。三是政府要保障未成年人的安全并提供卫生保健服务。第八十七条规定：“地方人民政府及其有关部门应当保障校园安全，监督、指导学校、幼儿园等单位落实校园安全责任，建立突发事件的报告、处置和协调机制。”第九十条规定：“卫生健康部门应当依法对未成年人的疫苗预防接种进行规范，防治未成年人常见病、多发病。”“加强未成年人的心理健康教育，建立未成年人心理问题的早期发现和及时干预机制。”四是民政部门依法对存在找不到未成年人父母或其他监护人等五种情形的未成年人进行长期监控。一系列规定都为未成年人提供了坚实的保障。

8.未成年人的司法保护

《未成年人保护法》明确了司法机关对未成年人的全面司法保护，第一百条规定：“公安机关、人民检察院、人民法院和司法行政部门应当依法履行职责，保障未成年人合法权益。”第一百零一条规定：“公安机关、人民检察院、人民法院和司法行政部门应当确定专门机构或者指定专门人员，负责办理涉及未成年人案件。”并对未成年人的法律援助和司法救助作出了具体规定，充分保障未成年人的隐私和心理健康。第一百一十条规定：“人民法院开庭审理涉及未成年人案件，未成年被害人、证人一般不出庭作证；必须出庭的，应当采取保护其隐私的技术手段和心理干预等保护措施。”第一百一十一条规定：“对遭受性侵害或者暴力伤害的未成年被害人及其家庭实施必要的心理干预、经济救助、法律援助、转学安置等保护措施。”同时，为了更好地贯彻教育、感化、挽救的方针，第一百一十三条规定：“对违法犯罪的未成年人，实行教育、感化、挽救的方针，坚持教育为主、惩罚为辅的原则。对违法犯罪的未成年人依法处罚后，在升学、就业等方面不得歧视。”一系列规定都致力于为未成年人构建坚实的司法保障体系。

三、《未成年人保护法》的影响

（一）从控制走向尊重，法典精神得到了重大提升

《未成年人保护法》在儿童观的革新上所取得的进步可谓革命性的。首先，增加和确立了未成年人最应享有的“四大权利”——生存权、发展权、受保护权和参与权，以及国家对此“四大权利”的保障义务和非歧视性义务，并在条文顺序上，将之列为第三条。其次，去除“塑造论”的痕迹，尊重未成年人成长的自然规律和身心特点。再次，尊重儿童权利和独立个体的新儿童观，将其贯穿于各章的修改之中，其中最显著的体现莫过于对未成年人参与权的保障条款的增设。尊重未成年人身心的特殊性，规定特殊保护、优先保护，同时并不因为未成年人相对不成熟而抹杀未成年人的独立人格、思想，而是尊重未成年人作为独立个体的存在。从这个意义上来看，《未成年人保护法》是我国未成年人保护立法新的里程碑，是我国法制建设的重大进步。

（二）严密了未成年人保护网络

《未成年人保护法》按照未成年人与该生存空间的紧密程度，由紧至松的顺序组织法的基本结构：第一空间家庭——家庭保护（第二章），第二空间学校——学校保护（第三章），第三空间社会——社会保护（第四章），第四空间网络——网络保护（第五章），第五空间政府——政府保护（第六章），第六空间（特殊空间）司法——司法保护（第七章），并针对这些空间中的未成年人保护主体进行立法规范。这样的结构设计体现的是对未成年人进行全面保护的思路。最重要的是根据互联网普及的社会

变化,专设对未成年人生存的第四空间——网络空间(信息空间)的保护,例如第六十四条规定要提高未成年人的网络素养,保障未成年人的合法权益。第六十八条规定,要采取科学合理的方式对未成年人沉迷网络进行预防和干预。第七十四条规定不得向未成年人提供诱导其沉迷的产品和服务。为了更加明确政府职责,更好地保护未成年人,专设第五空间——政府保护。例如第八十一条规定,政府要设立专门的部门或人员负责未成年人的保护工作。第九十一条规定对困境未成年人实施分类保障,采取措施满足其需要。此外,对随着社会发展而出现的留守儿童监护空白、流浪儿童救助盲点等,亦进行了弥补。六大空间,紧密结合,环环相扣,使保护未成年人的网络更加紧密。

(三)进一步完善了“政府主导,司法保障,家庭、学校、社会三位一体”的未成年人保护机制

除了严密未成年人保护网络外,《未成年人保护法》还提高了这一网络架构的科学性和运作的有效性。尽管1991年通过的《未成年人保护法》规定了未成年人保护的共同责任原则,并初步建立起了家庭、学校、社会、司法四位一体的未成年人保护网络,但是并没有明确未成年人保护的主导者和督促者,因而在很大程度上造成了谁都有义务保护未成年人,但谁都可以不保护未成年人的尴尬局面。为了避免这种情况,2006年修订的《未成年人保护法》则将政府置于未成年人保护的主导地位,强化了其职责,并作出了刚性的约束和经费的保障。同时,将狭义的司法保护扩充为广义的司法保护,为未成年人保护提供了完善的最后保障线,由此正式建立了结构合理、功能健全的“政府主导,司法保障,家庭、学校、社会三位一体”的未成年人保护机制。①

党的十八大以来,党中央对完善未成年人保护相关法律制度、改进未成年人保护工作提出了明确要求。2018年9月,由新成立的全国人民代表大会社会建设委员会牵头,正式启动了《未成年人保护法》的修订工作。修订案于2020年10月17日第十三届全国人民代表大会常务委员会第二十二次会议通过,新增“网络保护”和“政府保护”两章,条文增加到132条,强化了《未成年人保护法》作为未成年人保护领域综合性法律的定位,进一步完善了“政府主导,司法保障,家庭、学校、社会三位一体”的未成年人保护机制。

---

①姚建龙.《未成年人保护法》的修订及其重大进展[J].当代青年研究,2007(5):15—21.

拓展阅读

广州:“侵害未成年人违法犯罪信息库”上线　提供入职查询[①]

广州市人民检察院副检察长周虹介绍,广州市检察院已建成“侵害未成年人违法犯罪信息库”,目前已完成全市近三年性侵类犯罪已决案件信息的录入工作,并已正式上线。该系统与教育局等职能部门对接,在与儿童成长相关的特殊行业或岗位的人员入职程序上建立犯罪记录强制查询机制,帮助提高相关人员入职审查、品行评估的准确性和有效性,将有侵害未成年人的前科人员挡在门外。据悉,在此之前,广州市花都区检察院、南沙区检察院已与辖区教育局建立了入职查询制度,对辖区内从事与未成年人密切接触的工作人员进行入职查询,防止曾因性侵害受到刑事追究或者治安管理处罚的人员进入学校、幼儿园、培训机构等教育工作岗位。广州市检察院将与教育部门共同制定落实细则,强化性侵害案件信息研判,健全完善特定岗位入职前查询等机制建设。

①钟亚雅,熊焕.广州:“侵害未成年人违法犯罪信息库”上线 提供入职查询[EB/OL].(2019-05-30)[2020-04-10].https://www.spp.gov.cn/spp/zdgz/201905/t20190530_420297.shtml.

|第三节|
《中华人民共和国预防未成年人犯罪法》解读

1999 年 6 月 28 日，第九届全国人民代表大会常务委员会第十次会议通过《中华人民共和国预防未成年人犯罪法》(简称《预防未成年人犯罪法》)。2020 年 12 月 26 日，第十三届全国人民代表大会常务委员会第二十四次会议进行修订，新法自 2021 年 6 月 1 日起施行。

一、《预防未成年人犯罪法》的出台背景

未成年人作为明日之星、未来之光，其成长与发展紧系着国家和民族的命运。[①] 20 世纪 70 年代末，中国社会出现转型，社会治安问题较为严重，青少年犯罪现象的严重化引起广泛的关注与担忧。1979 年，中共中央转发了中宣部等八个单位《关于提请全党重视解决青少年违法犯罪问题的报告》的通知，要求在党委领导下，把各方力量统一组织起来，着眼于预防、教育、挽救和改造，积极解决青少年违法犯罪问题。这一通知的发布，不仅推动了学术界对青少年犯罪问题的研究和关注，也推动了制定青少年保护专门法律以加强对青少年的教育和保护的立法实践，成为我国针对特定年龄段人群进行专门立法的"原动力"。《未成年人保护法》正式实施后，未成年人犯罪的绝对数及其在刑事犯罪中的比重虽然有所下降，但并不符合立法者的预期。为了进一步预防未成年人犯罪，有关部门在 20 世纪 90 年代提出了制定"预防少年违法"的思路。最初的立法思路具有将这部法律制定成司法型"少年法"的考虑，但在进入全国人民代表大会立法程序后，最终采用制定成"预防未成年人犯罪法"的方案。1999 年，《预防未成年人犯罪法》正式颁布和实施。[②] 随着社会的发展，未成年人领域出现新的情况和问题，为了更好地预防未成年人犯罪、保护未成年人和完善对未成年人错罪行为的保护处分措施，2020 年 12 月 26 日，第十三届全国人民代表大会常务委员会第二十四次会议对《预防未成年人犯罪法》进行了修订，新法自 2021 年 6 月 1 日起施行。

二、《预防未成年人犯罪法》的主要内容

(一)《预防未成年人犯罪法》的基本框架

《预防未成年人犯罪法》共 7 章 68 条：总则(第一～第十四条)、预防犯罪的教育

---

①张文娟. 中美少年司法制度探索比较研究[M]. 北京：法律出版社，2010：1.

②姚建龙. 未成年人法的困境与出路——论《未成年人保护法》与《预防未成年人犯罪法》的修改[J]. 青年研究，2019(1)：1—15，94.

(第十五～第二十七条)、对不良行为的干预(第二十八～第三十七条)、对严重不良行为的矫治(第三十八～第四十九条)、对重新犯罪的预防(第五十～第六十条)、法律责任(第六十一～第六十七条)、附则(第六十八条)。

(二)《预防未成年人犯罪法》的重点内容

1.立法宗旨和适用范围

《预防未成年人犯罪法》第一条规定:"为了保障未成年人身心健康,培养未成年人良好品行,有效地预防未成年人犯罪,制定本法。"该规定明确指出了《预防未成年人犯罪法》的立法宗旨。

《预防未成年人犯罪法》的适用范围包括对象、空间和时间三个方面。《预防未成年人犯罪法》的适用对象是未成年人,即未满十八周岁的公民。《预防未成年人犯罪法》适用的地域范围是中华人民共和国境内,时间范围是2021年6月1日起。

2.预防犯罪的教育

预防未成年人违法犯罪,既是家庭、学校的义务,也是专责机关和社会各有关部门的共同职责。《预防未成年人犯罪法》在第二章中对学校、家庭及有关部门预防未成年人犯罪教育作了明确规定。第十五条规定:"国家、社会、学校和家庭应当对未成年人加强社会主义核心价值观教育,开展预防犯罪教育,增强未成年人的法治观念,使未成年人树立遵纪守法和防范违法犯罪的意识,提高自我管控能力。"并要求教育行政部门、学校将预防犯罪教育纳入学校教学计划,结合常见多发的未成年人违法犯罪行为,对不同年龄的未成年人有针对性地进行预防犯罪教育。同时,学校要配备心理健康教育教师进行心理教育,而教育行政部门要组织建立学生欺凌防控制度。关于未成年人的父母、少年宫、青少年活动中心、城市居民委员会、农村村民委员会对未成年人的预防犯罪教育问题,本章也作了明确规定。这些规定充分表明,预防未成年人犯罪的教育是社会各界共同的职责。

3.对不良行为的干预

《预防未成年人犯罪法》第二十八条规定:"本法所称不良行为,是指未成年人实施的不利于其健康成长的下列行为:(一)吸烟、饮酒;(二)多次旷课、逃学;(三)无故夜不归宿、离家出走;(四)沉迷网络;(五)与社会上具有不良习性的人交往,组织或者参加实施不良行为的团伙;(六)进入法律法规规定未成年人不宜进入的场所;(七)参与赌博、变相赌博,或者参加封建迷信、邪教等活动;(八)阅览、观看或者收听宣扬淫秽、色情、暴力、恐怖、极端等内容的读物、音像制品或者网络信息等;(九)其他不利于未成年人身心健康成长的不良行为。"同时在第二十九条、第三十条和第三十二条规定,当未成年人有不良行为时,父母和其他监护人要及时制止并加强管教;学校对有不良行为的未成年学生要加强管理教育,不得歧视,对情节严重的学生也可根据情况采取"予以训斥"等教育措施;学校和家庭要加强沟通,建立家校合作机制。第三十三条到第三十七条明确规定了监护人、学校和相关部门对未成年人不同不良行为的教导和处理方式。这些规定不仅以法律的形式明确了学校、家庭及社会对未成年人不良行为的干预有义不容辞的职责，同时也为未成年人的健康成长创造了良好的社会环境。

4.对严重不良行为的矫治

《预防未成年人犯罪法》第四章规范了对有严重不良行为的未成年人矫治和教育的工作。第三十八条规定："本法所称严重不良行为，是指未成年人实施的有刑法规定、因不满法定刑事责任年龄不予刑事处罚的行为，以及严重危害社会的下列行为：(一)结伙斗殴，追逐、拦截他人，强拿硬要或者任意损毁、占用公私财物等寻衅滋事行为；(二)非法携带枪支、弹药或者弩、匕首等国家规定的管制器具；(三)殴打、辱骂、恐吓，或者故意伤害他人身体；(四)盗窃、哄抢、抢夺或者故意损毁公私财物；(五)传播淫秽的读物、音像制品或者信息等；(六)卖淫、嫖娼，或者进行淫秽表演；(七)吸食、注射毒品，或者向他人提供毒品；(八)参与赌博赌资较大；(九)其他严重危害社会的行为。"第四十三条规定："对有严重不良行为的未成年人，未成年人的父母或者其他监护人、所在学校无力管教或者管教无效的，可以向教育行政部门提出申请，经专门教育指导委员会评估同意后，由教育行政部门决定送入专门学校接受专门教育。"且专门学校要对接受专门教育的未成年人分级分类进行教育和矫治，有针对性地开展各项教育，同时要加强与其父母或监护人的联系，为他们看望未成年人提供便利。这些规定为有严重不良行为的未成年人及其家长解除了后顾之忧。

5.对重新犯罪的预防

为了预防刑满释放的未成年人重新犯罪，巩固教育改造的成果，《预防未成年人犯罪法》对学校、家庭、社会、庭审工作作了一系列保护未成年人的规定。第五十条规定："公安机关、人民检察院、人民法院办理未成年人刑事案件，应当根据未成年人的生理、心理特点和犯罪的情况，有针对性地进行法治教育。"第五十六条规定："对刑满释放的未成年人，未成年犯管教所应当提前通知其父母或者其他监护人按时接回，并协助落实安置帮教措施。"第五十八条规定："刑满释放和接受社区矫正的未成年人，在复学、升学、就业等方面依法享有与其他未成年人同等的权利，任何单位和个人不得歧视。"同时还规定依法封存的未成年人犯罪记录非司法办案等特殊情况不得向任何单位或者个人提供，人民检察院通过依法行使检察权，对未成年人重新犯罪预防工作等进行监督。这些规定都为失足过的未成年人振作精神、重新做人提供了法律依据。

6.法律责任

"法律责任"一章对未成年人的父母或其他监护人、学校及其教职工、公安机关的工作人员及其他违反本法规定的人员进行了明确的法律责任规定。第六十一条规定："公安机关、人民检察院、人民法院在办理案件过程中发现实施严重不良行为的未成年人的父母或者其他监护人不依法履行监护职责的，应当予以训诫，并可以责令其接受家庭教育指导。"第六十二条规定："教职员工教唆、胁迫、引诱未成年人实施不良行为或者严重不良行为，以及品行不良、影响恶劣的，教育行政部门、学校应当依法予以解聘或者辞退。”第六十五条规定：“教唆、胁迫、引诱未成年人实施不良行为或者严重不良行为，构成违反治安管理行为的，由公安机关依法予以治安管理处罚。”

三、《预防未成年人犯罪法》的影响

（一）提升了预防未成年人犯罪的有效性

“要使人变得高尚并富有理性和善良的道德，应当借助于广泛地传播知识、奖励美德、完善教育以及一切改善社会环境的措施，而刑罚却不具有这些功能，因此刑罚并不是改造罪犯的手段。”①围绕《预防未成年人犯罪法》的规定，立足于引导未成年人养成良好习惯和辨别是非的能力，促进其法治观念的形成，各地针对未成年人的身心和行为特点，坚持“立足于教育和保护，从小抓起，对未成年人的不良行为及时进行预防和矫治”的指导方针，从教育、疏导、管控和矫治等多方面入手，开展预防工作，并建立起行之有效的工作体系，把家庭、学校、社会和司法等方面的教育保护措施，贯穿于预防工作全过程，提升了预防未成年人犯罪的有效性。②

（二）为多部门形成联防联控机制提供了坚实的法律保障

《预防未成年人犯罪法》明确规定，预防未成年人犯罪，在各级人民政府组织领导下，实行综合治理。按此要求，各地逐级建立了由人民代表大会、政府有关部门、人民法院、人民检察院和共青团、妇女联合会组织为成员单位的预防青少年违法犯罪工作领导小组，并在共青团设立了办事机构，明确了各成员单位的职责、任务，通过定期和不定期召开领导小组会议，综合协调预防青少年违法犯罪工作，逐步建立起多方配合、齐抓共管、综合治理的预防工作机制，为推进法律的贯彻实施奠定了基础。③

（三）积极响应了国际社会的号召

《预防未成年人犯罪法》能够引导未成年人培养良好习惯和辨别是非的能力，促进其法治观念的形成。如今，未成年人违法犯罪日益成为一个国际性的难题。为此，以联合国为首的国际组织先后多次召开国际预防犯罪会议，制定了一系列有关未成年人违法犯罪的司法文件，这些规定已成为国际社会预防和处理未成年人违法犯罪的重要指导性文件。④ 可以说，我国制定《预防未成年人犯罪法》是对国际人权社会的正面回应，是向国际社会上交的一份作业。⑤

---

①[意]切萨雷·贝卡里亚.论犯罪与刑罚[M].黄风，译.北京：北京大学出版社，2008：150.

②罗佳.我国《预防未成年人犯罪法》评析[J].当代青年研究，2012(6)：35—42.

③扎牢预防未成年人犯罪的防线——就预防未成年人犯罪法实施情况访全国人大内司委[EB/OL].(2013-11-28)[2020-03-12].http://www.npc.gov.cn/npc/c16115/201311/41e3e260f3de49e09b9b7f86e9fe9a7d.shtml.

④侯宗宾.关于《中华人民共和国预防少年违法行为法(草案)》的说明[J].中华人民共和国全国人民代表大会常务委员会公报，1999(3—4)：286—290.

⑤王良.国际刑事准则对未成年人刑事案件侦查的规定及思考[J].青少年犯罪问题，2008(4)：61—64，7.

第四节
校园伤害事故相关法规解读

一、《学生伤害事故处理办法》解读

2002年6月25日，教育部发布《学生伤害事故处理办法》，自2002年9月1日起实施。

（一）《学生伤害事故处理办法》的出台背景

随着社会政治经济的发展和《义务教育法》等法律的颁布和落实，我国在校学生数量日益庞大，校园伤害事件的出现不仅给学生及家长带来不幸，也加重了学校的经济负担，损害了学校在社会中的声誉，影响了学校教育教学工作的正常开展，妨碍了素质教育的进程，从而危及我国教育改革和发展的顺利进行。[①] 校园人身伤害事件因此引起社会各界的普遍关注，制定一部能够有效调节学生人身伤害事故的法规势在必行。

（二）《学生伤害事故处理办法》的主要内容

1.《学生伤害事故处理办法》的基本框架

《学生伤害事故处理办法》共6章40条：总则（第一～第七条）、事故与责任（第八～第十四条）、事故处理程序（第十五～第二十二条）、事故损害的赔偿（第二十三～第三十一条）、事故责任者的处理（第三十二～第三十六条）、附则（第三十七～第四十条）。

2.《学生伤害事故处理办法》的重点内容

（1）立法宗旨和适用范围

《学生伤害事故处理办法》第一条规定："为积极预防、妥善处理在校学生伤害事故，保护学生、学校的合法权益，根据《中华人民共和国教育法》、《中华人民共和国未成年人保护法》和其他相关法律、行政法规及有关规定，制定本办法。"该规定明确指出了《学生伤害事故处理办法》的立法宗旨和依据。

《学生伤害事故处理办法》的适用范围包括学校范围和事故范围。从学校范围来讲，《学生伤害事故处理办法》适用于国家或者社会力量举办的全日制的中小学（含特殊教育学校）、各类中等职业学校、高等学校。幼儿园发生的幼儿伤害事故，应当根据幼儿为完全无行为能力人的特点，参照本办法处理。从事故范围来看，《学生伤害事故处理办法》适用于在学校实施的教育教学活动或者学校组织的校外活动

① 李红雁. 对《学生伤害事故处理办法》的法律反思[J]. 湖南社会科学，2005(2)：176—178.

中，以及在学校负有管理责任的校舍、场地、其他教育教学设施、生活设施内发生的，造成在校学生人身损害后果的事故的处理。《学生伤害事故处理办法》自 2002 年 9 月 1 日起实施。

(2)认定事故责任

《学生伤害事故处理办法》第八条规定："学生伤害事故的责任，应当根据相关当事人的行为与损害后果之间的因果关系依法确定。"根据学校发生伤害事故的不同情形，根据相关当事人的行为与损害后果之间的因果关系，将造成学生伤害的事故分为不同的类型：一是学校责任事故，即由于学校过错而造成的事故。《学生伤害事故处理办法》具体列举了学校、教师在履行职责过程中容易出现的忽视学生安全的各种过错，这就是划分事故责任的标准。二是学生责任事故，即由于学生本人或未成年学生的监护人的过错造成的事故。三是其他相关人员的责任事故，即因与学校或学生个人活动有关的其他个人或组织的过错造成的事故。四是混合型责任事故，即由多方当事人的共同过错造成的事故。在上述事故中，责任者根据自身过错程度的比例来承担与过错相应的责任。

(3)事故处理程序

《学生伤害事故处理办法》第十五条规定："发生学生伤害事故，学校应当及时救助受伤害学生，并应当及时告知未成年学生的监护人；有条件的，应当采取紧急救援等方式救助。"学校还要迅速将学生伤害事故的发生以及处理结果向主管教育行政部门及有关部门报告。《学生伤害事故处理办法》还规定，学生伤害事故可以通过以下三种方式解决：学校与受伤害学生或学生家长可以通过协商方式解决；双方自愿，可以书面请求主管教育行政部门进行调解；依法提起诉讼。

(4)事故损害的赔偿

《学生伤害事故处理办法》第二十三条规定："对发生学生伤害事故负有责任的组织或者个人，应当按照法律法规的有关规定，承担相应的损害赔偿责任。"事故责任者承担赔偿责任，要求其行为有过错且与事故的发生有因果关系，还要求事故给受害人确实造成了损失。具体的赔偿范围和标准，按照有关法律法规及国家相关规定来确定。

(5)事故责任者的处理

《学生伤害事故处理办法》第三十二条规定："发生学生伤害事故，学校负有责任且情节严重的，教育行政部门应当根据有关规定，对学校的直接负责的主管人员和其他直接责任人员，分别给予相应的行政处分；有关责任人的行为触犯刑律的，应当移送司法机关依法追究刑事责任。"与此同时，对造成学生伤害事故负有责任的学生、受伤害学生的监护人的无理取闹行为也明确了相应的处理措施。

(三)《学生伤害事故处理办法》的影响

学生人身伤害事件具有区别于一般伤害事件的特殊性，《学生伤害事故处理办法》适应了教育法律关系发展变化的要求，总结了最近几年各地方法学界、司法界、教育界在参与校园安全事件处理过程中的经验和教训，同时借鉴了当今国际相关立法的成熟做法。因此，《学生伤害事故处理办法》实施以来，对预防、妥善处理在校学生伤害事故，保护学生、学校的合法权益起到了积极的作用。《学生伤害事故处理办法》致力于解决长期以来困扰着人们的处理校园安全事故中的难点问题，使这些问题的解决在教育法框架内有了突破性进展，具体表现在以下几个方面。

1. 明确了学校与学生的法律关系性质

学校与学生关系的法律性质及其在学生安全方面所承担职责的性质，是妥善处理学生伤害事故、确定学校事故责任的基本问题和法理基础。对此，在《学生伤害事故处理办法》颁布前，我国法律法规无明确规定，法学界也颇有争议。而在学生伤害事故处理实践中，关于如何确定学校与学生之间法律关系的性质，如何认定学校的侵权行为，学校如何承担法律责任，各方认识很不一致。无法确定学校与学生法律关系的性质成为学生伤害事故处理难的首要原因。对此，《学生伤害事故处理办法》以《中华人民共和国教育法》和《中华人民共和国民法通则》的相关规定为依据，结合我国客观实际，确定了学校与学生是安全教育、管理和保护的关系，并明确指出学校对未成年学生不承担监护职责。根据此规定，学校只有在未履行自身安全教育、管理和保护职责的情况下，才依据过错责任原则承担相应的责任。《学生伤害事故处理办法》对学校与学生法律关系性质的界定使得家长把孩子完全“交给”学校的想法和做法必须作出改变，家长应当依法履行监护职责，并配合学校对学生进行安全教育、管理和保护。这种规定也使学校在一定程度上摆脱了过去那种取消文体活动、回避正常的课外活动，以牺牲素质教育来换取一时平安的消极做法。《学生伤害事故处理办法》也为法官审理学生伤害案件认定各方法律关系提供了重要参考，促进了诉讼公正合理解决。调查显示，《学生伤害事故处理办法》出台前，事故处理的周期是一年，有的甚至长达两年左右。而《学生伤害事故处理办法》出台后，事故处理周期缩短到 8 个月左右。①

2. 规范了法律关系主体的权利与义务

学生伤害事故处理难的另一个重要原因是相关主体的权利与义务不明确，在事故处理过程中往往是公说公有理，婆说婆有理，特别是在教育关系中起着主导作用的校方由于没有具体可操作的法律条款确认自身权利与义务，在事故的预防与处理过程中处于十分被动的地位。《学生伤害事故处理办法》明确了相关各方的权利和义务，具体规定了学校如何履行安全教育、管理和保护的职责，以及学校应当承担相应责任的 12 种情形和学校可以免责的 10 种情形，如学生在自行上学、放学、返校、离校途中发生的；学生自杀、自伤的；在对抗性或具有风险性的体育竞赛活动中发生意

① 李红雁. 对《学生伤害事故处理办法》的法律反思[J]. 湖南社会科学，2005(2)：176—178.

外伤害的等，如果学校行为并无不当的，学校无法律责任。这些规定显然考虑到了最近几年事故处理过程中各方争议的焦点，防止了将学校责任随意夸大，平衡了家长和学校的权利和义务。《学生伤害事故处理办法》对各方权利与义务的具体规定有利于分清是非与责任，既可避免相关主体逃避责任，也可保护学生、学校的合法权益。

3.创设了学生伤害事故的保险理赔途径

学生伤害事故中赔偿费的问题是妨碍事故妥善解决的瓶颈。从法理上说，由于学校的过错造成学生伤害事故理应由学校承担损害赔偿金。但在我国，学校是从事教育教学活动的公益机构，法律在赋予学校独立的法人资格时，又对其民事权利能力进行了限制，规定“任何组织和个人不得以营利为目的举办学校及其他教育机构”。因此，当因学校过错造成学生伤害事故后，学校往往无力赔偿，拖延了事故的解决。再者，一所学校因为一个较大数额的赔偿案而影响其他学生受教育的权利，这种社会效果也极其荒谬。为解决赔偿金来源问题，《学生伤害事故处理办法》参照了国际上的通行做法，提出了将责任承担与损害赔偿相分离的保险理赔的新思路，提出了三种解决资金来源的办法：一是设立学生伤害赔偿金；二是参加学校责任保险；三是鼓励学生参加意外伤害保险。这些规定促使了事故赔偿走市场化的运作模式，符合社会发展的必然趋势。目前，一些发达的省市，通过保险理赔解决学生人身伤害赔偿金的方法已被采用，并慢慢走向成熟。

二、《中小学幼儿园安全管理办法》解读

2006年6月30日，教育部、公安部、司法部、建设部、交通部、文化部、卫生部、工商总局、质检总局、新闻出版总署联合发布了《中小学幼儿园安全管理办法》。

（一）《中小学幼儿园安全管理办法》的出台背景

长期以来，党中央、国务院对中小学生和幼儿园孩子的安全健康成长十分重视，全社会也给予了高度关注。近年来，学校安全工作出现了许多新的特点和情况，突出表现在校园周边网吧、游戏机室、录像厅、歌舞厅等公共娱乐场所违法违规经营，无照摊贩摆摊设点，治安秩序混乱；伤害青少年学生的恶性刑事治安案件不断增加等。这些新情况、新问题急需我们进一步完善校园安全管理协作与运行机制，提高处置突发事件的应急能力，加强中小学幼儿园安全管理的法律法规建设。从2004年10月开始，教育部组织有关专家与其他9个部门的同志共同研究起草了《中小学幼儿园安全管理办法》。

（二）《中小学幼儿园安全管理办法》的主要内容

1.《中小学幼儿园安全管理办法》的基本框架

《中小学幼儿园安全管理办法》总计9章66条：总则（第一～第五条）、安全管理职责（第六～第十四条）、校内安全管理制度（第十五～第二十七条）、日常安全管理

(第二十八～第三十七条)、安全教育(第三十八～第四十六条)、校园周边安全管理(第四十七～第五十四条)、安全事故处理(第五十五～第五十九条)、奖励与责任(第六十～第六十四条)、附则(第六十五～第六十六条),规定了中小学幼儿园安全管理的有关事项。

2.《中小学幼儿园安全管理办法》的重点内容

(1)立法宗旨和适用范围

《中小学幼儿园安全管理办法》第一条规定:“为加强中小学、幼儿园安全管理,保障学校及其学生和教职工的人身、财产安全,维护中小学、幼儿园正常的教育教学秩序,根据《中华人民共和国教育法》等法律法规,制定本办法。”本规定明确了《中小学幼儿园安全管理办法》的立法宗旨和依据。

《中小学幼儿园安全管理办法》的适用范围包括对象、空间和时间三个方面。《中小学幼儿园安全管理办法》的适用对象是普通中小学、中等职业学校、幼儿园(班)、特殊教育学校、工读学校。《中小学幼儿园安全管理办法》适用的地域范围是中华人民共和国境内,时间范围是 2006 年 9 月 1 日之后。

(2)涵盖中小学安全工作的各个方面

《中小学幼儿园安全管理办法》既规定了校内安全管理制度与管理要求,也规定了校园周边安全管理职责与管理要求;既规定了教育部门与学校的安全管理职责,也规定了其他部门的安全管理责任,内容比较全面,涵盖了中小学安全工作的各个方面。

(3)注重制度建设

《中小学幼儿园安全管理办法》规定了有关部门关于学校安全管理的联席会议制度,第四十七条规定:“教育、公安、司法行政、建设、交通、文化、卫生、工商、质检、新闻出版等部门应当建立联席会议制度,定期研究部署学校安全管理工作。”《中小学幼儿园安全管理办法》要求建立健全和全面落实安全工作责任制和事故责任追究制,包括学校举办者、政府有关部门、学校等负有学校安全管理职责的各有关方面和主体的责任。例如,《中小学幼儿园安全管理办法》“总则”中关于学校安全管理工作和“奖励与责任”一章的规定,充分体现了这方面的要求。《中小学幼儿园安全管理办法》还明确了校内安全管理制度。《中小学幼儿园安全管理办法》专门设有一章,对校内安全管理制度作出了明确具体的规定。

(4)将安全教育纳入教学内容

《中小学幼儿园安全管理办法》第三十八条规定:“学校应当按照国家课程标准和地方课程设置要求,将安全教育纳入教学内容。”对各有关方面和环节的安全教育工作作出有针对性的规定,要求开学初、放假前集中开展安全教育;开展实验课的安全防护教育,开展交通、消防和江河湖海游泳的安全卫生教育;开展避险、逃生、自救演练等,并规定了教育部门和学校组织安全教育培训的义务等。

(三)《中小学幼儿园安全管理办法》的影响

1.贯彻了《义务教育法》关于学校安全的规定

在校园周边安全管理方面,《义务教育法》第二十三条规定,各级人民政府及其有关部门依法维护学校周边秩序,保护学生、教师、学校的合法权益,为学校提供安全保障。《中小学幼儿园安全管理办法》专设"校园周边安全管理"一章,有针对性地对政府有关部门应当履行的校园周边安全管理职责作出明确规定,有利于安全管理中依法管理、各负其责方针的落实。在校内安全管理方面,结合《义务教育法》第二十四条第一款关于加强校内安全制度建设和安全管理,以及对学生进行安全教育等规定的精神与要求,《中小学幼儿园安全管理办法》分设"校内安全管理制度""日常安全管理""安全教育"三章,以比较多的条款对校内安全问题作出全面具体的规定,为落实关于校内安全的法律规定提供了较好的工作基础。在校舍安全方面,《义务教育法》第二十四条第二款以及"法律责任"一章中的第五十二条对政府保障校舍安全的义务作出了明确规定。《中小学幼儿园安全管理办法》则主要从学校加强安全工作的角度,对进行校舍安全检查和危房报告作出了规定,有利于各有关义务主体全面贯彻落实法律的规定,共同保障校舍安全和师生生命安全。① 总之,《中小学幼儿园安全管理办法》坚决贯彻《义务教育法》关于学校安全的规定,以多部门协作、多方面配合来保障师生安全。

2.建立了部门间相互协作的安全管理工作机制

《中小学幼儿园安全管理办法》第三章对校内安全管理制度建设提出了总的要求,同时对校长负责制、门卫制度、校内安全定期检查和危房报告制度、消防安全制度、食堂卫生制度、实验室管理制度、学生安全信息通报制度、住宿学生安全管理制度、校车管理制度、安全工作档案等学校应当建立健全的各项具体的安全管理制度作出了明确规定。第四章主要针对大型集体活动、体育活动、上下学与家长的交接、楼道上下秩序与晚自习等日常管理中容易发生安全事故的领域与环节作出了明确的安全管理要求,进一步明确了学生及其监护人的基本义务,建立了部门间相互协作的安全管理机制。

三、《教育部等九部门关于防治中小学生欺凌和暴力的指导意见》解读

2016年11月1日,教育部、中央综治办、最高人民法院、最高人民检察院、公安部、民政部、司法部、共青团中央、全国妇联九部门联合发布《教育部等九部门关于防治中小学生欺凌和暴力的指导意见》(简称《指导意见》)。

---

①苏婷,王友文.一切为了学生的安全健康成长:对《中小学幼儿园安全管理办法》的深度解读[N].中国教育报,2006-09-14.

（一）《指导意见》的出台背景

在党中央、国务院的正确领导下，在各级党委政府及教育、综治、公安、司法等有关部门和共青团、妇联等群团组织的共同努力下，发生在中小学生之间的欺凌和暴力事件得到遏制，预防青少年违法犯罪工作取得明显成效。但是，由于在落实主体责任、健全制度措施、实施教育惩戒、形成工作合力等方面还存在薄弱环节，少数地方学生之间欺凌和暴力问题仍时有发生，损害了学生的身心健康，造成了不良的社会影响。这些问题亟待解决，《指导意见》在此背景下产生。

（二）《指导意见》的主要内容

1.《指导意见》的基本框架

《指导意见》分为三部分：积极有效预防学生欺凌和暴力、依法依规处置学生欺凌和暴力事件、切实形成防治学生欺凌和暴力的工作合力。总计 11 条。

2.《指导意见》的重点内容

（1）积极有效预防学生欺凌和暴力

《指导意见》要求切实加强中小学生思想道德教育、法治教育和心理健康教育。开展“法治进校园”全国巡讲活动，引导学生理解基本的法律边界和行为底线，消除未成年人违法犯罪不需要承担任何责任的错误认识，养成遵规守法的良好行为习惯。切实加强家庭教育，从源头上预防学生欺凌和暴力行为发生。通过开展预防欺凌和暴力专题教育，提高学生对欺凌和暴力行为严重危害性的认识，增强自我保护意识和能力，自觉遵守校规校纪，做到不实施欺凌和暴力行为。对发现的欺凌和暴力事件线索和苗头要认真核实、准确研判，对早期发现的轻微欺凌事件，实施必要的教育、惩戒。强化学校周边综合治理，加强学生上下学重要时段、学生途经重点路段的巡逻防控和治安盘查。

（2）依法依规处置学生欺凌和暴力事件

一是要保护遭受欺凌和暴力学生身心安全。各地要建立中小学生欺凌和暴力事件及时报告制度，一旦发现学生遭受欺凌和暴力，学校和家长要及时相互通知，对严重的欺凌和暴力事件，要向上级教育主管部门报告，并迅速联络公安机关介入处置。二是要强化教育惩戒威慑作用。对实施欺凌和暴力的中小学生必须依法依规采取适当的矫治措施予以教育惩戒，既做到真情关爱、真诚帮助，力促学生内心感化、行为转化，又充分发挥教育惩戒措施的威慑作用。实施科学有效的追踪辅导。欺凌和暴力事件妥善处置后，学校要持续对当事学生追踪观察和辅导教育。学校要认真做好学生欺凌和暴力典型事件通报工作，既要充分发挥警示教育作用，又要注意不过分渲染事件细节。

（3）切实形成防治学生欺凌和暴力的工作合力

一是加强部门统筹协调。各地要把防治学生欺凌和暴力工作作为全面依法治国，建设社会主义和谐社会的重要任务。二是依法落实家长监护责任。引导广大家长要增强法治意识，掌握科学的家庭教育理念。要落实监护人责任追究制度。三是加强平安文明校园建设。提高学校治理水平，推进依法依规治校，建设无欺凌和暴力的平安文明校园。四是全社会共同保护未成年学生健康成长。要建立学校、家庭、社区(村)、公安、司法、媒体等各方面沟通协作机制，畅通信息共享渠道，进一步加强对学生保护工作的正面宣传引导。坚持标本兼治、常态长效，净化社会环境，强化学校周边综合治理，切实为保护未成年人平安健康成长提供良好社会环境。

(三)《指导意见》的影响

党的十九大报告指出，建设教育强国是中华民族伟大复兴的基础工程，必须把教育事业放在优先位置，深化教育改革，加快教育现代化，办好人民满意的教育。这是以习近平同志为核心的党中央对新时代教育工作的重大战略定位，深刻回答了新时代做好教育工作的一系列重大理论和实践问题，为推进新时代教育事业各方面工作提供了根本遵循和行动指南。校园欺凌和暴力虽然主要发生在校内，但成因很复杂，涉及学生心智、家庭引导、学校教育、社会治理等各个方面。[①]《指导意见》的颁布与实施，从学校、家庭、社会、司法等各个方面作出明确规定，建立了多位一体的保护机制，形成了防治学生欺凌和暴力的工作合力。

练习与思考

一、选择题

1. 11 岁的陈某参加了当地的一个团伙，学校发现该团伙有违法犯罪行为。依据《中华人民共和国预防未成年人犯罪法》，学校应当及时报告的部门是(　　)。

A. 教育行政部门　　B. 人民法院

C. 当地人民政府　　D. 公安机关

2. 小学生罗某在学校组织的体育活动中受伤，学校和学生家长书面请求教育主管部门进行调解。根据《学生伤害事故处理办法》，该主管部门完成调解的时间应为(　　)。

A. 受理申请之日起 60 日内　　B. 受理申请之日起 45 日内

C. 受理申请之日起 30 日内　　D. 受理申请之日起 15 日内

3.《中华人民共和国未成年人保护法》中，所称未成年人是指(　　)。

A. 未满 12 周岁的公民　　B. 未满 14 周岁的公民

C. 未满 16 周岁的公民　　D. 未满 18 周岁的公民

---

①李宏葵. 治理校园欺凌 为孩子撑起一片清朗的天空[EB/OL]. (2018-04-18)[2020-03-28]. http://www.moe.gov.cn/jyb_xwfb/moe_2082/zl_2017n/2017_zl76/201804/t20180418_333535.html.

4. 某偏远山区，交通不便，儿童居住较为分散，为保障当地适龄儿童接受义务教育，根据《中华人民共和国义务教育法》的规定，县级人民政府可以采取的措施是(　　)。

A. 设置走读学校　　B. 设置寄宿制学校

C. 设置家庭学校　　D. 设置半日制学校

5. 张某和李某两家世代交好，他们为双方的未成年子女订立了婚约。张某和李某的做法(　　)。

A. 合法，父母享有对子女的监护权

B. 合法，父母享有对子女的管教权

C. 不合法，订立婚约应征得双方子女同意

D. 不合法，父母不得为未成年人订立婚约

6. 小学生姚某经常扰乱课程秩序，学校责令家长将姚某转走，否则予以开除。该校的做法(　　)。

A. 正确，学校拥有教学管理权力

B. 正确，维护了正常的教学秩序

C. 不正确，学校应对姚某长期停课

D. 不正确，学校应对姚某批评教育

7.《中华人民共和国义务教育法》规定，我国中小学校实行(　　)。

A. 校长负责制　　B. 校长责任制

C. 党委领导下的校长负责制　　D. 党委领导下的校长责任制

8. 12 岁的小亮因为家里经济状况不好，放学后到饭店打工，饭店老板了解情况后聘用了他，并为他安排了较为清闲的工作。该饭店老板的做法(　　)。

A. 合法，有利于改善小亮家庭的经济状况

B. 合法，有利于锻炼小亮的自立能力

C. 不合法，任何人不得非法招用童工

D. 不合法，没有取得小亮监护人的同意

9. 小学生杨某在放学途中，在人行道上被电动车撞伤，对杨某所受伤害，应承担赔偿责任的是(　　)。

A. 学校　　B. 车主　　C. 杨某的监护人　　D. 车主和学校

10. 小学生小光放学回家后被妈妈责骂了一顿，一气之下跑到好朋友小亮家里要求借宿一晚，小亮的父母答应了。关于小亮的父母对小光的留宿行为，下列选项中不正确的是(　　)。

A. 小亮的父母应及时向当地公安机关报告

B. 小亮的父母可以留宿小光以保护小光的人身安全

C. 小亮的父母应该在 24 小时内及时通知小光的父母

D. 小亮的父母应该在 24 小时内及时通知小光所在学校

二、材料分析题

11. 某天课间操时分，开着校门的某地某学校，走进一个西装革履的男子，没有人询问他是谁，要干什么。于是，他大摇大摆地登上学校二楼教室，一个学生恰好从他身边经过，被他抓起来扔下楼，摔死了。经法院查明，该男子患有精神病。学校被判决承担安全责任，对该学生家长给予大额经济赔偿。之后，该校校长，一个兢兢业业的老教师被撤职。

请简要分析此案例。

12. 1999 年 4 月 8 日，某中学语文教师张某正在讲台上批改作业，这时，14 岁的叶某与同桌因为座位用得多少发生争吵，继而动起手来。张老师很恼怒，在把他们推往教室外面的途中，二人的脑袋撞在了一起。放学回家后的叶某，精神出现异常现象，目光呆滞，不与别人说话，夜间哭醒，并胡说一些惊恐害怕的话，一直持续到天亮。第二天，在叶氏夫妇和校方的帮助下，叶某先后被送往几家医院看病，但病情一直未能好转，其间一直未到校上学。1999 年 11 月 5 日，叶某被送往市第二精神病医院，被诊断为反应性精神病，脑血管痉挛。由于多次向张某讨要医药费未果，家长一纸诉状将校方和张某诉至市中级人民法院，诉请被告学校承担为女儿治病支付的医疗等各种费用 35 881 元，另要求精神抚慰金 25 万元。法院经审理认为，由于被告不当的教育方式导致的原告受伤的后果是因被告张某是在教学活动中履行教学职责时发生的侵权行为，故学校应承担赔偿责任。因此，判决被告法人单位学校负主要责任，赔偿原告叶某医疗费、住院伙食补助费、后续治疗费、陪护人员误工费、交通费、杂支费、鉴定费及精神抚慰费共计 45 000 元。

请分析此案例。

第八章 我国高等教育与职业教育法律法规

◆思维导图

- 我国高等教育与职业教育法律法规
  - 《中华人民共和国高等教育法》解读
    - 《高等教育法》的立法背景
    - 《高等教育法》的主要内容
    - 《高等教育法》的影响
  - 《中华人民共和国学位条例》解读
    - 《学位条例》的立法背景
    - 《学位条例》的主要内容
    - 《学位条例》的影响
  - 《普通高等学校学生管理规定》解读
    - 《管理规定》的修订背景
    - 《管理规定》的主要内容
    - 《管理规定》的影响
  - 《中华人民共和国职业教育法修订草案（征求意见稿）》解读
    - 《修订案》的出台背景
    - 《修订案》的主要内容
    - 《修订案》的影响

◆学习目标

1. 了解《中华人民共和国高等教育法》的规定，理解和掌握高等教育的基本制度、高校的权利与义务、高校教师的权利与义务、高校学生的权利与义务。

2. 了解《中华人民共和国学位条例》的规定，理解和掌握学位的分级及标准。

3.了解《普通高等学校学生管理规定》的规定，理解和掌握学生的权利与义务、学生处分与申诉程序。

4.了解《中华人民共和国职业教育法修订草案(征求意见稿)》的出台背景、主要内容和影响。

◆学习重点

1.《中华人民共和国高等教育法》中所规定的学生权利与义务；《普通高等学校学生管理规定》中所规定的学生权利与义务。

2.我国学位制度的分级。

3.学生处分与申诉程序。

4.职业学校教师资格以及担任职业学校教师的相关条件。

|第一节|
《中华人民共和国高等教育法》解读

1998 年 8 月 29 日,《中华人民共和国高等教育法》(简称《高等教育法》)在第九届全国人民代表大会常务委员会第四次会议上通过,并于 1999 年 1 月 1 日正式施行。该法律主要调整高等教育领域的社会关系,是高等教育领域的教育单行法律。该法律在 2015 年、2018 年先后经过两次修正。

一、《高等教育法》的立法背景

(一)《高等教育法》的立法背景

1.高等教育领域急需专门法律进行规范

十一届三中全会以后,国家经济建设需要大量人才,高考的恢复标志着高等教育恢复发展。[①] 在这一阶段,关于高等教育的法制建设虽然取得了一定的成果,但是还存在规定比较分散、位阶较低等问题,其中最大的缺陷还是这些法规、规章、条例等未涉及高等教育发展的深层次矛盾。而当时我国高等教育最突出的问题就是高校的发展严重滞后于社会政治经济的发展,其根本原因在于长期以来我国高校实行计划管理模式,存在着国家对高校统得过死、高校没有办学自主权、资源配置不合理、办学与社会不接轨等诸多弊端。这种体制在一定程度上制约了高校的进一步发展,为改善这种高校发展与社会发展不协调、高校发展难以适应社会发展需求的现状,我国迫切需要起草一部专门的、系统的《高等教育法》,以激励、保障、规范和约束高等教育的各种活动,因此,《高等教育法》立法事宜成了当时我国教育事业发展中的头等大事。[②]

2.响应国家提出加快法制建设、走依法治教道路的号召

为保障高等教育长期平稳发展,自 20 世纪 80 年代以来,高等教育立法的呼声越来越大。1993 年,《中国教育改革和发展纲要》提出要加快教育法制建设,建立和完善执法监督系统,逐步走上依法治教轨道;制定教育法律、法规,要注意综合配套,逐步完善;要抓紧草拟基本的教育法律、法规和当前急需的教育法律、法规,争取到 20 世纪末,初步建立起教育法律、法规体系的框架。在《中国教育改革和发展纲要》指示下,高等教育立法被纳入议事日程。[③]

---

①申素平,邓雨薇.我国高等教育法治 70 年发展史[J].教育发展研究,2019(17):33—38.

②包万平,李金波.《高等教育法》的制定、完善及未来面向[J].中国高教研究,2016(8):35—41.

③申素平,邓雨薇.我国高等教育法治 70 年发展史[J].教育发展研究,2019(17):33—38.

(二)《高等教育法》的立法过程

20世纪80年代,以国家教育委员会等为牵头单位的《高等教育法》立法工作小组成立,专门推进《高等教育法》的立法工作。鉴于当时我国高等教育的发展水平,该法在起草初期就确立了立法的几个基本原则:一是注重从我国高等教育实际出发,积极借鉴吸收国外经验;二是立足现实,适当超前;三是注意研究我国高等教育中存在的突出问题,加强立法针对性。为此,《高等教育法》在起草的过程中,特别注重总结吸取新中国高等教育改革发展的基本经验,尤其是改革开放以来的各方面经验,以及借鉴国外发展高等教育的成功经验。1997年初,《高等教育法(草案)》基本成型。1997年6月,《高等教育法(草案)》在国务院第五十七次常务会议讨论和第八届全国人民代表大会常务委员会第二十六次会议审议之后,被发到全国各地征求意见。根据各个方面的反馈意见,全国人民代表大会常务委员会法制工作委员会和国家教育委员会召开委员长会议,听取了《高等教育法(草案)》修改意见的汇报,并决定将草案修改稿提请全国人民代表大会常务委员会第二十九次会议第二次审议。1998年4月,第九届全国人民代表大会常务委员会第二次会议进行第三次审议,会议对高校内部的领导体制等问题提出了修改意见。之后,在全国人民代表大会法律委员会进行了两次审议并修改后,草案提交第九届全国人民代表大会第四次会议再次审议。1998年8月29日,《高等教育法》获得通过并于1999年1月1日开始施行。①

《高等教育法》从起草至最后通过历时13年,历经全国人民代表大会常务委员会的四次审议,审议次数之多在新中国教育法制史上是空前的,②这也充分证明了《高等教育法》的重要性。

二、《高等教育法》的主要内容

《高等教育法》作为一部规范高等教育内外部社会关系和自身组织活动的法律,兼具总结性、预见性和前瞻性,通过法律形式全面总结了我国多年来高等教育发展的经验,同时也较为明确地回答了高校发展中的一系列重大问题,如政府与高校的关系、高校办学自主权、高校内部管理体制等,为后来高等教育事业的进一步改革与发展指明了方向。③《高等教育法》共8章69条,对高等教育的立法宗旨、活动原则、基本制度、高等学校的设立、权利和义务、内部管理体制、教师和学生、投入与保障等方面作出了具体的规定。

---

①包万平,李金波.《高等教育法》的制定、完善及未来面向[J].中国高教研究,2016(8):35—41.
②申素平,邓雨薇.我国高等教育法治70年发展史[J].教育发展研究,2019(17):33—38.
③包万平,李金波.《高等教育法》的制定、完善及未来面向[J].中国高教研究,2016(8):35—41.

(一)《高等教育法》的立法宗旨

《高等教育法》第一条明确指出:“为了发展高等教育事业,实施科教兴国战略,促进社会主义物质文明和精神文明建设,根据宪法和教育法,制定本法。”由此可见,本法的立法宗旨主要体现在以下三个方面。

1. 发展高等教育事业

我国的高等教育在新中国成立后得到了迅速的发展,但是还远远不能满足社会经济发展的需要,因此需要积极发展高等教育,通过高等教育培养社会所需人才。目前,高等教育已然从大众化阶段进入普及化阶段,高等教育在我国现代化建设中发挥着越来越重要的影响。为了使我国的高等教育事业持续地深入发展,需要不断完善《高等教育法》,健全我国高等教育领域的基本制度,全面规范高等教育各主体之间的关系。

2. 实施科教兴国战略

科教兴国战略即在科学技术是第一生产力思想的指导下,坚持以教育为本,把科技和教育摆在经济、社会发展的重要位置,增强国家的科技实力和科学技术向现实生产力转化的能力,提高科技对经济的贡献率,提高全民族科学文化素质,把经济建设转移到依靠科技进步和提高劳动者素质的轨道上来,加速实现国家的繁荣昌盛。实施科教兴国战略,要求全面改革我国的科教体系,建立或改革国家知识创新体系、知识传播体系和知识运用体系。而高等教育兼有知识传播、知识创新、人才培养和知识运用等重要功能,是国家创新体系的重要组成部分。为使高等教育的发展适应实施科教兴国战略的要求,需要制定并不断完善《高等教育法》。在整部法律中,“实施科教兴国战略”这一宗旨被贯穿始终,成为整部法律的原则和灵魂。①

3. 促进社会主义物质文明和精神文明建设

社会主义建设需要依靠教育,这是在我国社会主义建设中总结正反两方面经验教训得出的一条重要结论。几十年来,我国高等教育对社会生产力的发展具有巨大的促进作用,推动着物质文明的进步;同时,在舆论宣传、思想传播、人才培养等方面的作用也无可替代,建设着社会主义精神文明。不仅如此,发展高等教育本身也是加强社会主义物质文明建设与精神文明建设的重要表现。②

(二)《高等教育法》的适用范围

《高等教育法》第二条规定:“在中华人民共和国境内从事高等教育活动,适用本法。”这表明本法的空间适用范围是:第一,一切在我国境内从事高等教育活动的个人。根据《高等教育法》第六十七条规定:“中国境外个人符合国家规定的条件并办理有关手续后,可以进入中国境内高等学校学习、研究、进行学术交流或者任教,其

①张乐天.教育政策法规的理论与实践[M].上海:华东师范大学出版社,2002:161.

②董竞,宋彬,张妍.教育政策法规[M].北京:航空工业出版社,2017:230.

合法权益受国家保护。”第二，一切在我国境内从事高等教育活动的组织，包括高等学校、经批准承担研究生教育任务的科学研究机构和其他高等教育机构。①

《高等教育法》第六十九条规定：“本法自1999年1月1日起施行。”这表明了本法的时间适用范围。2018年修正的条款自2018年12月29日起施行。

(三)高等教育活动的原则

高等教育活动的原则是在高等教育活动中必须遵循的基本要求和行为准则，是根据高等教育活动的规律和特点，在实践的基础上总结出来的。

高等教育应当遵循的原则主要有：社会主义方向性原则、教育机会均等原则、国家重视发展和改革高等教育的原则、社会参与原则、高等学校依法自主办学原则、高等学校依法民主管理原则、学术自由原则、民族性与国际性相结合的原则等。

社会主义方向性原则是我国高等教育活动必须遵循的基本原则。首先，高等教育工作必须坚持以马克思列宁主义、毛泽东思想、邓小平理论为指导，高等教育的目标、内容、方法以及措施都要坚持社会主义方向。其次，高等教育工作必须紧紧围绕国家提出的培养目标及新时期培养人才的要求进行。《高等教育法》第四条言简意赅地对培养人才的规格即高等教育的培养目标进行了全面规划：“高等教育必须贯彻国家的教育方针，为社会主义现代化建设服务、为人民服务，与生产劳动和社会实践相结合，使受教育者成为德、智、体、美等方面全面发展的社会主义建设者和接班人。”显而易见，我们的高等教育是社会主义的高等教育，必须坚持社会主义的办学方向，培养为社会主义现代化服务的人才。②

(四)高等教育的基本制度

高等教育制度指的是高等学校教育系统，规定了高等教育的任务、学业标准、入学条件、修业年限以及它们之间的衔接和关系。

1.高等教育的任务

《高等教育法》第五条规定：“高等教育的任务是培养具有社会责任感、创新精神和实践能力的高级专门人才，发展科学技术文化，促进社会主义现代化建设。”这表明了高等教育的三大任务：培养人才、科学研究与社会服务。

2.高等教育的学业标准

高等教育包括学历教育和非学历教育。学历教育就是学习过程结束以后即可获得相应国家承认的毕业证书等学历证明的教育。而非学历教育则不能获得此类证明。《高等教育法》第十六条规定：“高等学历教育分为专科教育、本科教育和研究生教育。”同时还详细指出这三种高等学历教育应当符合的学业标准：

第一，专科教育应当使学生掌握本专业必备的基础理论、专门知识，具有从事本

---

①董竞，宋彬，张妍.教育政策法规[M].北京：航空工业出版社，2017：231.

②张乐天.教育政策法规的理论与实践(第三版)[M].上海：华东师范大学出版社，2015：167.

专业实际工作的基本技能和初步能力；

第二，本科教育应当使学生比较系统地掌握本学科、专业必需的基础理论、基本知识，掌握本专业必要的基本技能、方法和相关知识，具有从事本专业实际工作和研究工作的初步能力；

第三，硕士研究生教育应当使学生掌握本学科坚实的基础理论、系统的专业知识，掌握相应的技能、方法和相关知识，具有从事本专业实际工作和科学研究工作的能力。博士研究生教育应当使学生掌握本学科坚实宽广的基础理论、系统深入的专业知识、相应的技能和方法，具有独立从事本学科创造性科学研究工作和实际工作的能力。

3.入学教育和修业年限

《高等教育法》对专科教育、本科教育、研究生教育的入学条件及修业年限进行了规定：高级中等教育毕业或者具有同等学力的，经考试合格，由实施相应学历教育的高等学校录取，取得专科生或者本科生入学资格。专科教育的基本修业年限为二至三年，本科教育的基本修业年限为四至五年。本科毕业或者具有同等学力的，经考试合格，由实施相应学历教育的高等学校或者经批准承担研究生教育任务的科学研究机构录取，取得硕士研究生入学资格。硕士研究生教育的基本修业年限为二至三年。硕士研究生毕业或者具有同等学力的，经考试合格，由实施相应学历教育的高等学校或者经批准承担研究生教育任务的科学研究机构录取，取得博士研究生入学资格。同时，允许特定学科和专业的本科毕业生直接取得博士研究生入学资格，具体办法由国务院教育行政部门规定。博士研究生教育的基本修业年限为三至四年。

此外，《高等教育法》还规定，非全日制高等学历教育的修业年限应当适当延长。高等学校根据实际需要，可以对本学校的修业年限作出调整。

（五）高等学校的设立

《高等教育法》第三章就设立高等学校的基本要求、基本条件、基本材料、基本程序作出了规定。

1.设立高等学校的基本要求

《高等教育法》第二十四条规定了在我国设立高等学校的基本要求是："设立高等学校，应当符合国家高等教育发展规划，符合国家利益和社会公共利益。"

2.设立高等学校的基本条件

设立高等学校，首先，应当具备《教育法》所规定的四个基本条件，即有组织机构和章程；有合格的教师；有符合规定标准的教学场所及设施、设备等；有必备的办学资金和稳定的经费来源。其次，还应当具备《高等教育法》所规定的特殊条件：大学或者独立设置的学院还应当具有较强的教学、科学研究力量，较高的教学、科学研究水平和相应规模，能够实施本科及本科以上教育。大学还必须设有三个以上国家规定的学科门类为主要学科。设立高等学校的具体标准由国务院制定。

3.设立高等学校的基本材料

《高等教育法》第二十七条规定，申请设立高等学校的，应当向审批机关提交相应的材料。这些材料主要是：申办报告；可行性论证材料；章程；审批机关依照本法规定要求提供的其他材料。《高等教育法》第二十八条规定，高等学校的章程应当规定以下事项：学校名称、校址；办学宗旨；办学规模；学科门类的设置；教育形式；内部管理体制；经费来源、财产和财务制度；举办者与学校之间的权利、义务；章程修改程序；其他必须由章程规定的事项。

4.设立高等学校的基本程序

《高等教育法》第二十九条规定，设立高等学校实行分级审批专家评审，具体内容如下：设立实施本科及以上教育的高等学校，由国务院教育行政部门审批；设立实施专科教育的高等学校，由省、自治区、直辖市人民政府审批，报国务院教育行政部门备案；设立其他高等教育机构，由省、自治区、直辖市人民政府教育行政部门审批。审批设立高等学校和其他高等教育机构应当遵守国家有关规定。审批设立高等学校，应当委托由专家组成的评议机构评议。

高等学校和其他高等教育机构分立、合并、终止，变更名称、类别和其他重要事项，由原审批机关审批；修改章程，应当根据管理权限，报国务院教育行政部门或者省、自治区、直辖市人民政府教育行政部门核准。

（六）高等学校的权利和义务

拥有办学自主权，是高等学校具有的组织特征之一。《高等教育法》明确了高等学校多方面的自主权，确定了学校办学自主权的具体范围，同时也规定了高等学校应履行义务的范围。

1.高等学校应享有的权利

《高等教育法》规定高等学校的办学自主权主要包括：招生自主权、学科专业设置和教学自主权、科研开发和社会服务自主权、机构设置与人事分配权、财产管理使用权以及自主开展国际交流和合作的权利等。

2.高等学校需履行的义务

高等学校在享受权利的同时，必须履行相应的义务。根据《高等教育法》的规定，高等学校履行的义务主要包括：第一，以培养人才为中心，开展教学、科学研究和社会服务，保证教育教学质量达到国家规定的标准；第二，通过以教师为主体的教职工代表大会等组织形式，依法保障教职工参与民主管理和监督，维护教职工合法权益；第三，建立本学校办学水平、教育质量的评价制度，及时公开相关信息，接受社会监督；第四，为教师参加有关进修，开展学术交流提供条件；第五，为大学生的学习与就业,大学生参加社会服务和勤工俭学的活动,提供相应的管理。

(七)高等学校的内部管理体制

高等学校内部管理体制是高等学校关于领导分工、机构设置、管理权限以及相互关系的组织制度,它直接支配着高等学校的管理工作。

《高等教育法》第三十九条规定:“国家举办的高等学校实行中国共产党高等学校基层委员会领导下的校长负责制。”并规定了党委领导和校长的职责。

1. 中国共产党高等学校基层委员会领导职责

中国共产党高等学校基层委员会按照中国共产党章程和有关规定,统一领导学校工作,支持校长独立负责地行使职权,其领导职责主要是:执行中国共产党的路线、方针、政策,坚持社会主义办学方向,领导学校的思想政治工作和德育工作,讨论决定学校内部组织机构的设置和内部组织机构负责人的人选,讨论决定学校的改革、发展和基本管理制度等重大事项,保证以培养人才为中心的各项任务的完成。社会力量举办的高等学校的内部管理体制按照国家有关社会力量办学的规定确定。

2. 高等学校校长的任职条件与职权

《高等教育法》第四十条对高等学校校长的任职条件作了专门的规定:“高等学校的校长,由符合教育法规定的任职条件的公民担任。高等学校的校长、副校长按照国家有关规定任免。”

《高等教育法》第四十一条规定,高等学校的校长全面负责本学校的教学、科学研究和其他行政管理工作,行使下列职权:第一,拟订发展规划,制定具体规章制度和年度工作计划并组织实施;第二,组织教学活动、科学研究和思想品德教育;第三,拟订内部组织机构的设置方案,推荐副校长人选,任免内部组织机构的负责人;第四,聘任与解聘教师以及内部其他工作人员,对学生进行学籍管理并实施奖励或者处分;第五,拟订和执行年度经费预算方案,保护和管理校产,维护学校的合法权益;第六,章程规定的其他职权。高等学校的校长主持校长办公会议或者校务会议,处理前款规定的有关事项。

《高等教育法》明确而具体地规定了高等学校党委的领导职责和校长的职权,有利于在实际工作中更好地坚持和执行党委领导下的校长负责制。实践证明,这种由高校党委会集体领导学校的思想政治工作和德育工作,集体讨论决定关系学校改革和发展的重大事项;由校长全面负责学校的教学、科研和其他行政管理工作的高校内部管理体制,是符合我国国情和高等学校实际情况的,高校党委会和校长都要按照《高等教育法》的要求,各司其职,相互配合,共同管理好学校。[①]

(八)高等学校的教师

教师是高等教育活动中一个重要主体,我国《教育法》和《教师法》对这一主体的

---

①董竞,宋彬,张妍. 教育政策法规[M]. 北京:航空工业出版社,2017:229—230.

权利和义务已经作了全面阐述和规定。《高等教育法》根据高等教育特点及教师在高等教育中的重要地位，规定在高等学校教师中实行教师资格制度、教师职务制度和教师聘任制度。在高等学校教育管理人员中实行教育职员制度，以此来保证大学人才的流动与竞争，建立合理的高校教师制度。①

1.教师资格制度

《高等教育法》就取得高等学校教师资格的条件，担任相应教师职务的条件，以及教师聘任的原则和基本形式作了明确规定。作为高等学校教师，首先必须取得高等学校教师资格。《高等教育法》第四十六条规定："高等学校实行教师资格制度。中国公民凡遵守宪法和法律，热爱教育事业，具有良好的思想品德，具备研究生或者大学本科毕业学历，有相应的教育教学能力，经认定合格，可以取得高等学校教师资格。不具备研究生或者大学本科毕业学历的公民，学有所长，通过国家教师资格考试，经认定合格，也可以取得高等学校教师资格。"

2.教师职务制度

取得高等学校教师资格的教师，可以担任相应的教师职务。《高等教育法》第四十七条规定，高等学校的教师职务设助教、讲师、副教授、教授四种，高等学校教师担任相应教师职务除具备教师资格证这一基本条件外，还应当具备以下基本条件：系统地掌握本学科的基础理论；具备相应职务的教育教学能力和科学研究能力；承担相应职务的课程和规定课时的教学任务。

教授、副教授除应当具备以上基本任职条件外，还应当对本学科具有系统而坚实的基础理论和比较丰富的教学、科学研究经验，教学成绩显著，论文或者著作达到较高水平或者有突出的教学、科学研究成果。

3.教师聘任制度

《高等教育法》第四十八条规定，教师经评定具备任职条件的，由高等学校按照教师职务的职责、条件和任期聘任。高等学校的教师的聘任，应当遵循双方平等自愿的原则，由高等学校校长与受聘教师签订聘任合同。

（九）高等学校的学生

受教育者是高等教育活动中又一重要主体，《教育法》对这一主体的权利和义务作了明确的阐述，这些规定也同样适用于高等学校的学生。但高等教育有其特殊性，因此《高等教育法》第六章对高等学校学生的权利和义务作了一系列的补充规定。

高等学校学生除享有《教育法》规定的权利外，还享有以下权利：第一，在课余时间可以参加社会服务和勤工助学活动；第二，可以在校内组织学生团体；第三，家庭经济困难的学生，可以申请补助或者减免学费。

---

①张乐天.教育政策法规的理论与实践(第三版)[M].上海：华东师范大学出版社，2015：168.

同时，高等学校学生还应当履行以下义务：第一，按照国家规定缴纳学费；第二，获得贷学金及助学金的学生，应当履行相应的义务；第三，参加社会服务和勤工助学活动不得影响学业任务的完成，且接受学校的引导和管理；第四，学生团体在法律、法规规定的范围内活动，服从学校的领导和管理。

(十)高等教育的投入和条件保障

对于高等教育的经费投入，《高等教育法》第六十条规定："高等教育实行以举办者投入为主、受教育者合理分担培养成本、高等学校多种渠道筹措经费的机制。国务院和省、自治区、直辖市人民政府依照教育法第五十六条的规定，保证国家举办的高等教育的经费逐步增长。国家鼓励企业事业组织、社会团体及其他社会组织和个人向高等教育投入。"

关于高等教育的条件保障，《高等教育法》也作了相应规定：第一，高等学校的举办者应当保证稳定的办学经费来源，不得抽回其投入的办学资金。第二，国务院教育行政部门会同国务院其他有关部门根据在校学生年人均教育成本，规定高等学校年经费开支标准和筹措的基本原则；省、自治区、直辖市人民政府教育行政部门会同有关部门制定本行政区域内高等学校年经费开支标准和筹措办法，作为举办者和高等学校筹措办学经费的基本依据。第三，国家对高等学校进口图书资料、教学科研设备以及校办产业实行优惠政策。高等学校所办产业或者转让知识产权以及其他科学技术成果获得的收益，用于高等学校办学。第四，高等学校收取的学费应当按照国家有关规定管理和使用，其他任何组织和个人不得挪用。第五，高等学校应当依法建立、健全财务管理制度，合理使用、严格管理教育经费，提高教育投资效益。高等学校的财务活动应当依法接受监督。

三、《高等教育法》的影响

《高等教育法》自颁布实施起，对我国高等教育各项事务进行协调与规范，对高等教育发展与改革产生了深远的影响。2019 年 6 月至 9 月，全国人民代表大会常务委员会组成执法检查组开展了《高等教育法》执法检查，这是《高等教育法》颁布以来首次开展的执法检查。同年 10 月 21 日，全国人民代表大会常务委员会副委员长王晨在第十三届全国人民代表大会常务委员会第十四次会议上作了关于检查《高等教育法》实施情况的报告。报告对《高等教育法》自实施以来的效果及存在的问题进行了详细介绍。报告具体内容如下。

(一)实施成效

《高等教育法》实施以来，特别是党的十八大以来，在党中央坚强领导下，国务院及地方各级政府认真贯彻法律规定，推动高等教育事业科学发展，在 20 年时间内高等教育实现了从精英化到大众化并向普及化迈进的历史性跨越。2018 年，全国普通高校 2 663 所，是 1998 年的 2.6 倍；高等教育在学总规模 3 833 万人，是 1998 年的 4.5 倍；高等教育毛入学率为 48.1%，是 1998 年的 4.9 倍。当前，我国已建成世界最大规模的高等教育体系，人才培养质量和科学研究水平稳步提升，对国家发展贡献度不断提高，国际影响力不断增强，高等教育事业改革与发展取得了举世瞩目的伟大成就。

1.党对高等教育的领导全面加强

各地各高校围绕“培养什么人、怎样培养人、为谁培养人”这一根本问题，把加强党对高校的全面领导贯彻到办学治校、人才培养全过程。“我们的高校是党领导下的高校，是中国特色社会主义高校”这一要求得到明显强化。在落实《高等教育法》第三十九条规定方面，坚持和完善党委领导下的校长负责制，中共中央办公厅出台《关于坚持和完善普通高等学校党委领导下的校长负责制的实施意见》，各地都制定了实施细则，全国公办高校章程均作了明确规定。党的十八大以来，高校党委的领导作用充分发挥，把方向、管大局、作决策、抓班子、带队伍、保落实的领导职责充分体现。

2.人才培养质量不断提升

在落实《高等教育法》第四条、第五条规定方面，各高校坚持立德树人，培养德智体美劳全面发展的社会主义建设者和接班人。中共中央办公厅、国务院办公厅印发《关于深化新时代学校思想政治理论课改革创新的若干意见》，全面推动习近平新时代中国特色社会主义思想进教材进课堂进头脑。750 所高校设置马克思主义学院，加强思政课教师队伍建设，全面修订马克思主义理论研究和建设工程重点教材，创新思政课教学模式。健全全员全过程全方位育人的体制机制，教育部推进两批共 8 省市、25 所高校、92 个院系“三全育人”综合改革试点。教育部出台《关于加快建设高水平本科教育 全面提高人才培养能力的意见》，实施覆盖文理工农医教领域的卓越人才教育培养计划、基础学科拔尖学生培养计划，构建校企协同育人机制。南京大学等高校探索“三三制”本科人才培养体系，四川大学等高校以课堂教学改革为突破口建设一流本科教育，北京大学、清华大学、北京航空航天大学等高校积极探索创新人才培养新模式。国务院印发《国家职业教育改革实施方案》，全国组建约 1 400 个职教集团，吸引约 3 万家企业参与。天津、江苏、湖南、广东等省（市）大力推广现代学徒制、订单培养等“精准对接、精准育人”模式。国务院办公厅印发《关于全面加强和改进学校美育工作的意见》，全面推进高校美育工作。

3.服务发展能力逐步增强

在落实《高等教育法》第六条、第七条规定方面，高等教育区域布局结构进一步调整，服务国家战略和地方经济社会发展能力不断增强。法律实施以来，全国新设本专科学校 60%以上分布在中西部，东中西部高校数量和常住人口比例已经基本持平。新设院校向非省会城市布点，绝大多数地级市设有普通高校。山西、安徽、广西、贵州、陕西等地分类引导高校找准发展定位和服务面向，优化调整学科专业结构，实现人才链和产业链对接。高校作为主要完成单位获得2018年度国家科学技术进步奖三大奖通用项目占全国总项数的82.6%，产出哲学社会科学研究成果占全国的80%，在凝聚态物理、超级计算机、量子通信等领域取得一批标志性成果。137所“双一流”建设高校承担了63%的国家自然科学基金重点项目、69%的国家自然科学基金重大研究计划、73%的国家社会科学基金重大项目。

4.教师队伍建设取得积极成效

在落实《高等教育法》第五章规定方面，各地各高校持续加强教师队伍建设，不断提升教师教书育人能力。中共中央、国务院印发《中共中央 国务院关于全面深化新时代教师队伍建设改革的意见》，推进师德师风建设，引导广大教师报效祖国、奉献社会，涌现出李保国、黄大年等一大批优秀教师。建设国家、高校两级教师教学发展中心，广泛开展教师能力提升培训。辽宁、浙江、福建实施高校中青年学科带头人和骨干教师培养计划。加强高层次人才队伍建设，培养吸引学术大师和学科带头人。完善教师管理和考核评价机制，清华大学等高校出台完善学术评价制度的文件，复旦大学等高校制定代表性成果评价机制，确立重师德师风、重真才实学、重质量贡献的评价导向。明确新时代教师行为十项准则，严肃处理师德失范行为，为教师职业行为划出禁行底线。

5.考试招生制度改革稳妥推进

在落实《高等教育法》第十九条规定方面，2014年全面启动新一轮考试招生制度改革，已有三批14个省市启动高考综合改革，社会总体反响积极正面。26个省份使用统一命题试卷，试题内容着重考查学生运用所学知识解决实际问题的能力。大幅减少和规范高考加分，全国性加分项目从11个减至5个，地方性加分项目从2014年的95个减至2018年的35个。实施支援中西部地区招生协作计划。2015年以来，新增招生计划主体全部投向中西部地区和人口大省。实施重点高校招收农村和贫困地区学生专项计划，累计录取农村和贫困地区大学生57万余人。2019年共有22.4万名随迁子女在流入地报名高考。推进高职分类招考改革工作，全国通过分类招考进入高职阶段学习的学生每年超过200万人，北京相关学生比例已经达到70%以上。健全资助政策体系，自2012年起累计资助学生2.87亿人次，资助经费总投入5 843.66亿元，基本实现了“不让一个学生因家庭经济困难而失学”的目标。

6.“放管服”改革持续深化

在落实《高等教育法》第十一条规定方面，各级政府加快职能转变、促进简政放权，依法保障高校办学自主权。教育部、中央编办、发展改革委、财政部、人力资源和社会保障部等五部门出台《关于深化高等教育领域简政放权放管结合优化服务改革的若干意见》。教育部取消和下放涉及高校的16项行政审批事项，取消全部非行政许可审批事项，取消涉及高校的17项职责，下放12项职责。上海制定《高等教育促进条例》，将“放管服”改革举措上升为地方性法规。黑龙江、甘肃试点实行高校人员控制总量备案管理，推动解决高校编制紧张难题。全国普遍建立了以高校自我评估为基础，以院校评估、学科专业评估及认证、常态监测为主要内容的评估体系。上海、重庆成立教育评估院，制定地方教育评估标准。加快中国特色现代大学制度建设，全国2 000多所高校基本完成了章程制定和核准工作，初步实现“一校一章程”。

（二）主要问题

面对新形势、新任务、新要求，高等教育改革发展与党中央的要求，与广大人民群众对更加公平、更有质量的高等教育需求相比，仍有不小差距，《高等教育法》实施还存在一些薄弱环节和突出问题，主要表现在以下几个方面：一是高校党建和思想政治工作仍需加强；二是人才培养中心地位不够巩固；三是高校科研创新存在短板；四是服务支撑经济社会发展能力还不够强；五是高等教育布局结构不尽合理；六是教师队伍建设亟待加强；七是考试招生制度改革还需加大力度；八是“放管服”改革尚未完全落地；九是投入不平衡问题突出。①

---

①王晨.全国人民代表大会常务委员会执法检查组关于检查《中华人民共和国高等教育法》实施情况的报告[R/OL].(2019-10-21)[2020-03-03].http://www.npc.gov.cn/npc/c30834/201910/5e021a6d9c5f4577a0a090c9757ed640.shtml.

第二节
《中华人民共和国学位条例》解读

1980年2月12日,第五届全国人民代表大会常务委员会第十三次会议通过了《中华人民共和国学位条例》(简称《学位条例》),这是新中国颁布的第一部教育法律。《学位条例》的制定,表明新中国学位制度从此诞生,标志着新中国教育开始走上法制化轨道,极大地推动了"尊重知识、尊重人才"社会风气的形成,开启了中国独立培养高层次人才的辉煌征程。① 值得注意的是,《学位条例》虽然在名称上冠以"条例",其实际效力却属于法律层级。《学位条例》自制定实施以来的近40年时间里,指导我国学位与研究生教育取得了巨大的成就,虽然2004年进行过一次修正,但是随着高等教育的不断发展,《学位条例》与现实情况在一定程度上存在脱节的现象,有关《学位条例》的修订正在酝酿。②

一、《学位条例》的立法背景

(一)立法背景

1.制定并颁发《学位条例》是满足我国研究生教育的恢复与对外交流的需要

党的十一届三中全会作出了将全国工作重点转移到以经济建设为中心的社会主义建设上来的重大战略决策。"文化大革命"结束后,教育和科学战线拨乱反正取得了很大成绩,不仅高校本科恢复了统一招生,停止了10年之久的研究生教育也已恢复。③ 同时,国外的研究生教育均有学位,若我国的研究生教育不授予学位的话,直接影响我国的研究生教育与国际接轨,以及与国外进行的学术交流。因此,《学位条例》对我国高等教育事业特别是研究生教育的规范发展以及开展对外交流并与国际接轨,都具有极其重要的特殊意义。④ 此外,在我国实行学位制度的条件已经成熟,中央坚决而又适时地作出了有关决策,适应了国家改革开放的新形势和加快社会主义建设的新需求。⑤

2.制定并颁布《学位条例》是新中国20世纪五六十年代教育立法活动的继续

新中国成立后,曾有过两次拟定《学位条例(草案)》的经验。虽然两次都由于

---

①刘延东.在纪念《中华人民共和国学位条例》实施三十周年纪念大会上的讲话[J].学位与研究生教育,2011(3):1—5.

②申素平,等.从法制到法治——教育法治建设之路[M].上海:华东师范大学出版社,2018:75.

③吴本厦.中国学位与研究生教育的创立及实践[M].北京:高等教育出版社,2009:21.

④秦惠民.《学位条例》的"立""释""修"——略论我国学位法律制度的历史与发展[J].学位与研究生教育,2019(8):1—7.

⑤吴本厦.中国学位与研究生教育的创立及实践[M].北京:高等教育出版社,2009:21.

“左”的错误思想影响，没能得到实施，但也从中积累了工作经验，并吸取了应有的教训。“文化大革命”结束后，社会上，特别是高教界和科学界人士，对我国要建立学位制度的必要性和重要性有了较大的共识。① 因此，1979 年得以重启《学位条例》的立法工作。

（二）立法过程

1979 年 3 月 22 日，教育部、国务院科技干部局联合成立“学位小组”，再次开始研究建立学位制度。“学位小组”广泛征求意见，于 1979 年 12 月拟订了《学位条例（草案）》。12 月 24 日，全国人民代表大会法制委员会全体会议讨论了条例草案，并提出了修改意见。1980 年 2 月 1 日，国务院常务会议讨论通过了《学位条例（草案）》，并在第五届全国人民代表大会常务委员会第十三次会议上审议通过。该条例自 1981 年 1 月 1 日起实施。随后，国家又相继颁布了一系列法规和文件，包括《中华人民共和国学位条例暂行实施办法》《授予博士、硕士学位和培养研究生的学科、专业目录》《国务院学位委员会关于审定学位授予单位的原则和办法》等，在学位授权、三级学位设置（学士、硕士、博士）、学科与专业目录、学术学位与专业学位、学位获取途径及授予程序等方面进一步完善充实了我国学位制度。学位条例及其配套法规、办法的颁布实施，为中国学位制度的发展提供了法律保障，也为保障人才培养质量提供了具体标准和指导方针。②

二、《学位条例》的主要内容

《学位条例》共 20 条，对学位的分级及其标准、学位获得者的政治条件、各级学位授予办法、名誉博士授予办法、学位工作的组织领导等作出了原则规定。

（一）立法宗旨与指导思想

《学位条例》第一条明确了本法的立法宗旨与指导思想：“为了促进我国科学专门人才的成长，促进各门学科学术水平的提高和教育、科学事业的发展，以适应社会主义现代化建设的需要，特制定本条例。”实行学位制度，有利于激发人们在学术上的进取心，促进科学专门人才的成长。建立学位制度，有助于构建衡量高等教育质量和评价学术水平的客观标准，有利于促进高等教育质量的提高，为选拔和使用人才提供学术方面的依据；能从数量上和质量上更好地了解科学专门人才、队伍的状况，从而采取措施帮助急需的但科学技术力量薄弱的学科得到应有的发展；也有利于促进国际学术交流。③

（二）学位的分级和标准

我国学位实行国家学位制度，学位的分级采用多数国家通行的做法，与高等教

---

①吴本厦. 中国学位与研究生教育的创立及实践[M]. 北京：高等教育出版社，2009：21.

②苏兆斌. 我国学位制度的历史与现状研究[D]. 长春：东北师范大学，2013.

③吴本厦. 中国学位与研究生教育的创立及实践[M]. 北京：高等教育出版社，2009：131.

育不同阶段相联系，设学士、硕士和博士三级学位。

1. 学士学位标准

《学位条例》第四条规定，高等学校本科毕业生完成教育和教学计划的各项要求，经审核准予毕业，成绩优良，较好地掌握本门学科的基础理论、专门知识和基本技能，具有从事科学研究工作或担负专门技术工作的初步能力，可授予学士学位。

2. 硕士学位标准

《学位条例》第五条规定，高等学校和科学研究机构的研究生，或具有研究生毕业同等学力的人员，在本门学科上掌握坚实的基础理论和系统的专门知识，具有从事科学研究工作或独立担负专门技术工作的能力，通过硕士学位的课程考试和论文答辩，成绩合格，可授予硕士学位。

3. 博士学位标准

《学位条例》第六条规定，高等学校和科学研究机构的研究生，或具有研究生毕业同等学力的人员，在本门学科上掌握坚实宽广的基础理论和系统深入的专门知识，具有独立从事科学研究工作的能力，在科学或专门技术上做出创造性的成果，通过博士学位的课程考试和论文答辩，成绩合格，可授予博士学位。

（三）学位授予单位的审定

学位授予单位是由国家批准的授予学位的高等学校和科研机构的简称。《学位条例》第八条规定，学士学位授予单位是由国务院授权的高等学校；博士学位和硕士学位授予单位是由国务院授权的高等学校和科学研究机构。各级学位是由学位授予单位按照《学位条例》的规定负责授予。国家对各级学位的质量的监督，主要依靠严格审定学位授予单位。因此，学位授予单位的审定工作贯彻"坚持标准，严格要求，保证质量，公正合理"的原则，根据中国目前培养研究生的高等学校和科研机构的学术水平，国家近期研究生教育发展的需要，在保证质量的前提下，稳步发展数量。学位授权要面向国家现代化建设，注重扶植国家急需发展的学科。①

（四）学位授予办法

《学位条例》第七条、第九条至第十三条对学位授予办法进行了原则性的规定，要求学位授予单位，应当设立学位评定委员会，并组织有关学科的学位论文答辩委员会。学位论文答辩委员会必须有外单位的有关专家参加，其组成人员由学位授予单位遴选决定。学位论文答辩委员会负责审查硕士和博士学位论文、组织答辩，就是否授予硕士学位或博士学位作出决议。决议以不记名投票方式，经全体成员三分之二以上通过，报学位评定委员会。学位授予单位，在学位评定委员会作出授予学位的决议后，发给学位获得者相应的学位证书。

需注意的是，为了使各级学位授予单位能够按照《学位条例》的规定，保证所授

① 吴本厦．中国学位与研究生教育的创立及实践[M]．北京：高等教育出版社，2009：136.

学位的质量，国务院于1981年5月颁布《中华人民共和国学位条例暂行实施办法》（简称《暂行实施办法》），对学位授予的办法及程序进行了更为详细的规定。

（五）设置名誉博士学位

中国的名誉博士学位，是经国务院学位委员会批准，博士学位授予单位授予的一种荣誉称号。可以授予国内外卓越的学者、科学家和著名政治家、社会活动家，以表彰他们在学术、经济、教育、科学、文化和卫生等领域以及社会发展和人类进步事业中所做出的突出贡献。中国授予的名誉博士学位，一般应按中国规定的授予学位的学科门类授予，必要时也可统称为"名誉博士学位"。① 这一举措既能够对为我国社会主义建设做出突出贡献的各界人士进行表彰，对后来人起激励作用，又有利于学术方面的国际交流和与各国的友好交往。②

（六）学位工作的领导和管理

国务院设立学位委员会，负责领导全国学位授予工作。学位委员会设主任委员一人，副主任委员若干人。主任委员、副主任委员和委员由国务院任免。国务院学位委员会办公室是国务院学位委员会的日常办事机构。国务院有关部委和主管高等学校、科研机构较多，学位授予工作任务较重的部门，分别成立管理学位的领导机构。各有关部委和省、自治区、直辖市都确定了办事机构，负责实施学位的日常工作。

根据规定，在我国学习的外国留学生或从事研究或教学工作的外国学者，申请学士、硕士、博士学位，可参照《学位条例》及《暂行实施办法》的有关规定办理。

现有在职教学和科技人员中，已在外国获得学位者，承认其在外国获得的学位，可称某国某校某学位。不办理具体的认可手续。现在在职教学和科技人员都已有不同职称，这些职称所要求的学术水平与学位虽有一定的联系，但与学位没有直接的对等关系。因此，不按他们的职称套授学位。按《学位条例》规定，不再给《学位条例》实施前已毕业的大学生和研究生按其学历补授学位。③

三、《学位条例》的影响

经过近40年的发展，《学位条例》为学位制度的不断完善和研究生教育事业的持续发展，为培养改革开放和现代化建设所急需的高层次人才提供了坚强的保障，作出了举足轻重、不可替代的重要贡献。刘延东在纪念《中华人民共和国学位条例》实施三十周年纪念大会上肯定了条例所发挥的作用，具体内容如下。

（一）建立了完整的学位制度体系

经过30多年的努力，我们基本建成了中国特色的学位制度。建立了学科基本齐

---

①吴本厦．中国学位与研究生教育的创立及实践[M]．北京：高等教育出版社，2009：141.

②申素平，等．从法制到法治——教育法治建设之路[M]．上海：华东师范大学出版社，2018：75.

③吴本厦．中国学位与研究生教育的创立及实践[M]．北京：高等教育出版社，2009：142—143.

全、布局相对合理的学位授权体系；形成了以高校为主、多系统培养的格局，中央政府主导、省级统筹、调动单位积极性的三级管理体制不断健全，质量监督和保障体系逐步完善。

（二）培养了大批人才

经过30多年的努力，我们基本实现了立足国内自主培养高层次人才的战略目标。我国已培养了大量学士、硕士和博士，成为领军人物和骨干力量。硕士学位成为一个独立、完整的学位层级，体现了鲜明的中国特色。近年来，除了学术型学位外，还加大了专业学位人才培养力度，初步满足了经济建设和社会发展对大批应用型人才的急迫需求。

（三）深入推进了学位与研究生教育体制机制改革

经过30多年的努力，我国学位与研究生教育体制机制改革不断深化。学位授权审核制度改革迈出较大步伐，研究生培养机制改革稳步推进。学位类型从单一学术型向学术型与专业型并重转变，学位管理从中央高度集中向扩大省级统筹与学位授予单位自主权转变。以提高创新能力为核心实施“研究生教育创新计划”，建成了一批研究生培养基地。学位制度的建立，带动了学科建设、师资队伍建设和教育教学改革，促进了科学研究与人才培养的紧密结合。

（四）促进了我国高等教育国际化

经过30多年的努力，我国学位与研究生教育的国际影响力逐步增强。学位制度的建立，使我国能够平等地参与国际教育科技的合作与交流，国际交往日益频繁和广泛。我国成为《亚太地区相互承认高等教育学历、文凭和学位地区公约》缔约国，与包括英、法、德等主要发达国家在内的37个国家和地区签署了学位和学历文凭互认协议。中外合作办学、合作科研、联合培养等机制逐步建立和完善。

由于《学位条例》颁布时间早，自1980年颁布以来，只在2004年进行了首次修正。如今，出现了一些新的情况，如专业学位教育的出现、人们对学位争议的诉求越来越多等，都需要对《学位条例》中的一些条款进行修订、补充、完善。①

---

①刘延东．在纪念《中华人民共和国学位条例》实施三十周年纪念大会上的讲话[J]．学位与研究生教育，2011(3)：1—5．

第三节

《普通高等学校学生管理规定》解读

《普通高等学校学生管理规定》(简称《管理规定》)是一部重要的国家教育部门规章,于1990年首次颁布,当时《教育法》《高等教育法》等法律尚未出台,作为部门规章的《管理规定》在高等教育办学和管理过程中起着重要的主导作用。其后,为进一步完善教育法规体系,对《管理规定》于2005年、2017年两次进行修订,分别回应了各时期社会发展改革的需要,也为高校学生规范管理提供了具体的可执行依据,对维护普通高等学校正常的教育教学秩序和生活秩序,维护学生合法权益,保障学生身心健康,规范学生日常行为,促进学生德智体美全面发展起到了重要作用。①

一、《管理规定》的修订背景

2017年2月,教育部发布了修订版《管理规定》。陈宝生部长在回答记者问时阐释了《管理规定》修订的背景。②

(一)贯彻中央把"立德树人"作为高等教育中心环节的新要求

党的十八大以来,以习近平同志为核心的党中央对高等教育高度重视,对高等教育的使命和任务、党建工作、改革发展以及学生工作等作出了一系列部署。在2016年12月7日至8日召开的全国高校思想政治工作会议上,习近平总书记在讲话中强调,要坚持把立德树人作为中心环节,把思想政治工作贯穿教育教学全过程,实现全程育人、全方位育人,努力开创我国高等教育事业发展新局面,指出"办好我们的高校,必须坚持以马克思主义为指导",全面贯彻党的教育方针,提出要"因事而化、因时而进、因势而新"的指导做法。《管理规定》及时反映和体现了党中央关于高等教育工作的新理念、新思想、新战略。③

(二)适应经济社会发展的新需要

当前经济社会发展对科学知识和卓越人才的渴求比以往任何时候都更加强烈,高等教育已进入全面深化综合改革、全面提高教育质量的关键时期,必须抓住人才培养这个核心点,培养适应现代化建设需要的各类人才。

---

①申素平,等.从法制到法治——教育法治建设之路[M].上海:华东师范大学出版社,2018:134—135.

②陈宝生.教育部有关部门负责人就修订《普通高等学校学生管理规定》答记者问[J].中国大学生就业,2017(9):4—7.

③申素平,等.从法制到法治——教育法治建设之路[M].上海:华东师范大学出版社,2018:141.

(三)体现高校教育与管理的新变化

随着高等教育综合改革的不断深化和《国家中长期教育改革和发展规划纲要(2010—2020年)》的深入实施,高等学校教育管理和育人实践发生了巨大变化,以质量为核心、依法治校、民主管理等内容成为学校教育管理与服务的新内涵。原有规定的一些内容和条款已经与当前经济社会发展的形势不相适应,与高等教育改革发展的要求不相匹配,已经不能满足学生管理与服务的需要,相关制度亟须修改、补充和完善。①

二、《管理规定》的主要内容

2005年修订的《管理规定》在执行了近12年后,为顺应社会发展需要,教育部再次对其进行了修订,经教育部2016年第49次部长办公会议修订通过,并于2017年出台,自2017年9月1日起施行。② 修订后的《管理规定》共7章68条。现对2017年修订的《管理规定》的重点内容进行解读。

(一)"保障学生合法权益"是《管理规定》立法的起点

《管理规定》第一条规定:"为规范普通高等学校学生管理行为,维护普通高等学校正常的教育教学秩序和生活秩序,保障学生合法权益,培养德、智、体、美等方面全面发展的社会主义建设者和接班人,依据教育法、高等教育法以及有关法律、法规,制定本规定。"2017年修订的《管理规定》在第一条立法目的的表述中新增了"保障学生合法权益",使其成为《管理规定》立法的起点和基础之一。由此,"保障学生合法权益"成为贯穿整个《管理规定》的内容,更成为解释具体条款的依据,具有特别重要的意义。这一修订转变了原规定偏重维护高校秩序的管理本位色彩,向更加重视权利、以人为本、注重服务的方向前进了一大步。③

(二)更加重视保障学生权利

1990年颁布的《管理规定》以及其他同期的相关规定中,均没有对学生权利和义务的明确规定。随着我国法制建设的发展,高等学校学生的权利问题逐步受到立法机关的重视。2005年修订的《管理规定》遵照《中华人民共和国教育法》和《中华人民共和国高等教育法》关于学生的权利的规定,增加了对学生权利的规范。2017年再次对学生权利的相关规定进行了增补。

在第二章"学生的权利与义务"部分新增了两项权利,分别是"获得就业创业指

---

①陈宝生. 教育部有关部门负责人就修订《普通高等学校学生管理规定》答记者问[J]. 中国大学生就业,2017(9):4—7.

②申素平,等. 从法制到法治——教育法治建设之路[M]. 上海:华东师范大学出版社,2018:141.

③申素平. 保障学生合法权益 推进高校学生管理法治化[J]. 中国高等教育,2017(9):17—20.

导和服务”和“在校内组织、参加学生团体，以适当方式参与学校管理，对学校与学生权益相关事务享有知情权、参与权、表达权和监督权”。其中，获得就业创业指导和服务的权利是本次修订的一个热点，受到社会各界和媒体的广泛关注和报道；学生参与权的规定对于完善我国学生权利体系和现代大学治理体系具有特别重要的意义和价值。除了集中增加如上两项权利以外，新规定还有多处零散条款也起到了保护学生其他权利的效果，它们共同丰富和完善了我国高校学生的权利体系。[①]

（三）强调学生权利和义务的统一

《管理规定》既提出高校“实施学生管理，应当尊重和保护学生的合法权利”，也提出高校要“教育和引导学生承担应尽的义务与责任”，强调学生权利和义务的统一。

在强调学生权利和义务相统一原则的基础上，《管理规定》在学生义务方面提出了一些新要求。其中最突出的修订是在第七条学生在校期间依法履行的义务中，新增“恪守学术道德”的义务，并在其他部分相应增加规定了三条后果和责任条款，使学生恪守学术道德的义务与其应承担的不利后果和责任完整统一。

第一，《管理规定》新增第二十条关于学术诚信及其后果的规定：“学校应当开展学生诚信教育，以适当方式记录学生学业、学术、品行等方面的诚信信息，建立对失信行为的约束和惩戒机制；对有严重失信行为的，可以规定给予相应的纪律处分，对违背学术诚信的，可以对其获得学位及学术称号、荣誉等作出限制。”这条规定明确了对有严重失信行为的学生可给予纪律处分，而在学术方面的失信行为，更可导致本人在获得学位、学术称号和荣誉方面的不利后果。

第二，《管理规定》第三十七条规定：“对以作弊、剽窃、抄袭等学术不端行为或者其他不正当手段获得学历证书、学位证书的，学校应当依法予以撤销。被撤销的学历证书、学位证书已注册的，学校应当予以注销并报教育行政部门宣布无效。”学生作弊、剽窃、抄袭等学术不端行为属于违反学术纪律的行为，是学术类违纪，应与非学术类违纪行为一样，视情节轻重受到纪律处分。此处修订在原有的学生违纪导致纪律处分的后果之外，明确增加了撤销学历学位证书、宣布证书无效这两种新的责任形式，丰富了学生违纪责任后果的形式，同时也细化了现有教育立法关于撤销学位的条件。《管理规定》的修订，将“舞弊作伪”具体化为“作弊、剽窃、抄袭等学术不端行为或者其他不正当手段”，进一步明确了撤销学位的具体条件。

第三，《管理规定》第五十二条细化了高校可以“开除学籍”的学术不端行为条件。原规定适用于开除学籍处分的学术不端条件是“剽窃、抄袭他人研究成果，情节严重的”，用语较为概括。新修订的《管理规定》将其细化为“学位论文、公开发表的

---

① 申素平.保障学生合法权益 推进高校学生管理法治化[J].中国高等教育，2017(9)：17—20.

研究成果存在抄袭、篡改、伪造等学术不端行为，情节严重的，或者参与代写论文、买卖论文的”，改变了原规定内涵不够确定、边界不够清晰的状况，为学校制定相应校规提供了更加明确的依据。①

（四）着重健全管理规则，保证高校管理的合法有效

《管理规定》根据实践中的问题，有针对性地增加了若干规定，促进了高校管理的规范化和法治化。例如，为从制度上和操作上防范与杜绝冒名顶替、弄虚作假获得入学资格的可能性，《管理规定》对入学复查的规定更加规范，明确了入学复查的内容、操作方法，要求学生入学后，学校应当在3个月内按照国家招生规定进行复查；对学生在校期间改名字，明确需要提出正当理由，并提供有法定效力的相应证明文件。再如，为了解决处分决定的送达问题，专门明确了送达形式与规则。此外，《管理规定》也对学生违纪情形作了更为具体明确的规定，明确严重学术不端行为学校可以开除，为高校加强管理，推进学风建设等，提供了直接依据。②

（五）注重完善学生处分与申诉程序，体现程序正当原则

针对实践中高校在行使学籍管理职权过程中，不注重程序规则，往往导致处分结果不够公正的问题，《管理规定》着重完善和规范了学生处分的程序与规则，不仅对处分决定书的内容提出了规范要求，明确保护学生陈述与申辩的权利，而且规定取消入学资格、取消学籍、退学、开除学籍或者其他涉及学生重大利益的处理或者处分决定，都要经过合法性审查，并经校长办公会讨论。值得指出的是，《管理规定》还对学生申诉以专章作出规定，着力体现法治精神，构建便捷规范的纠纷处理机制，以便更有效地保障学生权益。此外，《管理规定》根据实践的情况和需要，进一步厘清了“保留入学资格”“保留学籍”“取消入学资格”“退学”等有关概念。如“退学”就区分了学校对不符合培养要求的学生予以退学和学生主动退学两种情形，并规定了不同程序和要求。通过学生管理中相关概念的梳理和厘清，提高制度的精准性和适用性。③

在纪律处分方面，《管理规定》从程序正义的角度加强了对高校作出纪律处分或其他不利决定的程序规范，严格并细化了事先告知、送达、重大处理（分）决定的作出等系列程序，加强高校纪律处分及相关权力的行使规范性。《规定》第五十三条明确规定了处分决定书的具体内容：“学校对学生作出处分，应当出具处分决定书。处分决定书应当包括下列内容：（一）学生的基本信息；（二）作出处分的事实和证据；（三）处分的种类、依据、期限；（四）申诉的途径和期限；（五）其他必要内容。”第五十五条

---

①申素平．保障学生合法权益　推进高校学生管理法治化[J]．中国高等教育，2017(9)：17—20.

②王大泉．学生管理新规修订的背景、原则与影响[J]．中国高等教育，2017(9)：4—7.

③王大泉．学生管理新规修订的背景、原则与影响[J]．中国高等教育，2017(9)：4—7.

在原规定要求纪律处分前要听取学生陈述和申辩的基础上，将此程序扩展适用于纪律处分之外的其他不利决定，并增加了“告知学生作出决定的事实、理由及依据，并告知学生享有陈述和申辩的权利”的要求。同时，还规定“处理、处分决定以及处分告知书等，应当直接送达学生本人，学生拒绝签收的，可以以留置方式送达；已离校的，可以采取邮寄方式送达；难于联系的，可以利用学校网站、新闻媒体等以公告方式送达”，增强了送达程序的可操作性。①

三、《管理规定》的影响

《管理规定》的此次修订是落实全国高校思想政治工作会议精神、深化高等教育综合改革的重要内容。教育部政策法规司副司长王大泉认为：“人才培养是高校的中心任务，学生管理原则与制度的变化，对高校改革发展的全局将产生重大影响。”具体影响如下。

(一)深化和推进了高校依法治校

依法治校是高等学校办学的基本理念和要求之一。高校作为法律法规授权组织，其依法实施管理的职权与责任主要体现在对学生管理方面。实践中，在高校面临的法律纠纷中，学生管理活动既是高校产生法律纠纷和诉讼案件最为多发的领域，也是高校依法治校能力水平的直接反映。因此，如何依法加强和改善学生管理是高校推进依法治校的重点和关键。高校结合实际实施《管理规定》，将《管理规定》贯彻的法治原则、法律规定，具体细化为自身管理的制度与规则，既是落实依法治校要求的具体路径，也是能够让学生有切实获得感的直接举措，将大力提高高校依法治校的能力与水平。

(二)促进完善了现代大学制度，进一步落实了高校办学自主权

《管理规定》强调高校在学生管理中要依法办学、自主管理，要健全内部监督机制，保障学生主体地位，建立服务意识，体现了建设现代大学制度的具体要求，也为高校围绕人才培养创新体制机制明确了改革方向，提供了制度空间。高校要落实好《管理规定》，不仅需要按照要求制定、健全自身的相关规定，更需要创新相关的制度规则，特别是体现自身特色与需要的制度。如围绕培养学生的创新精神、实践能力和社会责任感，高校可以创新具体的学习制度、管理方式等；可以与学生之间在管理关系之外，建立特定的契约关系，形成个性化的培养方式；可以运用在学分认定、学习形式选择、转专业等方面的权限，结合信息技术、网络教育等新趋势，创新学习制度、培养模式等。同时，《管理规定》的很多内容，在明确高校自主管理权限的同时，要求高校同步建立管理规则与具体办法。这一理念和做法，也为进一步落实高校办

① 申素平.保障学生合法权益 推进高校学生管理法治化[J].中国高等教育，2017(9)：17—20.

学自主权提供了明确路径，即高校主动完善内部自我管理、自我监督机制建设是自主行使权力的前提，唯有如此，才能实现良性互动，促进自主权的不断落实。

（三）推动了政府与高校之间构建新型关系，深化了管办评分离改革

按照《管理规定》确定的制度框架，今后教育主管部门在学生管理中的定位，将向平衡学校权力与学生权利转变，向依法实施监管和外部监督转变。高校作为学生管理的主体，要从理念上、制度上，向尊重学生权利，增强服务意识，寓管理于服务转变；由上位规则的执行者，向自身规则的创新者转变。这一转变，既是对法律所规定的高校与学生、高校与政府管理部门之间关系的确认，也与高等教育管办评分离改革方向相一致。新修订的《管理规定》的颁布实施，将从学生管理的具体实践层面，推动教育主管部门和高校转变观念，理顺关系，按照各自定位，创新体制机制，实现职责、权限相适应。[①]

---

①王大泉．学生管理新规修订的背景、原则与影响[J]．中国高等教育，2017(9)：4—7.

第四节

《中华人民共和国职业教育法修订草案(征求意见稿)》解读

为了实施科教兴国战略，发展职业教育，提高劳动者素质，促进社会主义现代化建设，根据教育法和劳动法，1996年5月15日，中华人民共和国第八届全国人民代表大会常务委员会第十九次会议审议通过了《中华人民共和国职业教育法》(简称《职业教育法》)，自1996年9月1日起施行。但随着我国经济社会快速发展、科技进步及人力资源等迫切要求，特别是21世纪以来现代职业教育的日新月异，1996年通过的《职业教育法》与迅速发展的世界上最大规模的职业教育相比，似显单薄和滞后。[①] 为了贯彻全国教育大会精神，落实党中央国务院关于职业教育改革发展的重大决策，健全职业教育法制保障，根据第十三届全国人民代表大会常务委员会立法规划部署，2019年12月5日，教育部发布《中华人民共和国职业教育法修订草案(征求意见稿)》(简称《修订案》)，面向社会公开征求意见。这是《职业教育法》自1996年颁布实施以来的首次修订。

一、《修订案》的出台背景

(一)实施科教兴国和创新驱动发展战略

为实现中华民族伟大复兴，中国正坚定不移贯彻科教兴国战略和创新驱动发展战略，在科技创新是提高社会生产力和综合国力的战略思想的指导下，坚持教育为本，把科技和教育摆在经济、社会发展的重要位置。多年来，特别是党的十八大以来，中央对职业教育改革发展提出一系列新要求。党的十九大提出:“完善职业教育和培训体系，深化产教融合、校企合作。”习近平总书记在全国教育大会上的重要讲话中强调:“要高度重视职业教育，大力推进产教融合，健全德技并修、工学结合的育人机制。”“出台灵活有效的优惠政策，厚植企业承担职业教育责任的文化环境，推动职业院校和行业企业形成命运共同体。”

(二)大力发展职业教育，建设教育强国和人力资源强国

职业教育是国民教育体系和人力资源开发的重要组成部分，是培养多样化人才、传承技术技能、促进就业创业、推动经济社会发展的重要途径，与普通教育是不

---

①邢晖.《职业教育法》修订历程回顾与《职业教育法修订草案(征求意见稿)》分析[J].中国职业技术教育，2020(10):5—13.

同的教育类型，具有同等重要地位。2019 年，国务院印发《国家职业教育改革实施方案》，提出了一系列新的政策举措，职业教育进入新的发展时期。1996 年通过的《职业教育法》已经不能适应职业教育改革发展的新形势、新任务、新要求，迫切需要予以修订，为职业教育改革发展提供法制保障。

（三）保障公民接受职业教育的权利，大力培养高素质劳动者和技术技能人才

随着我国进入新的发展阶段，产业升级和经济结构调整不断加快，各行各业对技术技能人才的需求越来越紧迫，职业教育重要地位和作用越来越凸显。公民有依法接受职业教育的权利，公民从事特定职业有接受相应职业教育的义务。随着经济社会的不断发展和职业教育改革的不断深入，职业教育发展中遇到了许多新的矛盾和问题，为了保障公民接受职业教育的权利，大力培养高素质劳动者和技术技能人才，《职业教育法》修订列入立法规划。

2018 年，第十三届全国人民代表大会常务委员会将《职业教育法》修订列入立法规划。教育部在此前工作基础上，加快修法工作，先后配合全国人民代表大会教科文卫委员会开展调研，围绕法律修订涉及的重要问题开展专题调研；委托多所高校开展专项立法研究。修订草案初稿形成后，又召开多场研讨会，对初稿进行了反复论证，并征求了国务院各部门、各省级教育部门、各职业教育教学指导委员会以及职教学会、职教所等研究机构的意见。此后，又听取了中华职业教育社的意见，形成了《修订案》。

二、《修订案》的主要内容

《修订案》以习近平新时代中国特色社会主义思想为指导，贯彻落实党的十九大精神、全国教育大会精神，积极进行制度创新，紧紧围绕职业教育是类型教育的定位，统筹设计法律制度体系；紧紧围绕职业教育领域热点难点问题，增强制度针对性；紧紧围绕职业教育改革发展实践，及时将实践成果转化为法律规范。《修订案》在原法基础上，共修订调整 41 条，新增 15 条，明确了职业教育内涵定位和现代职业教育体系框架，健全完善了职业教育举办机制和职业教育管理体制，建立健全了职业教育教师教育体系和职业教育质量评价机制等。

（一）明确职业教育内涵、定位和发展原则

参照国际上关于职业教育的定义，明确职业教育内涵，强调职业教育是与普通教育不同类型、具有同等重要地位的教育的定位，规定国家在义务教育后的不同阶段实施职业教育与普通教育分类发展，规定职业教育"产教融合、校企合作、工学结合、知行合一"的实施原则。

（二）健全职业教育举办机制

落实职业教育"由政府举办为主向政府统筹管理、社会多元办学的格局转变"的要求，推动多元办学，规定国家重点支持建设高水平职业高等学校；强化行业主管部门、行业组织、企业举办或者联合举办职业学校的权利与职责；创新举办形式，支持举办股份制、混合所有制职业学校。

(三)完善职业教育管理体制

破解交叉管理、政出多门的突出问题，规定职业教育实行在国务院领导下，分级管理、地方为主、政府统筹、行业指导、社会参与的管理体制；建立协调机制，规定建立国务院职业教育工作部际联席会议制度；强化省级统筹；健全支持体系，规定设立国家职业教育指导咨询委员会。

(四)明确现代职业教育体系框架

明确现代职业教育体系内涵。推动学校教育和职业培训及其他学习成果互通衔接，规定建立“1＋X”和“X＋1”制度。打通职业学校教育发展通道，向上包括专科、本科层次的职业高等学校；向下融入义务教育，加强职业启蒙教育。同时，推进中等、高等学历职业教育的贯通培养，可以实行弹性学制。

(五)完善产教融合制度支撑

把促进产教融合、校企合作作为基本导向，着重解决职业学校“一头热”、行业企业参与积极性不足的问题。强化企业办学权利；确定产教融合型企业制度，明确条件和优惠政策，明确校企合作的形式；推进学徒制培养；促进行业企业参与职业学校招生、专业设置管理、培养方案制定、质量评价等全过程。

(六)建立职业教育教师教育体系

着力破解职业教育教师专业性不足的瓶颈问题，强化政府责任，规定国家设立职业教育教师培养基地，加强专业化教师培养培训；明确职业教师应当具备实践工作经历和技能水平；完善技术技能人员转任专业教师制度和技术技能大师制度。

(七)健全职业教育质量评价机制

新增关于质量评价的条款，确立了政府评价、行业评价和学校自评，明确评价的组织形式、内容要求等，建立职业技能等级证书评价制度。规定职业教育质量评价应当吸纳行业、企业和第三方专业机构参与，及时公开相关信息。

(八)扩大职业学校办学自主权

推动职业学校面向市场、面向就业自主办学，落实职业学校管理自主权，按照专业设置与产业需求对接、课程内容与职业标准对接、教学过程与生产过程对接的要求，强化教学自主权，扩大学校薪酬分配自主权，给予更大招生自主权。

(九)健全职业教育经费投入机制

进一步明确了各级人民政府对职业教育的经费投入职责，明确了政府统筹使用经费、支持职业教育的要求，进一步强化了企业投入和职业学校多元筹措经费的体制机制。

(十)营造促进职业教育发展的社会氛围

规定国家采取措施，提高劳动者和技能人才的社会地位和待遇，对在职业教育工作中作出显著成绩的组织和个人给予奖励，并把每年 5 月的第 2 周确定为职业教育活动周。同时，强调职业学校受教育者地位平等。

此外，技工学校已纳入中等职业学校管理，此次修订根据《国家职业教育改革实施方案》，增加符合条件的技师学院经审批，可以设置为职业高等学校的表述。为保持义务教育的统一性，取消初等职业学校教育(实践中全国仅有职业初中 15 所，且已统计入义务教育学校，可以作为义务教育的特殊类型)，删除了原法中关于初等职业学校教育的表述。为落实类型教育的定位，用“职业高等学校”的概念替代“高等职业学校”的概念。职业高等学校对应于普通高等学校，包括专科、本科层次。将职业教育分为初级、中级、高级三级，为将来推动职业教育体系对接国家资历框架奠定法律基础。《修订案》还对职业教育国际交流合作、职业教育信息化、职业学校和职业培训机构设置审批、职业学校技能大赛、学生权利义务和实习保障等作了规定。

三、《修订案》的影响

(一)加强了党对职业教育工作的全面领导

《修订案》落实《中共中央关于加强党的政治建设的意见》的有关要求，增加实施职业教育必须“坚持中国共产党的全面领导，坚持社会主义办学方向”，将党的领导落实为制度规则，增加关于职业学校治理结构的规定，明确公办职业学校(包括中等职业学校)的领导体制是中国共产党基层组织领导下的校长负责制。

《修订案》提出“公办职业学校实行中国共产党基层组织领导下的校长负责制”，将中等职业学校、专科职业高等学校和本科职业高等学校的管理体制统一化，中等职业学校一直实行的“校长负责制”将成为历史。这是党的十九大精神“党政军民学，东西南北中，党是领导一切的”思想在职业教育领域具体化的实际表现。①

(二)凸显了职业教育类型定位的重要地位

《修订案》更加明确了职业教育的功能价值，“职业教育是国民教育体系和人力资源开发的重要组成部分，是培养多样化人才、传承技术技能、促进就业创业，推动经济社会发展的重要途径”；更加明确了职业教育的性质定位，“与普通教育是不同教育类型，具有同等重要地位”；更加强调了职业教育的初心和使命，“以立德树人为根本，以服务发展为宗旨，以促进就业为导向，坚持产教融合、校企合作、工学结合、知行合一，培育工匠精神，进行职业指导，全面提高受教育者的素质”；更加明确了职业教育的发展原则，“国家根据不同地区的经济发展水平和教育普及程度，在义务教育后的不同阶段实施职业教育与普通教育分类发展，优化教育结构，科学配置职业

---

① 聂伟. 职业教育法修订刍议[N]. 中国教育报，2019-12-17(09).

教育资源”，强化了“坚持产教融合、校企合作、工学结合、知行合一”的实施原则；在职业教育体系、实施、机构、教师、受教育者、保障、法律责任等多个方面，更加突出了职业教育的类型特征，以及“同等重要地位”的措施。

（三）完善了职业教育制度体系框架建设的蓝图

《修订案》规范了现代职业教育体系的内涵：“国家建立健全适应经济社会发展需要，产教深度融合，职业学校教育和职业培训并重，职业教育与普通教育相互沟通，初级、中级、高级职业教育有效衔接，体现终身学习理念的现代职业教育体系。”这个表述比现行法“建立、健全职业学校教育与职业培训并举，并与其他教育相互沟通、协调发展的职业教育体系”的规定，显然更加丰富、全面、深刻，更具有系统性、现代性和发展性。《修订案》提出了完善体系的有效制度，即“国家建立国家资历框架制度，建立职业教育国家学分银行，推进职业教育各类学习成果的认定、积累和转换。”“有关职业培训经历、体现职业技能等级的证书及其他学习成果，经职业学校认定，可以转化为相应的学历教育学分，达到相应职业学校学业要求的培训学员，可以获得相应的学业证书。”《修订案》规定实施初中高学历层次衔接、职普类型沟通的有效举措：“实行弹性学习制度，经批准，可以实行中等、高等学校职业教育的贯通培养。”“组织职业学校、职业培训机构、企业和行业组织等为普通中小学开展职业启蒙、职业认知、职业体验与劳动技术教育提供条件和支持。”

练习与思考

一、选择题

1.《中华人民共和国职业教育法》于（　　）年正式颁布实施。

A. 1993　　B. 1996　　C. 1998　　D. 2000

2.《中华人民共和国职业教育法》自颁布实施以来的首次修订于（　　）年。

A. 2010　　B. 2012　　C. 2018　　D. 2019

3. 国家举办的高校实行（　　）。

A. 党委负责制　　B. 校长负责制

C. 党委领导下的校长负责制　　D. 董事会负责制

4. 下列不属于我国高等学校对教师的管理制度的是（　　）。

A. 教师资格制度　　B. 教师职务制度

C. 教师聘任制度　　D. 教师福利制度

5. 新中国成立以来由最高权力机关制定的第一部有关教育的法律是（　　）。

A.《中华人民共和国学位条例》　　B.《中华人民共和国教育法》

C.《中华人民共和国高等教育法》　　D.《中华人民共和国教师法》

6. 根据《中华人民共和国学位条例》规定，我国学位分为（　　）。

A. 学士、硕士、博士三级　　B. 硕士、博士、博士后三级

C. 学士、硕士、博士、博士后四级　　D. 专科、本科、研究生、博士后四级

7. 某大学新生罗某因故不能按期入学，并向学校请假，征得学校同意后，到期后仍未返校，既无正当理由又未续假。该高校应（　　）。

A. 取消罗某入学资格　　B. 视为罗某放弃入学资格

C. 保留罗某入学资格　　D. 办理罗某休学手续

二、材料分析题

8. 北京科技大学本科生田永在大学二年级时，在电磁学课程补考中，因其携带记有公式的纸条被监考老师发现。监考老师虽未发现其有偷看行为，但还是停止其考试并上报学校。学校根据校发（94）第068号《关于严格考试管理的紧急通知》第3条第2项关于“夹带者，包括写在手上等作弊行为者”的规定，认定田永的行为是考试作弊，并根据第1条“凡考试作弊者，一律按退学处理”的规定，对田永作出退学处理的决定。但田永未收到正式通知，该退学处理决定并未得到实际执行。在以后的两年间，田永仍以北京科技大学学生的身份进行正常的学习，继续缴纳学费、使用学校的各种设施，享受学校补助金，修完了所有学分并完成了毕业实习和毕业设计。但在临毕业时，学校通知田永所在院系，田永不能毕业，不发给其毕业证、学位证及派遣证，理由是田永已被退学。田永不服，认为学校的行为侵犯了其合法权益，于是向人民法院提起行政诉讼，请求法院判令学校履行发放毕业证、学位证及派遣证的法定职责。

根据以上案例，回答以下问题：

（1）北京科技大学与田永之间属于何种法律关系？（　　）

A. 行政法律关系　　B. 民事法律关系

（2）该案例中学校的退学决定是否正确？（　　）

A. 正确　　B. 不正确

（3）高校是否可以对学生行使退学权？（　　）

A. 可以　　B. 不可以

9. 小王是一名即将毕业的物理师范专业本科生，他想去一所中等职业学校担任专业课教师，他除了获得中等职业学校教师资格以外，还应该具备哪些资格条件呢？

下篇

师德规范

第九章
师德规范概述

◆思维导图

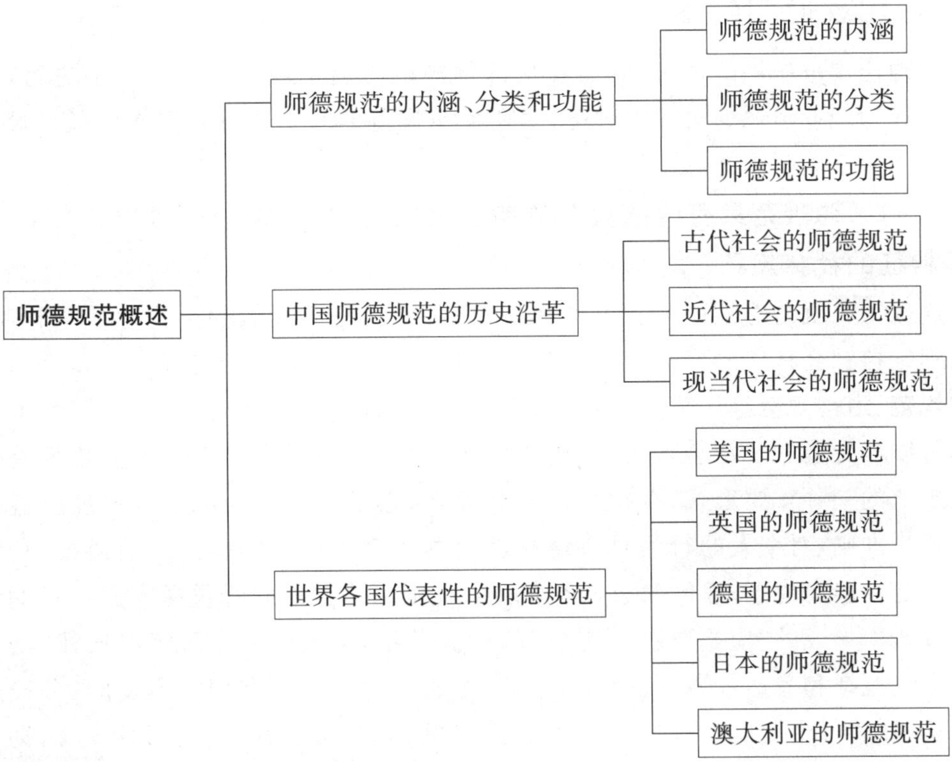

◆学习目标

1. 理解师德规范的内涵与功能。
2. 了解中国师德规范的历史沿革。
3. 理解国际组织和其他国家代表性的师德规范。

◆学习重点

1. 中国传统师德规范的贡献及反思。
2. 世界主要发达国家师德规范的基本做法及经验借鉴。

|第一节|

师德规范的内涵、分类和功能

师德规范①是教师职业道德体系的重要组成部分，在教师职业道德发展中发挥着重要作用。教师必须用合乎道德的方式来处理教育职业活动中的各种关系，用师德规范来约束和引导自己的职业行为。为此，教师需要理解师德规范的内涵、类别和功能，这将有助于教师更加准确地把握师德规范的理念精神和具体要求。

一、师德规范的内涵

对师德规范内涵的理解，既需要从师德规范与道德规范的关系入手进行，又需要回到教师职业道德的语境中进行，明晰师德规范的基本成分和层次。师德规范的内涵主要包括以下两个方面。

（一）师德规范具有道德规范的典型特征，主要表现为一种以自觉自律为主要特征的社会规范

规范主要就是对人可为和不可为作出的限定，是对人们的行为形成某种制约，以达到维持社会秩序的目的。在人类社会生活中，存在着各种各样的规范，有习惯、法律规范、道德规范等。法律规范是以权力为后盾的强制性规范，而习惯和道德规范则是以自觉遵守及社会习俗、舆论为作用机制的软性规范。其中，道德规范作为社会规范的一种重要形式，在每个社会都存在，它是人们在日常生活中理应遵循的一种行为准则，对个人的行为具有潜移默化的约束和引导作用。所谓道德规范，是指在一定社会情境下，评价和指导人善恶的准则。这种准则既包括人们在长期生活实践过程中形成的“应当”或“不应当”的道德关系，又包括一定阶级以戒律、格言等形式自觉概括和表达行为善恶的标准。② 比如，2001 年，中共中央印发的《公民道德建设实施纲要》中提出要在全社会大力倡导“爱国守法、明礼诚信、团结友善、勤俭自强、敬业奉献”的基本道德规范。道德规范的基本作用在于推行积极的善，其本意在于“必先正己，然后正人”。

师德规范是道德规范的组成部分之一，体现出道德规范所秉持的自觉自律的典型特征。这样的特征主要是由教师职业的特殊社会地位所决定的，因为教师职业与其他许多社会职业相比，所承担的社会责任更重，教师不仅需要传承知识、技能、文化和价值，还需要担负起学生成长发展的重要促进作用。由此，人们对教师职业提

---

①本章中的“师德规范”是“教师职业道德规范”的简称。

②朱金香，等.教师职业道德概论[M].北京：中央编译出版社，2002:208.

出了更高的道德要求，既要求教师信守教师职业所必须坚持的价值追求和道德准则，又需要教师以自己的良知和自律影响学生乃至家庭和整个社会，助推社会的进步与和谐发展。所以说，师德规范是对教师职业提出的特殊道德要求，也是教师从事教育教学活动必须遵循的行为规范和必备的品德，是对教师应以怎样的思想、感情、态度和操守去做好本职工作所做出的道义性规定。①

(二)师德规范是教师职业道德的重要组成部分，是对教师的教育专业行为提出的具体要求

教师职业道德的发展离不开师德规范的作用，但是在现实中对教师职业道德与师德规范之间关系的认识还存在争议，其突出表现是将师德规范等同于教师职业道德。这种看法直接将教师职业道德界定为教师在从事教育教学活动中，思想和行为所应遵循的道德规范和准则，教师职业道德就是一系列道德规范和准则。这种理解明显存在着不合理的方面：直接将教师职业道德简化为师德规范，用师德规范来代替教师职业道德。其实，师德规范只是教师职业道德建设的一部分，也是教师个人职业道德养成的一个方面，教师职业道德建设不能完全依赖于师德规范的建设，但是师德规范建设的终极目的是促进教师道德品质的成长和学生的持续成长发展。因此，从教师职业道德发展的角度来看，师德规范的合理制定既丰富和具体了教师职业道德的内涵，又能提升教师的整体道德形象和教师个体的道德品质。②

师德规范是教师职业的道德规范，在本质上是扬善的，用于调整教师职业活动中的各种关系，是对教育专业行为提出的具体要求。师德规范调整教师职业活动中的各种关系，主要包括教师与国家和社会的关系、教师与学生的关系、教师与同事及教师集体的关系、教师与家长及其他相关人员的关系等。一套比较完备的师德规范，理应包括师德理想、师德原则、师德规则三个部分。师德理想是确立教师从事教育专业活动所信奉的道德理想和职业信念，给教师确立基本的价值取向和不断追求的终极目标，激励教师形成高尚的专业行为；师德原则是指导教师职业行为的准则和依据，它表述的是社会和教育界认同的、教师应该达到而且能够达到的一般性要求；师德规则反映的是对称职的教师的基本要求，与师德理想相比，师德规则更具体和更明确，更具有操作性。③ 师德理想、师德原则、师德规则是师德规范中必不可少的基本成分，它们从高到低分别构成了师德规范的最高要求、中级要求和最低要求。

二、师德规范的分类

师德规范是一个多层次、立体化的体系结构，依据不同的分类标准，可以将师德

①劳凯声.为何要为教师职业行为设底线[N].中国教育报，2013-12-02(04).

②檀传宝，等.走向新师德——师德现状与教师专业道德建设研究[M].北京：北京师范大学出版社，2009：66.

③傅维利.教师职业道德教育指南(第2版)[M].北京：高等教育出版社，2009：97—99.

规范划分为不同的类型。

(一)根据师德规范的来源及存在的方式的分类

根据师德规范的来源及存在方式的不同,可分为制度性师德规范、传承性师德规范和个体性师德规范。制度性师德规范是国家、社会、家长等对教师提出的道德要求和限制,以制度或法律的形式固定下来,这类师德规范具有强制性、不可违背性,对于教师而言,是外在规定性的、社会所期望的并要求教师遵守的特定的准则。传承性师德规范是基于传统文化而产生相应的职业道德规范,在内容上具有稳定性和连续性,如学而不厌、有教无类、传道授业等。个体性师德规范是教师用发自内心的道德来支持自己的职业行为,是一种剥离了利益等物欲的状态,是对自身职业道德责任的一种体认。这三类师德规范不是截然分开的,存在着相互交叉的现象,如关爱学生既是制度性师德规范,又是在长期教育实践中传承下来的优秀传统,也与教师个体内心情感体验相关。

(二)根据师德规范的性质的分类

根据师德规范的性质不同,可分为倡导性师德规范和禁止性师德规范。倡导性师德规范是提倡和要求从事教师职业的人积极去付诸实施的道德规范,以引导教师树立崇高理想,提升自身修养和精神境界,如教学公平、终身学习、"带头践行社会主义核心价值观,弘扬真善美,传递正能量"等。禁止性师德规范是对教师不能为的职业行为的一种规定,如果教师违反了相应的职业道德行为,就会采取相应的处罚措施,如教师"不讽刺、挖苦、歧视学生,不体罚或变相体罚学生","不得通过保教活动、论坛、讲座、信息网络及其他渠道发表、转发错误观点,或编造散布虚假信息、不良信息"等。

(三)根据师德规范对教师的要求和限定程度的分类

根据师德规范对教师的要求和限定程度不同,可分为红线型师德规范、底线型师德规范、好人型师德规范和理想型师德规范。红线型师德规范是对师德禁行行为的明确规定,如《教育部关于建立健全高校师德建设长效机制的意见》中明确规定高校教师禁行行为的"红七条",其内容包括高校教师不得有损害国家利益,损害学生和学校合法权益的行为;不得索要或收受学生及家长的礼品、礼金、有价证券、支付凭证等财物;等等。底线型师德规范是一种最根本、最普遍的道德行为规范,也是最基本的道德义务,这类师德规范在教育部制定的《新时代高校教师职业行为十项准则》《新时代中小学教师职业行为十项准则》《新时代幼儿园教师职业行为十项准则》等中均有明确的规定。好人型师德规范是对弘扬教师美德或道德模范教师的一种规定,如"四有"好老师的标准,即有理想信念、有道德情操、有扎实学识、有仁爱之心。理想型师德规范是指多以高于一般民众的道德水准来要求教师,如我国传统儒家要求教师要遵守"忠恕之道",要"成圣成贤""万世师表";现在我们要求教师"燃烧自己,照亮别人""忠诚于人民教育事业,志存高远,勤恳敬业,甘为人梯,乐于奉献"

等。总之，作为教师，首先，必须遵守法律法规，不能触及国家规定的“红线”，遵守教师职业道德规范的底线要求，做一个普通教师；其次，要积极遵循师德规范的基本要求，做一个好人型的教师；再次，应该心存梦想，以人的崇高信念和理想德性追求一种“圣人”的境界，做一个理想型的教师。①

(四)根据教师在教育教学活动中涉及的具体职业行为的分类

根据教师在教育教学活动中涉及的具体职业行为的不同，可将师德规范分为教学行为规范、思想行为规范、人际行为规范、仪表行为规范、学术道德规范等。教师的教学行为规范主要包括教学态度端正、激发学生的求知欲、严格要求且尊重学生、钻研业务、组织好课堂教学、合理安排练习、语言清晰流畅、仪表端庄、板书整洁等。教师的思想行为规范主要包括爱国守法和坚定政治方向，如全面贯彻国家教育方针，自觉遵守教育法律法规，依法履行教师职责权利，不得在教育教学活动中及其他场合有损害党中央权威、违背党的路线方针政策的言行等。教师的人际行为规范一般包括教师与学生的人际行为规范，教师与教师的人际行为规范，教师与国家、社会、家长和学校的人际行为规范等。教师的仪表行为规范要求教师衣着服饰朴实、整洁、得体，举止行为稳重大方，与人为善，态度亲切等。教师的学术道德规范要求教师追求真理、学术至上、端正学风、诚实守信、勇于探索、大胆创新。

三、师德规范的功能

(一)对弘扬高尚教师职业行为的引导功能

每位教师都依照师德规范立身行事，多数教师组合起来才是一个有序的教师群体。师德规范不仅是别人要求教师，也是每位教师自己要求自己，否则自己就“难以生存”。师德规范主要表现为一种以自觉自律为主要特征的道德规范，在于通过他律来达到每位教师自修其身。师德规范的道德属性，也规定了它对教师职业操守提出的要求不可能像《教师法》《教师资格条例》等法律法规那样，仅仅规范教育者最基本的行为，而应该对教师提出更高的师德理想的要求，引导教师追求高尚的专业生活，并转化为促进教师育人实践和专业发展的行动指南。总之，师德规范对教师职业道德的发展起着引导作用，促进教师提高自我的职业道德修养，改善自己的职业能力，弘扬高尚的教师职业行为。

(二)对违反师德底线行为的管理功能

近年来，我国的师德建设已取得长足进展，不仅在师德建设、教师行为规范建设方面体现出分类指导思想，而且把师德规范从侧重于“扬善”发展到“扬善”与“抑恶”并重，把教师的“职业道德规范”扩展为新时代的“职业行为准则”。当前的师德规范明确提出对教师职业行为的禁止性要求，明确列举需要加以处理的违反师德的行

---

①任海宾. 师德规范——源自内心的标准[J]. 教育科学研究，2016(3)：12—15.

为，这既是对目前社会普遍反映或反映强烈的师德问题所作的及时回应，同时也为教师职业行为设置了底线，对现实生活中违反教师职业行为及处理方式加以统一规定，为处分违反师德规范的行为提供有力依据。这种管理功能不仅能约束教师行为，也能引导教师适时调整自身的职业行为，还是保护教师权利的有效途径，它能让教师的行为真正做到有规可依、奖罚有据，以达到规范教师职业行为和保障教师权益的双重目的。

（三）对教育对象的教育功能

师德规范既是对教师个人行为的规范要求，又是教育学生的重要手段，起着“以身立教”的作用。教师职业工作的一个显著特点就是教育主体和教育手段的合一性，教师既是教育的主要责任者，又是教育的手段，教师的举手投足都会对学生产生影响，且这种影响是持久而深远的。一个具有良好职业素养的教师，会以自身高尚的职业精神、道德品质和人格修养深深地感染着学生，对学生产生非常好的影响；否则，就会产生不好的影响。学生能从教师的道德意识和道德行为中吸取是非善恶观念，当教师按照师德规范行为时，会使道德要求具体化、人格化，使学生在鲜活的榜样中受到启迪和教育，在潜移默化中形成教师和社会所期望学生拥有的良好思想品德，促进学生品格的完善。

（四）对社会文明的示范功能

师德规范是一般道德规范在教师职业中的特殊体现。历朝历代堪称道德规范的楷模人物，被认为是社会的文化使者、高尚社会公德的代表的教师，他们对社会文明的示范功能主要通过三种途径表现出来：一是教师的职业劳动是社会生产劳动的重要组成部分，教师通过对学生的塑造和培育参与社会物质文明的建设，以培养品德优良的学生来影响社会公德，促进社会文明的发展和传播；二是教师通过参与各种社会活动来影响社会公德，当教师严格遵守师德规范，以高尚的道德模范出现在社会中时，对社会的精神文明起到很好的引领和示范作用，这样的教师可以引导整个社会风尚的形成，真正做到“行为世范”，进而可能带动整个社会道德水平的提升；三是教师可以通过自身以及自己培养的“产品”来参与和促进社会美好生活和良好人际关系的重建，促进社会物质文明和精神文明的建设。

第二节
中国师德规范的历史沿革

中国自古以来就是一个非常重视道德修养的国家，有着悠久的尊师重教的优良传统。在长期的历史积淀中，形成了许多优良的传统师德规范，这些传统师德规范既是中国古代道德规范的重要组成部分，又成为现代教师职业道德思想体系的源泉。随着教师职业的历史变革，从传统师德规范到现代师德规范的变迁是一个漫长的过程。

一、古代社会的师德规范

从夏朝开始，我国就进入了奴隶社会，这时不仅有文字，还有了学校。最早对教师提出道德要求是在商周时期，教育呈现了官师一体化，官即师，师亦官，其师德规范主要体现为要求教师忠诚于奴隶主阶级，为奴隶制度服务。对师德规范较为全面的论述大致是从孔子开始的，孔子一生从事教育事业，招收学生举办私学，他将“仁”确立为道德规范，“仁”也是孔子道德教育思想的核心。据此，孔子对教师提出了一系列的行为规范，如“学而不厌，诲人不倦。”“举一隅不以三隅反。”“其身正，不令而行；其身不正，虽令不从。”“见贤思齐焉，见不贤而内自省也。”

自孔子后，一时大思想家辈出，如墨子、孟子、荀子等，皆能著书立说，而成一家之言。在他们的教育实践及著书和言论中，对师德规范提出了精辟的见解，系统地总结了当时的教育经验。墨子以“兼爱”为教育思想的根基，认为教育目的在于培养“兼士”或“贤士”，使受教育者具有“兼爱”的品德，能够“爱在万民”，以实现他的“兼相爱，交相利”的社会思想。他强调教师必须做到“以身载行”，言行一致，“言必信，行必果”。他反对儒家只是被动答问的教学态度，主张教师应“扣则鸣，不扣必鸣”，应以积极的态度去教求学的人，对于不来学的人也应该主动去教。

孟子一生热心教育工作，对师德也颇有研究，他以“性善论”为其道德教育思想的理论基础，强调教师从人性的善端来展开教育活动，开启学生的智慧，“君子引而不发，跃如也；中道而立，能者从之”。在道德修养方面，孟子提出了“浩然之气”的崇高精神境界，主要靠人的内心修养来达到这一人格理想。

荀子是先秦诸子中最为提倡尊师的，表达了与孔孟不同的见解。荀子将教师提高到与天地、祖宗并列的地位，将教师视为治国之本，真正的教师应当是辅佐君王的“大师”，跟国家命运紧密相关，“国将兴，必贵师而重傅；贵师而重傅，则法度存。国将衰，必贱师而轻傅；贱师而轻傅，则人有快；人有快则法度坏”。在师生关系上，荀子强调学生对教师的绝对服从，师云亦云，甚至认为“言而不称师，谓之畔；教而不称师，谓之倍。倍畔之人，明君不内，朝士大夫遇诸涂不与言”。荀子对教师也提出了很高的要求，“尊严而惮，可以为师；耆艾而信，可以为师；诵说而不陵不犯，可以为师；知微而论，可以为师”。

秦统一中国后，“焚书坑儒”导致了对前人道德思想遗产的盲目遗弃。西汉建立了统一国家后，为了适应封建社会的发展，汉代师德规范更加强调维护封建社会的道德。董仲舒建议“罢黜百家，独尊儒术”的大一统思想被汉武帝所接受，提出了德威共济、恢复周礼、贤人政治、传经授书、信守师法等主张，将儒家的文化和思想发扬光大，从此大大发展了春秋战国以来的师德。

董仲舒对教师如何施教、治学和修身等方面提出了独到的见解。董仲舒已经注意到“今师异道，人异论，百家殊方，指意不同”的历史现象，提出统一纲纪、正谊明道，成为处理师生关系的要则。对于教师的语言艺术，董仲舒主张“其言寡而足，约而喻，简而达，省而具，少而不可益，多而不可损”，教师在传授仁义之道时要做到“其言正务”，把最重要的道理和最好的研究成果讲授给学生。教师需要严格要求自己，使得自身行为合乎正道，用胜于言传的身教来教育学生，“仁之法在爱人，不在爱我；义之法在正我，不在正人；我不自正，虽能正人，弗为义；人不被其爱，虽厚自爱，不为仁”。教师要观察学生的学习状况，斟酌学生的接受能力，进行适时、适度和适量的教学，做好教书育人工作，“善为师者，既美其道，有慎其行，齐时早晚，任多少，适疾徐，造而勿趋，稽而勿苦，省其所为，而成其所湛，故力不劳，而身大成，此之谓圣化，吾取之”。在教师治学方面，需要发挥“强勉”精神，专心致志，“强勉学问，则闻见博而智益明；强勉行道，则德日起而大有功”。对于教师的自身修养，董仲舒强调教师应“扬善抑恶”，从学生兴趣爱好出发，纠正学生不良的行为习惯，促进其发展。教师的道德修养应做到“仁智结合”，“仁而不智，则爱而不别也；智而不仁，则智而不为也。故仁者所以爱人类也，智者所以除其害者也”。所以，仁智统一能使教师养成完美的人格。

唐朝是文化教育的鼎盛时期，社会越发展就越强调教育，越强调教育就越注重师德规范和修养。韩愈提出尊师重道的传统，不仅在当时，甚至如今都起到振聋发聩的作用。一是为师的标准，韩愈把“传道”作为教师的重要素质，教师闻道受道在先，只要学有所成，不论出身、门第，都可以为人师表，正如韩愈所言：“生乎吾前，其闻道也固先乎吾，吾从而师之；生乎吾后，其闻道也亦先乎吾，吾从而师之。吾师道也，夫庸知其年之先后生于吾乎？是故无贵无贱，无长无少，道之所存，师之所存。”二是在培养学生方面，教师应有宽广的胸怀，“弟子不必不如师，师不必贤于弟子，闻道有先后，术业有专攻，如是而已”。三是韩愈明确提出了教师的任务就是“师者，所以传道、授业、解惑也”。教师有三大任务：第一，传道，传授儒家修身、齐家、治国、平天下之道；第二，授业，讲授儒家的四书五经之业；第三，解惑，解答学生在学习儒家之“道”“业”过程中遇到的疑惑。

南宋时期的理学家及儒学的集大成者朱熹，一生讲学50余载，积累了丰富的教学经验，形成了比较系统的师德理论。朱熹承袭了儒家的一贯主张，明确教育的目的在于“明人伦”，在此思想指引下，朱熹在总结前人教育经验和自己教育实践的基础上，基于对人的心理特征的初步认识，把一个人的教育分为“小学”和“大学”两个既有联系又有区别的阶段，且两者有不同的教学任务、内容和方法。他提出了为学进德“不可求欲速之功”，而应当“学以渐而至”“积少成多”。朱熹认为，教师最为主要的任务是教会别人善于“为学”，强调把“修身”“接物”作为道德修养的准绳，主张教师个人应以立志、居敬、存养、省察、力行为修身养性的好方法，养成良好的道德习惯。在处理教师的职业人际关系上，朱熹承传了“己所不欲，勿施于人”的儒家传统。

明清是封建社会由盛而衰的时期，封建制度弊病丛生，但也涌现出一大批进步的思想家和教育家，对师德规范作出了重要阐述。王守仁就是其中的代表，他继承了陆九渊的心学，提出了“心即理”“致良知”“知行合一”等命题，对后世影响较大。王守仁从他的“致良知”学说出发，提出了“学以去其昏蔽”的思想，认为教师工作的目的就是要“致良知”，培养人完善的道德品格，注重用内在的道德来规范行为。王守仁主张教师应该循循善诱，因材施教，综合考虑受教育者的身体、智力和精力等方面的发展特点，量力而行，与人论学，要“随人分限所及”“人的资质不同，施教不可躐等”。教师应该教学生以真知，注重培养学生知行合一，使学生学业不断进步。他说：“知是行的主意，行是知的功夫；知是行之始，行是知之成。若会得时，只说一个知，已自有行在。只说一个行，已自有知在。”

概括起来，师德在传统社会里形成了系统的规范体系，大致包括以下几个方面：其一，道德示范，言传身教。道德示范和言传身教是传统教师职业规范最起码的要求，也是师德的综合体现，具体要求教师首先要以身作则、端正品行、注重身教、提倡力行、师严道尊、博学新知。其二，有教无类，公平施教。有教无类和公平施教是教师招生与教学过程中应遵循的基本规范和尺度。有教无类指的是不论学生出身贵贱贫富、地域差异都应加以教育。教育是传播人类文明的活动，坚持正义是传统社会教师的人生追求和立身处世之道。其三，教学相长，爱护学生。教学相长和爱护学生是教师处理师生关系所应遵循的基本规范和尺度。教学相长是建立良好师生关系的基础，要处理好师生关系，教师需要多方面的努力，其中爱护学生是处理好师生关系的最基本条件。爱护学生主要体现为教师要关心、了解学生，对学生一视同仁，寄予厚望。其四，学而不厌，自省其身。学而不厌和自省其身是教师终身学习所应遵循的基本规范和尺度，要求教师努力学习，永不满足，不知厌倦，不断复习旧知识，从中获得新体会、新发展，时常反躬自问，日省其身。

二、近代社会的师德规范

鸦片战争后，一批先进的中国人开始思索救国救民之路。许多思想家在提倡新学、反对旧学的过程中，提出了大量发人深省的思想和教育言论，对师德规范的发展也起到了积极的推进作用。其中，清末改良派领袖康有为对于师德的论述，颇具代表性。他对师德规范提出的要求，主要渗透在其所设想的教育体系中，针对不同的教育阶段的教师提出不同的规范要求。例如，要求幼儿教师要“静细慈和而有耐性”“德性慈祥、身体强健、资禀敏慧，有恒性而无倦心、有弄性而非方品者”；小学教师应该“德性仁慈，威仪端正，学问通达，诲诱不倦”；中学教师要“行谊方正，德性仁明，文学广博，思悟通妙，而又诲人不倦、慈幼有恒”；大学教师要“专学精深奥妙实验有得”。[①] 康有为对不同教育阶段师德规范的系统阐述，为我国近代以后的师德发展奠定了基础。

民国以后，教育界人士开始关注教育改革问题，对师范教育中的师德问题也进行了深入探讨。蔡元培积极吸取西方大学的精神，提出“思想自由，兼容并包”的办学原则，大胆聘用学有专长、学养深厚的教师。他认为：“对于教员，以学诣为主。在校讲授，以无背于第一种之主张为界限。其在校外之言动，悉听自由，本校从不过问，亦不能代负责任……夫人才至为难得，若求全责备，则学校殆难成立。”[②]由此可见，他主张教师要有自由、民主、平等的精神，要求教师为人师表，范为楷模。李大钊认为，教师应该做“民众的先驱”，以振兴中华为己任，为青年树立脚踏实地、乐于进取的人生观，穷极改造世界的责任，为创造一个青春的中国而奋斗，以促使青少年的全面发展。[③] 杨贤江认为，教师要担负起学生“全人生”的指导责任，肩负起社会的使命，也应该是一个革命者，具有高尚纯洁的美德，能够起到表率作用。

近代的人民教育家陶行知一生献身于大众教育事业，他认为教师在教化民众、改造社会方面发挥着举足轻重的作用。第一，陶行知提出了师德规范的精髓，就是“千教万教，教人求真”的社会责任感和奉献精神，教师要怀着一颗赤子之心从事教育活动，对人民大众高度负责，要“捧着一颗心来，不带半根草去”[④]。第二，教师要了解学生，与学生建立民主的师生关系，“真教育是心心相印的活动，唯独从心里发出

①陈学恂．中国近代教育文选[M]．北京：人民教育出版社，1983：111—122.

②高平叔．蔡元培全集(第三卷)[M]．北京：中华书局，1984：271.

③王文东．心灵的教化——变革社会中的中国师德[M]．成都：四川人民出版社，2003：64—65.

④陶行知．陶行知文集(上)[M]．南京：江苏教育出版社，2008：384.

来，才能达到心的深处”①。第三，教师要勇于创新。他认为，一流的教育家要探索未发明的真理，要“不怕辛苦，不怕疲劳，不怕障碍，不怕失败，一心要把那教育的奥妙新理，一个个地发现出来”②。第四，教师要以身作则，为人师表，不断完善自己，做好学生的楷模，“要学生做的事，教职员躬亲共做；要学生学的知识，教职员躬亲共学；要学生守的规矩，教职员躬亲共守”③。

三、现当代社会的师德规范

新中国成立后，师德规范在继承总结优良传统和反思现实教育实践的基础上，形成了师德规范发展的一个新阶段。纵观新中国成立70多年来师德规范发展的历程，大体可以分为三个阶段：一是师德规范的萌芽期，大体从1949年到改革开放之初，强调师德规范的思想政治标准；二是师德规范的建设期，从改革开放之后到21世纪的前10年，这是师德规范的专业化发展时期；三是师德规范的完善期，大体从2012年至今，强调师德规范向精细化、纵深化和常态化发展。

（一）师德规范的萌芽期

新中国成立之初，百废待兴，尽管党和国家十分重视中小学教师的职业道德建设，但并未形成正式的、专门的师德规范文件，一些内容散落在相关的政策文件中。在有关师范教育的文件政策中，多少会提及有关教师职业道德的问题。例如，1951年8月，当时的教育部部长马叙伦在第一次全国初等教育与师范教育会议上明确提出：“我们所培养的各级各类学校的新师资，必须是用马克思列宁主义、毛泽东思想武装起来的、熟悉业务的、全心全意为人民教育事业服务的人民教师。”1952年，教育部先后颁布了两个重要文件，即《关于高等师范学校的规定》和《师范学校暂行规程（草案）》，都强调了要培养“全心全意为人民教育事业服务”的师资队伍。1958年3月，教育部召开第四次全国教育行政会议，明确提出“积极发展和改进各级师范学校，培养又红又专的工人阶级自己的教师队伍”。1961—1963年，教育部先后颁布《教育部直属高等学校暂行工作条例（草案）》《全日制中学暂行工作条例（草案）》《全日制小学暂行工作条例（草案）》三个重要文件，肯定了教师在学校中的作用，强调要关心教师的思想改造，并对教师提出相关要求。④ 其中，《教育部直属高等学校暂行工作条例（草案）》规定：“教师应该努力学习马克思列宁主义、毛泽东著作，自觉地进行思想的自我改造，认真钻研业务，不断提高自己的思想政治水平和业务水平。”

---

①陶行知．陶行知文集（上）[M]．南京：江苏教育出版社，2008：346．

②陶行知．陶行知文集（上）[M]．南京：江苏教育出版社，2008：41．

③陶行知．陶行知文集（上）[M]．南京：江苏教育出版社，2008：146．

④何东昌．中华人民共和国重要教育文献（1991—1997）[M]．海口：海南出版社，1998：1154．

总的说来，新中国成立后一直到改革开放前，师德规范大体上是以政治思想为标准，出发点是积极的，但视政治伦理为衡量教师行为的唯一标准，却忽视了教育发展的客观规律，给当时的教育事业带来了负面的影响。①

(二)师德规范的建设期

改革开放后，师德规范的发展逐渐步入了正轨。从1978年到20世纪80年代末期，教育部及原国家教委陆续颁布了《全国重点高等学校暂行工作条例(试行草案)》《关于全日制中等专业学校领导管理体制的暂行规定》《城市幼儿园工作条例(试行草案)》《中等师范学校规程(试行)》《关于中、小学教师队伍调整整顿和加强管理的意见》《中小学教师职业道德要求(试行草案)》《高等学校教师职务试行条例》等数十个文件，其中均强调了教师要忠诚党的教育事业、以身作则、热爱学生、努力学习、教好功课、加强团结等内容。

1991年8月，原国家教委、中国教育工会颁布了修订后的《中小学教师职业道德规范》，其核心是坚持社会主义方向，教书育人，精心培育德智体全面发展的社会主义新人。1997年8月，原国家教委、中国教育工会颁布重新修订的《中小学教师职业道德规范》，目的在于进一步提高中小学教师的道德素质水平，自觉规范中小学教师的思想行为，促使全体中小学教师真正成为人民满意的教育工作者。进入21世纪，随着素质教育和教育改革的不断推进，探索适应新时期的教师职业道德内容及其发展途径成为新时期师德建设的重大任务。2005年，教育部印发了《教育部关于进一步加强和改进师德建设的意见》，从思想政治素质、职业理想、职业道德水平等方面对教师行为规范提出了要求。2008年9月，教育部、中国教科文卫体工会全国委员会颁布了再次修订的《中小学教师职业道德规范》。2010年7月发布的《国家中长期教育改革和发展规划纲要(2010—2020年)》，对教师师德提出的要求是“关爱学生，严谨笃学，淡泊名利，自尊自律”。

这一时期的师德规范依据形势发展的要求，不断地修订、完善和丰富其内容体系，强调了师生之间的民主平等关系，重视教师的教学态度和能力，有效地提高了教学质量。这表明我国教师职业道德规范化进程获得了充分的发展，迈入了成熟期。但是缺乏关于违反师德规范的惩戒条文，对师德规范的监督还不够到位，导致教师自身忽视了师德修养的提升。

(三)师德规范的完善期

党的十八大报告明确提出，把立德树人作为教育的根本任务，弘扬社会主义核心价值观，培养德智体美全面发展的社会主义建设者和接班人。党的十九大也提出

---

①施克灿.新中国70年教师行为规范流变——基于政策文本的分析[J].教师发展研究，2019，3(2)：9—13.

要加强师德师风建设，培养高素质教师队伍，倡导全社会尊师重教。因此，加强教师职业道德规范建设，提升教师师德师风水平，是新时代教师队伍建设的重中之重。

教育部在吸收教师专业化研究成果的基础上，陆续颁布各级各类教师的专业标准，包括 2012 年颁布的《幼儿园教师专业标准（试行）》《小学教师专业标准（试行）》《中学教师专业标准（试行）》，2013 年颁布的《中等职业学校教师专业标准（试行）》，2015 年颁布的《特殊教育教师专业标准（试行）》《中小学教师水平评价基本标准条件》等标准体系，通过教师的专业标准对教师专业素质提出新的要求，以此来规范和管理教师的教育教学行为。2013 年教育部印发《教育部关于建立健全中小学师德建设长效机制的意见》，2014 年教育部颁布《中小学教师违反职业道德行为处理办法》《教育部关于建立健全高校师德建设长效机制的意见》，2018 年相继颁布《中共中央国务院关于全面深化新时代教师队伍建设改革的意见》《新时代高校教师职业行为十项准则》《新时代中小学教师职业行为十项准则》《新时代幼儿园教师职业行为十项准则》《中小学教师违反职业道德行为处理办法（2018 年修订）》《幼儿园教师违反职业道德行为处理办法》《教育部关于高校教师师德失范行为处理的指导意见》，以及 2019 年教育部就《中小学教师实施教育惩戒规则（征求意见稿）》公开征求意见。这一时期，这些文件不断地突出师德规范的针对性、有效性和可操作性，更加强调教师行为规范的底线道德，并作为教师失范的惩罚依据，具有更强的约束力，对教师行为规范既注重“崇善”，又强化“惩戒”，为教育界营造风清气正的良好氛围奠定了坚实基础，师德规范逐步走向精细、严密和完善。

第三节
世界各国代表性的师德规范

联合国教科文组织对师德规范建设问题给予了极大的关注，于1966年通过了《关于教师地位的建议》和1975年提出了《关于教师作用的变化及其对教学专业的职前教育、在职教育的影响的建议》两份重要文件之后，在2015年出版的《反思教育：向“全球共同利益”的理念转变?》报告中，明确对教师提出新的规范要求：“教师需要接受培训，学会促进学习、理解多样性、做到包容、培养与他人共存的能力以及保护和改善环境的能力。教师必须促进尊重他人和安全的课堂环境，鼓励自尊和自主，并且运用多种多样的教学和辅导策略。教师必须与家长和社区进行有效的沟通。教师应与其他教师开展团队合作，维护学校的整体利益。教师应了解自己的学生及其家庭，并能够根据学生的具体情况施教。教师应能够选择适当的教学内容，并有效地利用这些内容来培养学生的能力。教师应运用技术和其他材料，以此作为促进学习的工具。应鼓励教师继续学习和提高专业能力。”①

一些发达国家比较重视师德规范建设，但由于各国文化和制度不同，所赋予教师的身份地位也不同，其师德规范建设也各具特色，值得我们学习和借鉴。

一、美国的师德规范

美国重视教师职业素养的培育和养成，形成了独具特色的做法和经验。其系统地开展师德规范建设，始于1929年7月美国的全国教育协会通过的《教学专业伦理规范》。此规范出台后历经6次修订，1975年最终成型，定格为《教育专业伦理规范》并沿用至今，成为美国教育界指导教师行为的权威性文件，而且成为其他国家建立师德规范的一个范本。

该规范包括序言、原则一和原则二共三个部分。序言部分是对教师提出的最高要求，为每一个教师指明了应当努力的方向，可以理解为是该规范对师德理想的规定，是教育工作者接受这种职责的最高伦理标准，具体概括为：教育工作者相信每一个人的价值和尊严，追求真理，力争卓越，培养民主信念。原则一和原则二则分别首先阐述了教师对待学生和对待本专业两个方面的义务，这两个方面的内容可以说是一种指导教师的行为准则，是以师德理想为基础展开的师德原则。具体规定为：一

---

①联合国教科文组织.反思教育：向“全球共同利益”的理念转变？[M].联合国教科文组织总部中文科，译.北京：教育科学出版社，2017：55.

是对待学生的义务是教育工作者力争帮助每个学生实现自身的潜能，使他们成为有价值而又有效率的社会成员；二是对待本专业的义务是教育工作者必须竭尽全力提高专业标准，促进鼓励运用专业判断力的风气，争取条件以吸引值得信赖者步入教育生涯，并且帮助阻止不合格者从事教育专业。①

原则一和原则二的主体内容部分是围绕教师对待学生和对待自己所从事的专业这两个方面所作出的明确的、具体的规范要求，限定着教师在课堂内外各方面的表现，也可以被认为是师德规则，是每位教师应达到的基本标准或起码要求。其中，对待学生方面的规定，要求教育工作者务必：(1)不得无故压制学生求学中的独立行动；(2)不得无故阻止学生接触各种不同的观点；(3)不得故意隐瞒或歪曲与学生进步有关的教材；(4)必须作出合理的努力保护学生，使其免受有害于学习或者健康和安全之环境的影响；(5)不得有意为难或者贬低学生；(6)不得以种族、肤色、信条、性别、原有国籍、婚姻状况、政治或宗教信念、家庭、社会或文化背景、性别取向，不公正地：排斥任一学生参加任何课程，剥夺任一学生的任何利益，给予任一学生以任何有利条件；(7)不得利用与学生的专业关系谋取私利；(8)如非出于令人信服的专业目的或者出于法律的要求，不得泄露专业服务过程中获得的关于学生的信息。对待自己从事的专业方面的规定如下：(1)不得在申请某一专业职位时故意作虚假的陈述或者隐瞒与能力和资格有关的重要事实；(2)不得出具不符合事实的专业资格证明；(3)不得帮助明知在品格、教育或其他有关品质上不合格者进入本专业；(4)不得在有关某一专业职位候选人的资格的陈述上故意弄虚作假；(5)不得在未经准许的教学实践中帮助非教育工作者；(6)如非出于令人信服的专业目的或者出于法律的要求，不得泄露专业服务过程中获得的关于同事的信息；(7)不得故意作有关同事的虚假的或恶意的陈述；(8)不得接受任何可能损害或影响专业决定或行动的赠馈、礼品或恩惠。②

1996 年美国制定了《优秀教师行为守则》，其中给教师的行为提供了一定的道德标准。此外，全美各州教师教育与证书主管协会于 2015 年 6 月 25 日发布了首份全美教师职业道德规范。该规范将教师应遵守的职业道德要求划分为五大类：(1)对职业本身负责，认识到选择教师作为职业意味着要承担高于法律最低要求的道德责任；(2)对专业能力负责，在对知识和技能的运用、个人性格展示等方面追求最高的专业水平；(3)对学生负责，尊重学生，为学生营造健康、安全、良好的教育环境；

---

①王丽佳．美国全国教育协会教育专业伦理规范历史演进探析——兼谈师德规范建设[D]．上海：华东师范大学，2010：80—81.

②王丽佳．美国全国教育协会教育专业伦理规范历史演进探析——兼谈师德规范建设[D]．上海：华东师范大学，2010.80—81.

(4)对学校集体负责，与集体成员建立良好、有效的互动关系；(5)合理运用科学技术，遵循伦理道德，充分意识到通过技术手段交流、运用、创造和扩散信息的影响，慎重考虑技术手段的使用时间、地点及方式。①

从美国颁布的这些师德规范可以看出，不是将师德看作一种抽象、崇高、不可侵犯的精神层面的某种境界，而是更偏重外显行为，重心是在教师的行为“规范”方面。美国的师德规范是基于社会对教师职业的期待以及教师在职场中涉及具体的人际关系两大维度来制定的，彰显的是教师职业的社会性和专业性，对教师职业道德底线行为作出规定，成为教师不良行为受到处罚的依据。美国的师德规范完全把教师的职业道德规范与一般公民道德规范和其他职业的道德规范区别开来，具有较强的约束力和法律效力。②

二、英国的师德规范

英国的师德规范建设，主要是由英国规模最大的教师组织全国教师联合会(NUT)来推动的。2007年，全国教师联合会从四大方面对教师行为规范提出明确要求：(1)不合适的行为，如“撕毁孩子作业或者贬低其作品”“对着儿童叫嚷”等；(2)应避免的有争议的行为，如“教师不应和一群学生在聚会、社区酒吧或操场上喝酒”“教师在和一个学生单独交谈时，一定要保证可以被其他成年人看见，或者在一个开放的空间进行，或至少房子里应有一个朝着走廊开的窗户”；(3)应避免的渎职行为，包括“利用职务之便从朋友、家人或熟人处购买学校物品或服务”“不公正考试”等；(4)应避免的失职行为，包括“不要让幼小的学生或者身体脆弱的学生处于无人看管的状态”“及时报告学校可能存在的重大危险、事故、损伤”等。③

2012年，英国政府新修订的《教师标准》，对教师的个人和专业操守作了明确规定。为了更好地实施该规范，英国先后颁布了多项与之相配套的教育政策文件，如2013年的《英国教师规则条例》、2016年的《教师职业失范：教师禁令》《教师失范行为：立法程序》等。这些文件，包括了教师个人与职业行为标准以及教师规则条例两个方面。一方面是教师个人与职业行为标准，主要规范教师在教育教学过程中对待学生的态度和行为，具体包括：(1)教师要严格对待学生，尊重学生，遵守教师工作的职业边界；(2)教师要尊重学生的法定权利；(3)教师要不损害英国核心价值观，即民主、法治、自由、共同尊重，包容不同信仰与观念；(4)教师应确保自己所表达的个人观念不会激发学生的弱点或导致学生犯法；(5)教师必须了解并遵守学校法规；

---

①李琦.全美首份教师职业道德规范发布[J].世界教育信息，2015，28(16)：74.

②兰英.中美教师职业道德规范的文本分析及建议[J].西南大学学报(社会科学版)，2012，38(5)：56—61.

③程红艳.英国专业教师应该避免的行为[J].中小学管理，2011(2)：50—52.

(6)教师必须理解教师职业义务与责任,在法律所规定的责任范围内从事教学;(7)教师必须依照《儿童保护法》的要求保护学生的利益。① 另一方面是教师规则条例,是教师在教育教学过程中必须遵守的基本法律规则,涉及教师的职业底线规范,主要包括身体虐待、精神虐待、性虐待和不合法的教学行为四个方面。②

总的说来,英国的师德规范强调儿童的权利优先,不仅限制教师的行为,还保护教师的合法权利,强调教师对整个教育行业声誉的影响,对促进英国教育质量的提升发挥着重要作用。

三、德国的师德规范

德国的教师原则上是国家公务员,除了承担普通公务员必须履行的义务外,还须承担作为教师应具体承担的义务。2004 年 12 月,德国颁布了全联邦性质的《教师教育标准:教育科学》,提出了教师应该具备的 11 大能力,这些能力又被归类为教学、教育、评价与创新 4 大能力领域,并给出了具体反映这些能力的指标。规定如下:第一,教学能力领域,强调教师是教与学的专业人员,包括:(1)教师按照学科专业及实际情况的要求设计课程,并正确地加以实施;(2)教师通过设计学习情境来支持学生的学习,教师鼓励学生,让学生有能力建立知识间的联系以及应用所学的知识;(3)教师帮助学生发展自主学习与工作的能力。第二,教育能力领域,强调教师履行其教化职责,包括:(1)教师了解学生的社会文化生活条件,在学校的框架下对学生个人的发展施加影响;(2)教师传授价值和规范,支持学生自主地判断和行动;(3)教师可以找到解决学校和课堂中困难与冲突的办法。第三,评价能力领域,强调教师合理而负责地从事评价与咨询活动,包括:(1)教师能够诊断学生的学习前提和学习过程,有针对性地促进学生的学习,向学生及其父母提供咨询;(2)教师根据透明的评价标准评价学生的成绩。第四,创新能力领域,强调教师不断提升自己的能力,包括:(1)教师对于教师职业的特殊要求有清醒的认识,他们将其职业视为是负有特殊责任和义务的公共职务;(2)教师视其职业为持续性的学习任务;(3)教师参与规划和实施学校项目和计划。③

简言之,德国的教师教育标准覆盖了教育科学、学科专业、学科教学法三个领域,并强调职前培养和在职继续培训结合起来,注重教师对教育意义的领悟以及教师自身的责任感,成为新世纪德国教师教育改革的一项重要举措。

---

①赵阳.英国教师职业行为规范制定与实施[J].外国教育研究,2019,46(8):30—44.

②赵阳.英国教师职业行为规范制定与实施[J].外国教育研究,2019,46(8):30—44.

③孙进.德国教师教育标准:背景·内容·特征[J].比较教育研究,2012,34(8):30—36.

四、日本的师德规范

在日本的历史上，师德规范建设也同样得到了重视。日本对于教师职业道德的研究从探讨“教师形象”开始，有过两种对立的观点，即教师是“圣职者”或“社会全体成员的服务者”和教师是“教育劳动者”。这两种观点直接影响人们对师德规范的认识。二战后，日本教育改革逐步摆脱了“教师圣职论”的教职观，提出了“教师劳动者论”的观点，力图追寻民主主义的现代教师新形象。1951 年 6 月，日本教师联合大会正式通过了《教师伦理纲领》，并沿用至今，对教师职业道德提出了具体的要求，内容包括：(1)教师要肩负起日本社会的使命，同青少年一起生活；(2)教师要为教育机会的均等而斗争；(3)教师要捍卫和平；(4)教师要站在科学真理的立场上行动；(5)教师不容许教育自由遭受侵犯；(6)教师要寻求公正廉明的政治；(7)教师要同家长一道跟社会的颓废现象作斗争，创造新文化；(8)教师是劳动者；(9)教师要维护生活权益；(10)教师要团结一致。①

此外，日本对教师职业的道德要求，主要是通过对学生的道德教育、学科教学、法律规定和教师录用考试体现出来的，主要内容包括：(1)对自身：教师应有良好的、健康适度的生活习惯，克制自己多余的欲望，生活有节制，有良好的教养。有勇气，有坚强的意志和坚韧的性格。自主、自律、诚实并具有责任心。有进取心，热爱真理、追求真理，努力实现自己的理想。(2)对他人：具有人类之爱，并具有慈善、体谅、亲切、温暖、感谢心与同情心。举止适度的社交礼仪，符合自己身份的语言。尊重自己并尊重他人，具有谦虚的态度和宽广的胸怀，与同事、朋友真诚相待，具有健康的异性观，男性与女性间相互理解，相互尊敬与爱护，互相促进。(3)对自然：热爱自然、敬畏自然，尊重生命并努力克服人类的弱点。(4)个人与团体：明确团体中个人的义务与责任，通过个人的努力提高团体的质量。具有公德、遵纪守法，履行公民的权利和义务。具有正义感、公平心，对社会的不良行为进行矫正，并关心社会福利。尊重劳动，乐于奉献。热爱家庭、热爱学校、热爱家乡、热爱祖国，正确地继承传统文化并不断创新，为年轻一代的幸福，为可持续发展而努力。加强国家间的理解，特别增进对亚洲和非洲的了解。了解日本在世界中的地位并体会日本人的责任。②

总之，日本深受儒家思想影响，其尊师重教的传统和中国一致，要求教师必须认识到自己的崇高使命，不断地刻苦研究和提高修养，努力履行自己的职责。在师德规范建设方面比较重视爱国意识和民族意识，以及重视教师个性的健全发展。

---

①瞿葆奎.教育学文集·日本教育改革[M].北京：人民教育出版社，1991：103—104.

②杨民.日本教师的职业道德及培养[J].教育科学，1999(3)：59—61.

五、澳大利亚的师德规范

澳大利亚除了国家层面制定的教师专业标准中有对教师职业伦理的要求之外，各个州和领地都制定了属于本地的教师专业伦理准则和行为准则。澳大利亚的教师职业伦理规范注重对核心价值的陈述，这为教师提供了连贯的道德观念和道德实践参照。其伦理规范涵盖的核心价值主要包括责任、尊重、正直、正义、同情和关怀等。责任是对本职工作应尽的义务，并能够承担相应的过失，教师可以通过提供高质量的教学、提升自己的专业素养和从学生利益最大化的角度与同事合作等方式来实现；尊重且重视学生个体的独特性，并尽可能多地对其提供支持和帮助，高度重视自己的同事，并在教育孩子的过程中意识到家长是教师的伙伴；教师的正直品质要求教师从学生利益最大化的角度行事，与学生、家长、同事和社区保持专业的关系，以及非常专业地做事；教师行为的正义性要求教师应当公平合理行事，服务于个人、社区以及大众的福祉，通过反思性专业讨论来解决不同利益群体和不同伦理准则的主张；教师的同情和关怀要求教师对学生的情绪和感受保持敏感，能够从他人的角度考虑问题，并能够给他人施以积极的影响。①

总之，为了能够提升教师的职业道德素养，澳大利亚通过制定明确的教师职业伦理和行为准则，通过激励教师伦理规范的核心价值，采取引导的方式帮助教师澄清伦理价值，推动伦理规范在实践中的运用。

练习与思考

简答题

1. 什么是师德规范？谈谈你对教育活动中师德规范的认识。

2. 分析师德规范在指导教师职业行为中的作用。

3. 分析中国古代社会师德规范的基本内容。

4. 分析新中国成立以来师德规范发展的历程及其对新时代教师队伍建设的意义。

5. 分析国际组织及主要发达国家师德规范建设的基本经验及启示。

6. 搜集身边优秀教师的事迹，并分析其是如何体现师德规范的。

---

①田爱丽. 引领、规范和保障：澳大利亚教师职业道德建设考察与启示[J]. 比较教育研究，2013，35(6)：52—56.

第十章

教师职业理念

◆思维导图

- 教师职业理念
  - 教育观
    - 素质教育的内涵
    - 国家实施素质教育的基本要求
    - 学校教育中开展素质教育的途径和方法
  - 学生观
    - 现代学生观
    - 教育要坚持“以人为本”的学生观
    - 人的全面发展思想与素质教育的关系
  - 教师观
    - 教师职业概述
    - 教师专业发展
    - 教师终身学习的意义

◆学习目标

1. 了解国家教育方针和国家实施素质教育的基本要求，能正确分析和评判教育现象。

2. 理解学生发展的特点和此学段对学生发展的意义，能关爱学生并客观公正地对待学生，促进学生的全面发展。

3. 了解教师专业发展的要求，具有终身学习与自主发展的意识。

◆学习重点

1. 国家实施素质教育的基本要求，在学校教育中开展素质教育的途径和方法。

2. 人的全面发展思想和“以人为本”的含义。

3. 教师专业发展的要求。

|第一节|

教育观

教育观是人们对教育所持有的看法。它包括内外两个方面，对外而言，指人们对教育者、教育对象、教育内容、教育方法等教育要素及其属性和相互关系的认识；对内而言，指人们对教育与其他事物相互关系的看法，以及由此派生出的对教育的作用、功能、目的等各方面的看法。教育观既受社会政治经济制度的制约，又受人们对教育要素不同观点的影响。

教育观的核心是教育目的，即教育是为了什么。由于教育目的不同，教育者实施的教育活动也不同。确立正确的教育观，需要正确认识教育的发展规律，正确认识教育活动中的各种内部关系。违背教育发展规律或不能完整认识教育内部的各种关系，都会导致错误的教育观，进而导致错误的教育结果。

一、素质教育的内涵

(一)素质教育的含义

所谓素质，就是指个体的先天禀赋以及在此基础上，通过环境和教育影响所形成与发展起来的相对稳定的身心发展水平以及人类文化在个体心理上的内化和积淀。基础素质大致可以包括以下几个方面。

第一，自然素质，分为身体素质和生理素质。身体素质一般是指人体在活动中所表现出来的力量、速度、耐力、灵敏、柔韧等机能，是一个人体质强弱的外在表现。生理素质是指在先天遗传和后天获得性基础上表现出来的人体形态结构、心理机能，特别是神经系统机能方面相对稳定的特征。

第二，心理素质，是人在先天素质的基础上，通过后天环境和教育的影响而逐渐形成的认知能力、情感素质、意志素质、气质和人格。心理素质是先天和后天的结合，是情绪内核的外在表现。

第三，社会文化素质，指人们在文化方面所具有的较为稳定的、内在的基本品质，表明人们的知识及与之相适应的能力行为、情感等综合发展的质量、水平和个性特点，包括思想观念、道德行为规范、科学文化知识、劳动生活技能、审美情趣等。

中国教育科学研究所“素质教育的概念、内涵及相关理论”课题组认为，所谓素质教育，“就是培育、提高全体受教育者综合素质的教育”。素质教育以促进人、社会、自然的和谐发展为价值取向，以德智体美劳全面发展的合格公民为培养目标，以全面贯彻党和国家的教育方针为根本途径，以教育质量的全面提升为显著特征。①

(二)素质教育的特点

关注人的发展是素质教育的灵魂、核心和目标。素质教育注重在教育过程中把人的全面发展放在中心地位，注重人的整体素质的全面提高、个性发展以及创新精神和能力的提高，发挥人的潜力和能力，为人的发展提供条件，并使人有能力掌握自身的发展，将个体的发展与社会的发展统一起来。素质教育强调个性化与社会化的统一、个体本位与社会本位的统一、人文教育与科学教育的统一。素质教育主要具有以下特点。

1. 全体性

受教育权是每个公民的基本权利之一。在我国，宪法确认中华人民共和国公民有受教育的权利和义务，并规定，国家培养青年、少年、儿童在品德、智力、体质等方面全面发展。基础教育阶段的素质教育面向每一个适龄儿童，促进每个受教育者都在其原有的基础上有所发展。它不是小众的精英教育，而是大众化、普及化的教育，面向相关法律所规定并保护的全体社会成员。

2. 全面性

素质教育中的“全面发展”实际上是在综合发展基础上的“最优发展”，而非各方面等量齐观。通过实现德智体美劳全方位发展，促进学生个体的最优发展。

针对个体来说，它是“一般发展”和“特殊发展”的统一，在各方面有所发展的基础上充分发挥个体的兴趣、特长，为其锦上添花，既要讲共性，又要讲个性，决不排斥有重点地发展个人的特殊方面，并提倡在一个群体中个体之间有差别地得到发展，发挥自身所长。

针对班级、学校乃至整个社会群体而言，它是“共同发展”和“差异发展”的协调，在谋求共同进步的基础上，承认校际、地域、族群等差异，充分实现其个性化的优势发展，体现教育百花齐放的和谐生态。

3. 基础性

所谓基础性，是相对于专业(职业)性、定向性而言的。基础教育阶段的素质教育是增强潜能、提升素养的教育，是为未来各级各类劳动者奠定终身发展基础的教育，而不是进行某一专业或职业的特殊训练。只有夯实基础，拓宽认知口径，专业人才的后续培养才有坚实保障。

4. 主体性

哲学意义上的主体指对客体有认识和实践能力的人，主体并不是一个实体性的

---

①“素质教育的概念、内涵及相关理论”课题组. 素质教育的概念、内涵及相关理论[J]. 教育研究，2006(2)：3—10.

范畴，而是价值关系的范畴。人作为主体并不在于他是一个实体性的人，而在于他在与世界的关系中处于一种能动性的地位。

主体性是指人在实践过程中表现出来的能力、作用、个人看法以及地位，即人的自主、主动、能动、自由、有目的的活动的地位和特性。主体性既是人作为主体所具有的性质，又是人作为主体的根据和条件。

素质教育是培养受教育者作为主体的能动性、创造性、主导性和意识性的教育，使受教育者树立积极主动的精神，唤醒、挖掘和调动每个受教育者的内在潜能，实现受教育者自觉地、主动地、能动地发展，彰显人的主体性，凸显人之为人的尊严。

5.发展性

素质教育的发展性强调的是对学生学习能力的培养。陶行知先生说过，教是为了不教。真正的教育是授人以渔，着眼于通过启迪心智、孕育潜力、增强后劲，培养学生自我学习、自我教育、自我发展的能力。

本质上，发展性符合“变化导向教育观”的趋势。一般来说，教育囿于经验和惯性，往往具有一定的保守性，要求年轻一代继承优秀文明成果的同时，也在一定程度上固化了他们的思维方式。这就需要在素质教育实施过程中，特别注意不仅要教授学生基础知识，更要强调对其创造能力的培养，以便年轻一代在对传统文化进行扬弃的基础上，有所创新和超越。

当然，自我教育能力的直接动力是每个人的主观能动性，因此，素质教育倡导尊重、发挥和完善学生的主体性。只有学生的主体性得到肯定和树立，才可能主动参与创造未来生活的进程。

6.开放性

素质教育不仅要求拓宽原有的教育教学途径，建立学科课程、活动课程和潜在课程相结合的课程体系，扩展传统教育教学空间，还要求建立起学校教育、家庭教育和社会教育相结合的立体教育网络，使教育无处不在、无时不在。素质教育的开放性强调既不限于某一人生阶段，也不囿于家庭、学校或社区等某一场所的学习，体现了未来终身学习社会的发展趋势。

二、国家实施素质教育的基本要求

国家提倡素质教育是寄望于每一个受教育者的身心和谐发展、可持续发展，最终实现全民族、全社会的共同进步，这就需要教育实施贯彻其理念和基本要求。

(一)着眼于全民族素质的提高

一个民族整体素质的高低决定了国家发展的潜力及其所能达到的高度。孔子“庶、富、教”的观点告诉我们，不但要藏富于民，还要对民众实行教化才会有治世。历史上鲜有民众素质低而社会发展水平高的先例。素质教育旨在通过对受教育者进行各方面的教育，从而提高其生存技能和综合素养，进而促进整个国民素质的提高，实现整个国家的繁荣富强。

（二）着眼于学生的可持续发展

现代国家的竞争根本上是人才的竞争。学生是国家和社会发展的后备力量，是未来社会建设的主力军。只有让他们真正掌握知识和技能，实现自身的可持续发展，才能为国家和社会的发展提供源源不断的后续力量，培养高素质的劳动者，从而实现国家的可持续发展，提升国家综合竞争实力。

（三）着眼于全体学生综合素质的提高

素质教育把培养学生德智体美劳等方面全面发展作为教育目标。当今社会是一个多元化的社会，学生只有德才兼备、综合发展，才能适应多元化社会的需求。国家建设需要各行各业合格乃至优秀的劳动者。国家和社会的发展最终要落实到每一个具体的人的发展上，人的现代化才能造就国家的现代化。

（四）着眼于学生的创新发展

众所共知，创新是一个民族进步的灵魂，是国家兴旺发达的不竭动力。一个缺乏创新的民族是一个没有希望的民族。素质教育把创新教育和基础知识教育结合起来，着力培养学生的创新精神、创新能力，这是素质教育的核心和灵魂所在。当然，创新并非空中楼阁，必须在充分吸收人类优秀文明成果的基础上才可能实现飞跃，所以创新是我们追求的目标，但仍然需要一步一个脚印扎扎实实地努力，保证受教育者在每一个教育阶段得到尽可能的高质量培养。

（五）着重于实现学生全面发展与个性发展的统一

教育目的是历史的产物，教育目的制定的根据存在社会本位和个体本位的价值协商，两者需要因时制宜、合理兼顾。当前，素质教育的目的既矛盾又统一：不但要促进全体学生的全面发展，进而实现社会整体的发展，而且要根据每个学生的个性特征和兴趣爱好因材施教，有针对性地培养学生，充分发挥学生的个性特长，为学生个人能力施展创造良好的条件，努力实现人尽其才，最终为国家和社会服务。

三、学校教育中开展素质教育的途径和方法

学校教育相较于家庭教育、自我教育，更具有目的性、计划性、科学性等优势，因此，要通过多种途径、多种方法，充分发挥学校教育培养人的主渠道作用。

（一）实施素质教育的途径

1. 国家政策、法律的建设是实施素质教育的重要保障

全面推进素质教育是教育事业的一场深刻变革，是一项事关全局、影响深远和涉及社会各方面的系统工程，需要国家相关政策、法律的引领和保驾护航。我国有

关教育的政策、法律法规日趋完备，法律横向体系和纵向体系已经构建。随着时代的发展，教育领域不断出现新的问题，需要立法完善，树立依法治教的观念，并做到有法可依，这是教育事业行走的底线。

2. 推进新课程改革是对素质教育理念的践行

新课程改革使教学从“教师中心”转向“学习者中心”、从“教会学生知识”转向“教会学生学习”、从“重结论轻过程”转向“结论与过程并重”。这些转变是教育观念的革新，无异于一场革命，推动素质教育通过新课程改革这一抓手得以实现，最终是为了培养具有现代视野、时代精神、先进技术的各行各业的建设者。

3. 学校管理、班主任工作是素质教育的重要手段

实施素质教育的途径除了学科课程之外，还包括学校教育活动中的管理活动，校外教育活动、班主任工作等。这些都是素质教育在学校中开展的常规途径。

学校管理是学校对本校的教育、教学、科研、后勤等各项工作进行计划、组织、协调和控制的活动。区别于教育行政部门对学校进行的教育行政管理，学校通过对自身的管理，把各项工作及其组成要素结合起来，发挥整体功能，以实现其对学生的培养目标，彰显学校育人特色。

班主任工作对实施素质教育有最直接的影响，因为班主任是学校中全面负责一个班级学生的思想、学习、健康和生活等工作的教师，是班级的组织者、领导者、教育者、协调者，可以说是一个班级的灵魂人物。2009 年颁布的《中小学班主任规定》第二条规定：“班主任是中小学日常思想道德教育和学生管理工作的主要实施者，是中小学生健康成长的引领者，班主任要努力成为中小学生的人生导师。班主任是中小学的重要岗位，从事班主任工作是中小学教师的重要职责。教师担任班主任期间应将班主任工作作为主业。”由此可见，中小学班主任工作的重要性不言而喻。

（二）实施素质教育的方法

1. 发挥教师的作用

素质教育的成败相当程度上取决于教师的教育理念和专业水平，教师先进的教育观念、较高的专业水平是教育事业蓝图落实的最终保证。教师必须树立科学的教育观念，深入理解素质教育的内涵，提高师德素养和教育教学能力，发挥教师在教的过程中的主体作用，这是至关重要的，因为师资水平是教育事业真正的瓶颈。

2. 调动学生学习的主动性

2001 年颁布的《基础教育课程改革纲要（试行）》在“课程改革的目标”中提出：“改变课程实施过于强调接受学习、死记硬背、机械训练的现状，倡导学生主动参与、乐于探究、勤于动手，培养学生搜集和处理信息的能力、获取新知识的能力、分析和解决问题的能力，以及交流与合作的能力。”这是素质教育实践的重要行动指南，也是素质教育的出发点。教育过程中要着力培养学生这些方面的能力，尤其是学习的

主动性。缺乏学习的主动性和求知欲,就不可能真正学好,更重要的是,在未来学习型社会,这一品质不可或缺,否则会让人丧失竞争力。

3.积极开展综合实践活动

积极开展多种形式的综合实践活动是实施素质教育的重要方法。《基础教育课程改革纲要(试行)》指出:"从小学至高中设置综合实践活动并作为必修课程,其内容主要包括:信息技术教育、研究性学习、社区服务与社会实践以及劳动与技术教育。强调学生通过实践,增强探究和创新意识,学习科学研究的方法,发展综合运用知识的能力。增进学校与社会的密切联系,培养学生的社会责任感。在课程的实施过程中,加强信息技术教育,培养学生利用信息技术的意识和能力。了解必要的通用技术和职业分工,形成初步技术能力。"可见,综合实践活动作为与传统学科课程功能互补的课程类型,有利于德智体美劳各育相互作用,有利于促进学生的和谐发展。

|第二节|
学生观

这里的学生是指根据法律规定依法接受教育的适龄儿童、少年。《中华人民共和国义务教育法》第四条规定，凡具有中华人民共和国国籍的适龄儿童、少年，不分性别、民族、种族、家庭财产状况、宗教信仰等，依法享有平等接受义务教育的权利，并履行接受义务教育的义务。学生观是指教育者对学生的基本看法。它支配着教育者的教育行为，决定着教育者的工作态度和工作方式。

一、现代学生观

现代学生观认为，学生是正在成长中的人，是学习的主人，每一个学生都是独一无二的个体，值得被平等对待和尊重。

(一)学生是发展的人

学生的身心发展是有规律的，有顺序性、阶段性、不平衡性和个体差异性。在教学过程中，教师要遵循学生身心发展的规律进行教学，违背学生身心发展规律实施教育教学，拔苗助长或者滞后、阻碍其正常发展，不仅不能体现教育的促进作用，反而会起破坏作用。

我们还应当特别注意，学生正处于发展中，还不成熟，难免会犯错，教师要对学生充满希望和信心，相信学生，不用学生当下的不成熟行为和心智否定学生未来发展的无限可能性。

(二)学生是完整的人

学生是具有完整人格的人。教师不能把学生当作学习的容器或机器，避免学生成为只会储存知识的硬盘。教师要做有灵魂、有温度的教育，用对待“人”而不是对待“物”的眼光对待学生，要丰富学生的精神世界和生活世界，给学生展现个性的空间，充分调动学生学习的积极性和主动性，体现学生学的主体地位，让学生从中获得成就感，体会学习的乐趣，真正成为学习的主人和心智健全的完人。

(三)学生是独立意义的人

每个学生都是独特的，其天赋、性格、教养环境、兴趣爱好都存在着差异。教师要充分尊重学生的观点和想法，因势利导，并根据学生的个性化特点因材施教，用发展的眼光看待和评价学生。要知道，正因为学生存在差异，教育才变得多姿多彩，和而不同。

同时，学生还是责权利主体。按照相关教育法律法规，学生既享有一定的权利，也承担相应的责任,学生要对自己的言行负责。教育要为学生成为独立的人和有担当的人、最终成为责权利主体做好一切准备。

二、教育要坚持“以人为本”的学生观

现代学生观要求教育坚持“以人为本”的思想,尊重和体现学生的本质属性,将学生视为发展中的人,尊重学生的独特性,并切实地在教育教学过程中将学生置于主体地位。

(一)“以人为本”学生观的内涵

“以人为本”是一种教育战略思想,明确了我国教育的根本目的是培养德智体美劳全面发展的社会主义建设者和接班人,确立了把促进学生全面发展作为学校一切工作的出发点和落脚点。“以人为本”是素质教育的内在要求。

(二)“以人为本”的学生观在教学中的运用

教育学从根本上来讲是“人”学,是关于人性的学问。人是教育生成、教育行为存在的前提,教育应以人的发展为出发点和基石。

1. 以学生的全面发展为本

以学生的全面发展为本包括两层含义:一是以学生的个性为本,学校教育要尊重学生的个性和兴趣,给学生留有自我发挥的空间和余地;二是要在以学生为本的基础上,遵循教育教学规律和学生身心发展规律,给予学生充分的指导,有目的、有计划、有组织地培养学生,促进学生全面发展,真正把“以学生为本”的教育理念落到实处,促进每一位学生的发展。

2. 善待每一位学生

素质教育强调每一位学生都是独立的、平等的个体,在教育过程中具有同样的权利和义务,教师应该相信每一位学生都能进步,并促使每一位学生在其原有基础上获得最大的提高。公平、公开、公正应成为教师恪守的工作原则,教师应一视同仁,善待每一位学生,共同书写宝贵的师生情谊。

3. 因材施教

因材施教是我国教育的优良传统,孔子曾用这个根本原则教导弟子,故有“贤人七十二”之说。在教学中,教师面对的是千差万别的独立个体,每一位学生都是独一无二的,都具有自由意志。

由于遗传、后天环境等因素的影响,每一位学生客观上都存在差异,教师必须因材施教,根据学生的气质、禀赋、个性、能力等,选择适合每一位学生特点的方法来有针对性地进行教学,激发学生的学习兴趣,发挥学生的长处,弥补学生的不足,从而促使学生都能在自身原有基础上有所发展,不断进步。当然,因材施教需要花费教师更多的心力和智慧,不过当教育结出硕果的时候,教师也能收获丰收的喜悦。

三、人的全面发展思想与素质教育的关系

人的全面发展是指人的德智体美劳等多方面发展。人的全面发展思想与素质教育之间有着密切的联系，总体来说，人的全面发展是素质教育的目的，素质教育是实现人的全面发展的途径。

（一）人的全面发展是素质教育的目的

素质教育不仅坚持对学生进行应用知识的传授，而且注重对学生能力的培养，注重开发学生的智慧和潜能，要求学生德智体美劳等方面并重。素质教育面向全体学生，促进每一位学生的全面发展。

（二）素质教育是实现人的全面发展的重要途径

一般来说，学校教育是一个人成才的捷径，要使受教育者获得全面发展，就必须不断提高受教育者的综合素质，促使其在德智体美劳等诸方面全面发展，这样才能真正为学生未来发展提供坚实的基础。

（三）素质教育体现了人的全面发展和个性化的统一

人类社会的发展以人的自由全面发展为最终归宿，教育的方针和目的也要以人为起点，以人为中心。素质教育不但要促进人的全面发展，而且要在此基础上，针对受教育者的个性特征展开教育，使人的全面发展与其兴趣爱好结合起来，促进个人的特长得到最大程度的发展，从而实现人人都能尽其才的目的。

第三节

教师观

所谓教师观，就是关于教师职业的基本观念，是人们对教师职业的认识、看法和期望的反映，既包括对教师职业性质、职责和价值的认识，也包括对教师这种专门职业的基本素养及其专业发展的理解。

一、教师职业概述

教师是传递和传播人类文明的专职人员，是学校教育职能的主要实施者。从广义上讲，凡是把知识、技能和技巧传授给别人的人，都可称为教师。从狭义上讲，教师是指经过专门训练、在学校从事教育教学工作的专门人员。《中华人民共和国教师法》对“教师”进行了全面的、科学的界定：“教师是履行教育教学职责的专业人员，承担教书育人，培养社会主义事业建设者和接班人、提高民族素质的使命。”

(一)教师职业的发展历史

教师职业属于专门职业，教师是学校教育工作的主要实施者，根本任务是教书育人。教师职业由来已久，其发展经历了以下几个阶段。

1. 非职业化阶段

原始社会末期，我国出现了学校教育机构的萌芽——庠，本义为养羊的地方，氏族成员在这里向生产生活经验丰富但丧失劳动能力的年长者讨教，故长者为师。奴隶社会时期，教育被垄断，受教育是少数奴隶主贵族的特权，形成了“学在官府”的局面，教师都由官吏兼任，官师一体，故以吏为师。教师没有出现专门化、职业化的必要和条件。

2. 职业化阶段

随着生产力的提高，造纸术和印刷术的日益成熟，纸张得以普及，书籍较容易得以流布，教育在民间普及成为可能。再加上民间崇尚读书的心向，尤其是我国封建社会中后期，随着科举取士制度的诞生、规范、成熟，越来越多的读书人通过自学或者先生指点求取功名。独立的教师群体伴随着私学的兴盛而越来越职业化，饱学之士开设私塾、蒙馆、书院，既成一家之言，又收徒授业，可谓智者为师。

3. 专门化阶段

近代，教师职业的专门化以培养教师的教育机构的出现为标志。最早可追溯到1681年，法国“基督教兄弟会”神甫拉萨尔在兰斯创立了世界上第一所师资训练学校，这是世界上最早的、独立的师范教育的开始，至今已有300多年。1695年，德国的弗兰克在哈雷创办教员养成所，施以师范教育。

我国最早的师范教育产生于20世纪初，晚清洋务运动的先驱、湖广总督张之洞大力创办实业以图自强，教育方面废科举兴学堂，在借鉴西洋、考察东洋的基础上，创办各种新式教育，包括师范教育。我国教师的培养渐渐走上专门化的道路。

4.专业化阶段

1966年10月，国际劳工组织和联合国教科文组织在巴黎会议上通过的《关于教师地位的建议》中提出，教师工作应被视为一种专业。1993年，我国颁布的《中华人民共和国教师法》第一次从法律角度确认了教师的专业地位。该法规定："教师是履行教育教学职责的专业人员。"1995年，国务院颁布《教师资格条例》，进一步明确了教师应该具备的专业素质。

目前，"师范教育"逐渐被扩充为"教师教育"，打通四年师范学制的藩篱，对职前培养、考核培训、职后研修进行一体化设计，提高教师准入门槛，提升教师专业素养，倡导教师终身学习。

(二)教师的职业角色

教师的责任与价值是由教师在社会分工中扮演的角色及其在教育教学活动中扮演的角色决定的，故理解教师的社会角色是确立教师观的基础与核心。教师职业的最大特点就是职业角色的多样化。一般来说，教师主要有传道者、授业解惑者、管理者、示范者、研究者、父兄等传统形象。在新课程改革中，教师角色有以下转变。

1.从教师与学生的关系来看，教师是学生学习的促进者

这是教师最明显、最直接、最富时代性的角色，是教师的核心角色。教师不同于以往高高在上的知识权威，学生也不只是被动接受知识。这种角色转变意味着教师是学生学习能力的培养者，是学习共同体的伙伴。

2.从教学与研究的关系来看，教师是教育教学的研究者

教师即研究者，意味着教师在教学过程中要以科学研究者的心态置身于教学情境中的各种问题中，对自身的行为进行反思，善于开展教育行动研究，对积累的经验进行总结，最终形成规律性的认识，把握教育的本质，更科学地用于指导教育实践。

3.从教学与课程的关系来看，教师是课程的开发者

新课程改革倡导民主、开放、科学的课程理念，同时确立了国家、地方、学校三级课程管理政策，这就要求课程与教学相互整合，教师必须在课程改革中发挥主体作用。教师不仅是课程的忠实执行者，更应成为课程的缔造者。这一角色转变对教师提出了很高的要求，促使教师从教书匠升华为教育家。

4.从学校与社区的关系来看，教师是开放型社区的建设者

新课程改革要求开门办学，特别强调学校与社区的互动，重视挖掘社区的教育资源。教师不仅是学校的一员，还是社区的一员，是整个社区教育、科学、文化事业的共建者。因此，教师角色不能仅仅属于课堂，还应是开放的，着眼于课堂且放眼全局的。

(三)教师劳动的特点

1.复杂性

教师劳动的复杂性是由其工作性质、对象、任务及过程的特殊性等因素决定的,主要体现为:第一,教师劳动性质的复杂性。教育是关系国家命运的千秋大业,不容丝毫差池。第二,教师劳动对象的复杂性。受教育者是有血有肉、有思想的活生生的个体,不是一个个任人摆布的物件。教育是与人打交道的学问,不能一蹴而就,教师需要有足够的耐心和爱心。第三,教师劳动过程的复杂性。教育任务是教书育人,教师是从事精神财富生产的脑力劳动者,教师的劳动过程是培养人的精神生产的过程,不同于物质生产的操作过程。第四,教师劳动手段的复杂性。先进的科学技术手段与方法日益应用于教育领域,需要教师紧跟时代,在强调人文关怀的同时掌握先进教育教学技术,以达成教育目的。

2.示范性

自古以来,教师一贯被认为是真理的化身、道德的楷模,是学生的重要他人。在教育过程中,教育的基本手段与教育者融为一体。教师劳动手段的特殊性决定了教师的示范作用,教师的思想观念、精神气质、行为方式等都是学生最直接、最直观的榜样,具有“润物细无声”的效果。可以说,教师自身就是课程资源,所以,示范性——用自身作榜样教育学生,是教师劳动区别其他行业的最重要特点。

此外,因为青少年学生处于模仿性最强的人生阶段,其向师性的特点会把教师当作天然的榜样而处处模仿,所以,教师只有做到学高为师、身正为范,才能在学生心目中树立职业尊严,教师自身才能体会到职业价值所在。

3.创造性

教师的工作不能按部就班,而是一种精神产品的再生产。在教学方法上,教师必须灵活地运用教学原则,创造性地进行教学设计;在教学内容上,教师要根据所教学生的实际情况,将教学内容进行加工改造,变成学生可以接受的知识体系,准确生动地教给学生。教师劳动的创造性还体现在教师的教育机智上,面对临时突发的意外情况,教师要能快速作出反应,及时采取恰当措施。只有体会到了教师劳动是创造性的,才可能减轻甚至免于职业倦怠,从而真正热爱这份职业,将其当作终身事业来追求。

4.长期性

“十年树木,百年树人。”教师劳动的效果只能在学生未来发展的成就上体现出来,教育的成效最终要在学生参加独立的社会实践后才能得到检验。由于人的成长是自然发育和社会化的统一过程,受教育者的身心发展需要经历一个长期、反复的过程,因此,教育活动培养人的周期长、见效慢,教师的教育影响有可能不会立竿见影,需要十几二十年,甚至一代、两代人才能看出效果,具有长期性和滞后性。这就更需要教师高度敬业,否则,毁掉的不仅是一代人,甚至是国家的未来。

5. 群体和个体的统一性

教师的劳动在一定的时间和空间上，在一定的目标上，具有很强的个体性特点。每一位教师主要是以个体劳动的形式开展教育工作的，以自己的人格、知识、才能、品德、智慧去影响学生，完成自己的教育教学任务。

同时，教师的劳动成果又是集体劳动和多方面影响的结果。任何一个学生的身心发展，都不仅仅是学科教师共同影响的结果，也是学校、家庭、社会和学生本人长期共同努力的结果。由于学校教育是分段进行的，每一阶段教师所面对的学生几乎都是前一阶段教师劳动的产物，所以，教师的个体劳动最终都要融汇于所有学段教师集体劳动之中，故教师劳动又具有阶段衔接、群体协作的特点。

二、教师专业发展

教师专业发展，又称教师专业成长，是指教师在整个职业生涯中，依托专业组织、专门的培养制度和管理制度，通过持续的专业教育，习得教育教学专业技能，形成专业理想、专业道德和专业能力，从而实现专业自主的过程。它包括教师群体的专业发展和教师个体的专业发展。

教师群体的专业发展是指教师职业在社会分工中不断成熟并获得相应的专业地位的过程。它既是教师个体专业化的条件和保障，同时也最终代表着教师职业的专门化。

教师个体的专业发展是指教师作为专业人员，在专业思想、专业知识、专业能力、专业心理品质等方面由不成熟到比较成熟的发展过程，即由一个新手教师发展成为专家型教师的过程。从历史发展的总趋势来看，教师专业发展的核心以及最终体现在于教师个体的专业发展。

（一）教师专业发展的内容

《中华人民共和国教师法》规定："国家实行教师资格制度。中国公民凡遵守宪法和法律，热爱教育事业，具有良好的思想品德，具备本法规定的学历或者经国家教师资格考试合格，有教育教学能力，经认定合格的，可以取得教师资格。"但一个人是否真正具备从事教师职业的条件，是否胜任教师角色，根本上还在于他的专业素养是否完备。

1. 教师的学科专业素养

教师的学科专业素养是教师胜任教学工作的基础性要求。一般认为，教师的学科专业素养主要包括以下几个方面。

第一，精通该学科的技术性知识和技能。教师应对所教学科的基本知识精确掌握、基本技能熟练应用、基本结构与知识之间的逻辑联系等深入了解。

第二，了解该学科的发展脉络。教师应了解所教学科的过去、现在、未来，学科演变规律，推动学科发展的因素，该学科对人类社会和生产实践的价值贡献等；了解学术研究最新动态和研究成果，把握学科发展趋势。

第三，了解该学科的相关内容。教师应打破学科壁垒，了解相邻学科，注重与其他学科的交叉、渗透。教师应博学多才、文理兼通，这样有利于帮助学生从全局的视野认识局部，理解该学科的本质。

第四，了解该学科领域的思维方式和方法论。教师不仅要传递学科本体性知识，还要把该学科的研究思路、学习方法、认识工具等方法论知识教授给学生，帮助学生形成良好的思维方式，启迪学生的创新思维，使其未来能够创造性地解决问题。

2. 教师的教育专业素养

教师的职责是教书育人，教师不仅要有所教学科的综合性专业素养，还要有师范性的教育专业素养。教师的教育专业素养包括以下几个方面。

第一，具有先进的教育理念。教育理念即教育教学观念，是指教师在对教育工作本质理解的基础上形成的关于教育的观念。甚至可以说，教育做到最后实际上是在做一种信念。教育理念是教师教学行为的灵魂，是教师教学行为的指南，具体包括教育观、学生观和教育活动观等。

第二，具有良好的教育能力。教育能力是指教师完成一定的教育教学活动的本领，具体表现为完成一定的教育教学活动的方式、方法和效率。教师的教育能力是教师职业的特殊要求，具体包括加工教学内容的能力、选择合适教学方法的能力、精准的语言表达能力、组织管理协调能力、课堂交往能力等。

第三，具有一定的研究能力。研究能力是综合地、灵活地运用已知知识进行创造性活动的能力，是对未知事物探索性、发现性的心智、情感主动投入的过程。教师的研究能力主要表现为所教授学科专业的研究能力和师范性教育研究能力两个方面。

总之，教师的专业发展应包含专业理想、专业态度、专业知识、专业能力、专业人格等多方面的内容。时代呼唤教师应成为这样的专门人才：提升学习能力，做学习型教师；提升反思能力，做反思型教师；提升合作能力，做伙伴型教师；提升科研能力，做研究型教师；提升创新能力，做创新型教师。

（二）教师专业发展的阶段

对教师专业发展的研究有助于为教师指明个人的专业发展道路，为教师教育提供专业训练所需要的基本内容。

关于教师专业发展阶段的划分，中外学者们给出了不同的表述，如关注阶段理论、职业生命周期阶段论、心理发展阶段论、教师社会化发展阶段论、综合阶段论等。这里介绍几种常见的、有代表性的教师专业发展阶段理论。

1. 关注阶段理论

美国教育心理学者富勒（1969）的关注阶段理论开教师专业发展阶段研究的先河，后来有关教师发展阶段的研究大都根植于此。

富勒根据教师的需要和不同时期所关注的焦点问题，把教师的成长划分为任教前关注、关注生存、关注情境和关注学生四个阶段，这是其编著教师关注问卷得出的研究结论。也就是说，个人成为教师的这一历程是经由关注自身、关注教学任务，最后才关注学生的发展阶段递进的。

（1）任教前关注阶段

此阶段是师资养成时期，师范生对于教师角色仅仅是想象，没有教学经验，只关注自己，对于给他们上课的教师持批判甚至敌视态度。

（2）关注生存阶段

这是教师成长的起始阶段。新手教师初次接触教学工作，关注教学、班级控制、内容熟练度、上级评价等。出于职场立足的生存忧虑，表现出明显的紧张和压力。

（3）关注情境阶段

此阶段教师既关注生存，也关注教学所需的知识、能力与技巧，以及在教学情境下如何完成教学任务，比较重视自己的教学和教学表现，而不是学生的学习。

（4）关注学生阶段

通常，教师要在学会应付自己的生存需要后才能对学生的需要作出反应。在这个阶段，教师开始把学生作为关注的核心，认识到学生的个体差异，关注他们的学习、社会和情感需要，以及如何通过教学更好地影响他们。能否自觉关注学生是衡量一个教师是否成熟的重要标志。

当然，教师专业发展包括方方面面，此研究只是帮助我们从教师关注事物的阶段性不同来探索教师的发展，其重要作用就是通过了解教师各阶段的忧虑所在，为教师提供更加符合个人需要的培养支持。

2.教师专业发展五阶段论

教师职业生命周期阶段论较有代表性的是美国亚利桑那州大学伯利纳（1998）提出的教师专业发展五阶段论。

伯利纳在对教师教学专长发展的研究中，受人工智能（AI）研究领域中“专家系统”思路的启发，提出了教师教学专长发展的五阶段理论：新手教师、熟练新手教师、胜任型教师、业务精干型教师和专家型教师五个阶段。

（1）新手教师

新手教师是经过系统的师范教育与学习，刚刚从事教学工作的教师。其主要特征是理论扎实，但处理教学问题容易刻板、教条。

（2）熟练新手教师

熟练新手教师的特征主要表现为逐步掌握了教学过程中的内在联系，但还不能够很好地把握教学重难点，且对自己的教学行为还缺乏一定的责任感。

（3）胜任型教师

胜任型教师的主要特征是：教学行为有明确的目的性，并选择有效的方法或手段达到教学目标，但教学行为还没有达到快捷、流畅、灵活的程度。

(4)业务精干型教师

业务精干型教师最突出的特征表现为：具有较强的直觉判断能力，教学行为已经达到了快捷、流畅和灵活，在教学活动中无须太多的意识努力便能对教学情境作出准确判断和有效处理，不过仍未达到完全的认知自动化。

(5)专家型教师

专家型教师在没有意外发生的情况下，不需要有意识的努力就可以处理遇到的各种教学问题，对教学情境的观察与判断是直觉性的，已经达到了完全自动化的水平。在一般情况下，他们很少表现出反省思维，一旦问题的结果与预期不一致，他们才会对问题进行反思和分析。

该教师专业发展阶段理论认为，大部分熟练新手教师经过教学实践和职业培训，经过3～4年成为胜任型教师，这是教师教学专长发展的基本目标。此后，大约经过5年知识和经验的积累，有相当部分胜任型教师成为业务精干型教师，部分业务精干型教师则在职业发展中成为专家型教师。

3.自我更新取向阶段论

我国学者叶澜认为，教师的自我专业发展意识是影响教师专业发展的重要因素，由此提出自我更新取向教师专业发展模式。所谓自我更新取向的教师专业发展，是指“教师具有较强的自我专业发展意识和动力，自觉承担专业发展的主要责任，激励自我更新，通过自我反思、自我专业结构剖析、自我专业发展设计与计划的拟订、自我专业发展计划实施和自我专业发展方向调控等实现自我专业发展和自我更新的目的”①。

(1)“非关注”阶段

这是正式教师教育之前的阶段。该阶段形成的“前科学”教育教学知识、观念一直迁延到正式执教阶段。

(2)“虚拟关注”阶段

这是师范学习阶段。此阶段处于“虚拟”的专业学习环境中，师范生学习教育理论及教师技能，自我专业反思意识有了萌芽。

(3)“生存关注”阶段

初任教师面临生活和专业双重压力，需要实现由师范生到正式教师角色的转换，克服不适应性，存在理论知识和教学实践的磨合期。

(4)“任务关注”阶段

这是持续稳定发展的时期。留任教师由关注自我的生存更多转移到关注教学任务，思考“我怎样才能行”的问题。

---

①白益民.教师的自我更新：背景、机制与建议[J].华东师范大学学报(教育科学版)，2002(4)：28—38.

(5)"自我更新关注"阶段

这一阶段老教师对自己的专业化进行反思，有了较明确的自我专业发展意识，以专业发展为指向。

这一理论从教育学、伦理学视角出发建构了教师专业化理论框架，为该领域研究提供了新思路，颠覆了教师被动发展的传统形象。"自我更新取向是教师专业发展的特征，它将自己的专业发展作为反思的对象，强调教师不仅是专业发展的对象，更是自身专业发展的主人。"①

此外，我国学者林崇德先生从心理学角度，吴康宁先生从社会学角度对教师专业发展都有研究，值得关注。总之，不管怎样划分教师的专业发展阶段，教师都要经历从新手到熟手的过程，经过数年的努力，才可能或早或迟完成教师生涯的职业胜任，完成教师专业成长的蜕变。这个蜕变一般可以用这样几个数字来描述：教师至少积累 10 年的教学经验，在教室里至少讲授 1 万小时，在此之前至少当过 15 万小时的学生，才有可能发展到专家水平阶段。

(三)教师专业化的实现

教师专业化的实现，客观上需要国家和政府的政策、法律和资金的支持，主观上需要教师的个人努力。

1. 国家和政府对教师专业化的促进和保障

首先，应建立和完善教育法律法规。我国于 1993 年颁布《中华人民共和国教师法》，首次以立法的形式规定国家实行教师资格制度。1995 年颁布的《教师资格条例》对此进行了细化，未来还要加大立法推进教师专业化进程。

其次，应加强教师教育，完善一体化和开放式的教师教育体系，主要包括师范教育、新教师的入职培训、教师的在职培训和教师的自我教育；改革高等师范学校教师教育培养课程体系。

此外，跨校合作、专家指导、教育部门和教研机构组织的各类专业培训和交流活动等，也是促进教师专业发展的途径。

2. 教师个人为实现专业化的主观努力

教师成长与发展的基本途径主要有两种：第一，通过师范教育培养新教师，为教师的成长提供最基本的知识和技能训练；第二，通过实践训练提高在职教师的素质，为新手教师向专家型教师的转变提供必需的知识和经验。从主观上来说，在职教师为实现成长与发展可以采取以下途径。

---

①陈时见. 重建教师职业的生命内涵——《教师角色与教师发展新探述评》[J]. 基础教育研究，2002(4)：28—30。

(1)开展微格教学

微格教学,也称微型教学,是指以少数学生为对象,在较短时间内(5～20 分钟)尝试做小型的课堂教学,一般将这种教学过程摄制成录像,课后再进行分析。微格教学是对新手教师进行技能训练、提高新手教师教学水平的重要途径,能够使新手教师更加直接、深入地分析自己的教学行为,增强改进教学的针对性。

(2)观摩教学活动

以老带新,组织新教师观摩和分析优秀教师的课堂教学活动,是提高新手教师教学能力和水平的一种快捷有效的方法,能够帮助新手教师习得优秀教师驾驭专业知识、进行教学管理的经验,更快地找到职业感觉。

(3)反思教学经验

杜威在《我们怎样思维》一书中指出,思维的最好方式是"反思性思维"。杜威指出,思维是"一种思想活动,即由观察到的事物推断出别的事物,将前者作为对后者的信念的依据或基础"。当然,思维未必就是反思性的,只有人们愿意刨根问底,一探究竟,才能有反思性思维。

教师的反思包括三个方面的内容:第一,对活动的反思,是教师在完成活动之后对自己在教学过程中的行为、想法的反思;第二,活动中的反思,是教师在作出行为的过程中对自身在教学活动中的表现、想法的反思;第三,以上述两种反思为基础,总结经验,并指导以后活动的反思。教师勤于反思、善于反思,教育经验和教育智慧才能丰富起来。

总之,要实现教师的个体专业化和群体专业化,需要国家和政府为教师创设一定的外部环境保障,需要教师个体树立坚定的职业信念、提高自主反思意识,并通过职前培养、职后培训,不断丰富自身的专业知识,树立正确的教育理念,实现专业成长。

三、教师终身学习的意义

1965 年,联合国教科文组织成人教育局局长保罗・朗格朗正式提出"终身教育"这一术语。1996 年,在第四十五届国际大会上,由德洛尔任主席的国际 21 世纪教育委员会向联合国教科文组织提交了一份《教育:财富蕴藏其中》的报告,提出了终身学习社会教育的四个关键问题:学会做人、学会认知、学会做事、学会共同生活。报告强调,应对这些方面加以同样的重视,这样教育就会被视为一个完整的、人一生的经历。目前,终身教育已经成为全球性教育理念。

(一)教师终身学习的必要性

教育是人类永恒的事业,但时代对教师的要求并不是永恒的,只会越来越高。终身学习既是时代对教师的要求,更是教师实现自我发展的途径。

作为普通人,教师摆脱了传统的至高无上的“权威”“完人”“圣人”的形象,与普通人一样享有自我发展的机会和权利,追求个人价值更好地实现。

作为教育者,教师是“学生社会化和个性化的承担者”与“自身社会化和个性化的承担者”的统一体。在终身教育背景下,学校正在被要求发挥教育变革的重要作用,教师被要求成为实施变革蓝图的重要环节。终身学习是时代的要求。教师作为教育者应该首先践行,并使之成为现代教师的职业习惯。

(二)教师终身学习的可行性

终身学习可以通过两条途径来进行:一是系统教学,包括职前学习、职后培训;二是自学,参加各类成人教育,借助媒体进行学习,包括专业知识学习、教育理论学习、信息技术学习等方面。现代社会,教育资源丰富,教学平台多样,只要教师有心学习,完全可以实现自学。

总之,教师作为特殊的知识分子阶层,只有充分认识自身的榜样示范作用,以及自身的榜样示范作用对受教育者的影响,才能利用各种教育资源,鞭策自己不断进步,活到老学到老,在职业生涯中不仅追求胜任,更追求卓越。

练习与思考

一、选择题

1. 素质教育的核心和灵魂是(　　)。

A. 德育　　B. 智育

C. 创新教育　　D. 全面发展教育

2. 教师发展的五阶段论是由(　　)提出的。

A. 福勒　　B. 布朗　　C. 伯利纳　　D. 夸美纽斯

3. 某中学校长对素质教育检查组说:“我们学校对素质教育十分重视,课外活动开展得丰富多彩,有科技小组、美术小组、音乐小组……但现在学生正在上课,下午课外活动时,请你们指导。”该校长对素质教育的理解(　　)。

A. 不正确,素质教育不等于课外活动

B. 不正确,素质教育不包括兴趣小组

C. 正确,素质教育要开展课外活动

D. 正确,素质教育要组建兴趣小组

4. 涛涛成绩不太好,但上课总爱举手回答问题。有时老师的问题还没说完,他便把手高高举了起来,让他回答时他又不会,不时被其他同学讥笑。老师课下向涛涛问明原因后给予鼓励。老师的做法(　　)。

A. 正确,不得罪每一个学生

B. 正确,不放弃每一个学生

C. 不正确,挫伤了其他同学的主动性

D. 不正确,伤害了其他同学的正义感

5. 张老师在教学中经常考虑的问题是:“对班上不同层次的学生,我用哪些方法教学更有效呢?”“这些材料适不适合所有学生?”张老师所处的教师专业发展阶段是(　　)。

A. 关注发展阶段　　B. 关注生存阶段

C. 关注情境阶段　　D. 关注学生阶段

6. 初一语文单元测验中,王老师发现某学生抄袭了一道1分的题目。阅卷时,他在这个学生的试卷上打分为“90－1”。该生拿到试卷后非常惭愧,要求改为89分。老师给他批了一个“89＋1”,并对他说:“知错能改就好。这1分是对你能认识和改正错误的奖励。”王老师的做法所体现的教师劳动特殊性不包括(　　)。

A. 阶段的特殊性　　B. 任务的特殊性

C. 对象的特殊性　　D. 工具的特殊性

二、材料分析题

7. 新课程改革来了,几家欢喜几家忧。一些中老年教师对新课程改革一时难以适应,他们在教学岗位上用自己的一套方式教了几十年,突然说要进行课程改革,几十年的老习惯一下子扭转不过来。请对这些教师完成角色的转变提出建议。

8. 下面是李老师的教学札记中的一篇。

上学期,在我任教的初三(2)班上,有一位男生特别聪明,但对我所教的物理不感兴趣,成绩较差。他特别喜欢操作计算机,有时装载一些新软件,有时诊断一下计算机运行中的问题,还时不时编写一些小程序……如果我能对这位学生加以引导,应该能调动其学习的积极性。恰好我也正在学习现代教育技术,于是我利用课间特意跑到班级,向他请教计算机方面的问题。一次又一次,时间长了,他被我这种努力学习的精神所感动,我借机开导他:“计算机方面你是老师,我是学生,在问你之前我对计算机方面的这些问题一窍不通,觉得很难,无从入手,但我觉得只要多问多学,就一定能掌握计算机知识。同样,如果你能把学习计算机的那股劲头放在学习物理上,你的成绩也一定会像我的计算机水平一样突飞猛进。”经过多次谈心,他终于有所触动,不仅学习上积极主动,而且经常与我探讨物理知识,期末时他的物理竟然考了95分。

问题:请结合材料,从教师观的角度,评析李老师的教育行为。

第十一章 教师职业道德规范与行为规范

◆思维导图

- 教师职业道德规范与行为规范
  - 《中小学教师职业道德规范》解读
    - 《中小学教师职业道德规范》的制定背景
    - 《中小学教师职业道德规范》的主要内容
    - 《中小学教师职业道德规范》的影响
  - 教师专业标准中的师德规范
    - 《教师专业标准》的制定背景
    - 《教师专业标准》中的师德规范
    - 《教师专业标准》中师德规范的影响
  - 新时代教师职业行为准则
    - 《准则》的制定背景
    - 《准则》的主要内容
    - 《准则》的特点
  - 教师职业失范行为的治理
    - 教师职业失范行为产生的原因
    - 治理教师职业失范行为的相关规定
    - 教师职业失范行为惩处的特点

◆学习目标

1.理解《中小学教师职业道德规范》《幼儿园教师专业标准(试行)》《小学教师专业标准(试行)》《中学教师专业标准(试行)》《新时代中小学教师职业行为十项准则》及《新时代幼儿园教师职业行为十项准则》的制定背景、主要内容和基本要求。

2.了解治理教师职业失范行为的相关规定,自觉养成良好的思想与行为规范。

3.认同并践行各项规范文件中的基本要求,形成相应的教育情怀与专业情意。

◆学习重点

1.《中小学教师职业道德规范》中爱国守法、爱岗敬业、关爱学生、教书育人、为人师表和终身学习的内涵和基本要求。

2.新时代中小学及幼儿园教师职业行为十项准则的内涵与基本要求。

|第一节|

《中小学教师职业道德规范》解读

自1984年起，我国共四次颁布了《中小学教师职业道德规范》。每一次《中小学教师职业道德规范》的颁布，都是在继承传统师德品质的基础上反映出教育实践中需要解决的各种师德问题，其最终目的都是为了促进教师素质的不断提高。2008年9月，教育部重新修订并颁布了《中小学教师职业道德规范》并一直沿用至今，下文所述的《中小学教师职业道德规范》即为此版。2008年修订的《中小学教师职业道德规范》以“爱”与“责任”为核心展开，设定了六条师德标准，系统阐述了教师在职业活动中需要遵循的基本行为准则。

一、《中小学教师职业道德规范》的制定背景

(一)新时期社会发展的需求

伴随着社会对优质教育需求的日益增长，学校教育和师德建设工作面临着许多新问题和新挑战。师德建设工作中还存在许多不适应的方面和薄弱环节，教师队伍的师德水平和全面素质亟待进一步提高，师德建设工作亟待进一步加强和改进，师德建设的制度环境亟待进一步改善。在新的历史时期，加强和改进师德建设是一项刻不容缓的紧迫任务。①

2007年8月31日，胡锦涛同志在全国优秀教师代表座谈会上的讲话中对全国广大教师提出如下希望：一是希望广大教师爱岗敬业、关爱学生；二是希望广大教师刻苦钻研、严谨笃学；三是希望广大教师勇于创新、奋发进取；四是希望广大教师淡泊名利、志存高远。尤其在第四点希望中强调：“高尚的师德，是对学生最生动、最具体、最深远的教育。广大教师要自觉坚持社会主义核心价值体系，带头实践社会主义荣辱观，不断加强师德修养，把个人理想、本职工作与祖国发展、人民幸福紧密联系在一起，树立高尚的道德情操和精神追求，甘为人梯，乐于奉献，静下心来教书，潜下心来育人，努力做受学生爱戴、让人民满意的教师。”这一讲话既代表了广大人民群众对教师的希望，又为师德建设工作指明了方向，提出了新的任务与要求。党的十七大报告中提出，优先发展教育，建设人力资源强国，推动教育事业的高质量发展，需要将加强教师队伍建设和提高教师素质摆在更为突出的战略位置。这些都为2008年《中小学教师职业道德规范》的修订定下了基调。

---

①教育部关于进一步加强和改进师德建设的意见[EB/OL].(2015-01-13)[2020-02-01].http://www.moe.gov.cn/srcsite/A10/s7002/200501/t20050113_145826.html.

(二)弘扬抗震救灾中教师的高尚师德

2008 年 5 月 12 日,四川省汶川县发生特大地震。面对突如其来的灾难,灾区广大教师忠于职守,临危不惧,全力以赴抢救学生,用爱和责任诠释了人民教师的神圣职责,展示了新时期人民教师高尚的职业操守和可贵的精神面貌。

拓展阅读

地震中的英雄教师

汶川地震中,四川省绵竹市东汽中学教师谭千秋在危难时刻张开双臂趴在课桌上,用自己的身体死死地护着四个学生。为了保护这四个学生,谭千秋义无反顾地献出了自己的生命。被找到时,他的后脑被楼板砸得深凹下去,血肉模糊,但仍将学生死死地护在身下。四川省什邡市师古镇民主中心小学一年级女教师袁文婷共救出 13 名学生,献出了自己 26 岁的宝贵生命。四川省汶川县映秀镇小学 29 岁的数学老师张米亚,在地震来临时跪在地上用双臂紧紧搂住两个小学生,用自己的死换来两个孩子的生。由于紧抱孩子的手臂已经僵硬,救援人员怎么也掰不开,只得含泪忍痛把张老师的手锯掉,才把孩子救出。

地震中的教师们用鲜血铸就了师德的灵魂,用生命诠释了教师的光辉形象。选择此时修订颁发《中小学教师职业道德规范》,是对英雄教师崇高师德的彰显,也是弘扬新时期教师职业道德的又一声号角。

二、《中小学教师职业道德规范》的主要内容

2008 年修订的《中小学教师职业道德规范》在继承我国的优秀师德传统的基础上,充分反映了新时代对中小学教师应有的道德品质和职业行为的基本要求。“爱”和“责任”贯穿于《中小学教师职业道德规范》的始终。《中小学教师职业道德规范》的前三条分别是爱国、爱岗和爱生,后三条则是爱与责任的升华,有爱才有责任教书育人,有爱才有责任为人师表,因为爱和责任才要保持终身学习。[①]《中小学教师职业道德规范》具体包括爱国守法、爱岗敬业、关爱学生、教书育人、为人师表和终身学习六个方面。

(一)爱国守法

爱国守法是教师职业的基本要求。爱国守法就是要求教师热爱祖国,遵纪守法。热爱祖国是每位教师的神圣职责与义务,教师要牢记用法律来规范自己的行为,不做法律禁止的事情。作为教师,更要做到将爱国和守法统一于整个教育活动

---

①吴文菊.解读《中小学教师职业道德规范(2008 年修订)》[M].西安:陕西师范大学出版社,2009:19.

中，拥护中国共产党的领导，拥护社会主义事业，全心全意为学生服务；忠诚于党和人民的教育事业，在教育教学中努力贯彻国家的教育方针与政策，面向全体学生，不得有违背党和国家方针政策的言行。教师的思想政治素质往往直接影响学生的思想养成，因此，教师必须端正自身言行，为学生树立爱国爱党的好榜样，在学生心中厚植爱国情怀。此外，作为教育工作者，教师还应认真学习与领会《中华人民共和国教师法》和《中华人民共和国未成年人保护法》等有关教育、教师以及未成年人的法律法规，做到依法执教，严格遵守法律法规，自觉规范思想行为与职业行为。

（二）爱岗敬业

爱岗敬业是教师职业的本质要求，要求教师对教育事业具有强烈的责任感和事业心，有正确的人生观和价值观。教师作为人类灵魂的工程师，在这样崇高的工作岗位上，要始终牢记职责。教师的爱岗就是热爱自己的教育事业、热爱工作和学生；敬业则表现为对教学工作的认真负责、精益求精，对学生的热情关怀。爱岗和敬业是相互联系的，爱岗是敬业的前提，敬业又是爱岗的体现，因为只有当教师把教育事业作为自己的人生追求时，才会对工作负责，对学生负责，同时这也是对自己负责。爱岗敬业是教师做好教育工作的基础，也是促进学生生命成长的需要，只有教师真正热爱教育事业，才会对自己的职业有着强烈的认同感与幸福感，从而自觉肩负起社会使命，把教书育人作为自己终生的事业来做，把个人的岗位工作融入社会主义伟大事业中，与祖国发展、人民幸福紧密联系在一起，从而实现和升华个人价值。

（三）关爱学生

关爱学生是师德的灵魂，要求教师要有爱护学生、维护学生的情感和爱心。关爱学生既是党的教育方针对教师的根本要求，也是衡量教师职业道德水平高低的准绳。对教育工作来说，没有什么比爱更重要。教师只有真正地爱学生，学生才会尊敬教师，打心底喜欢教师、信任教师。教师关爱学生是一种积极和高尚的情感，具有丰富的内容和要求，大致表现在以下几个方面。

1. 关心爱护全体学生

关爱学生指的是关爱全体学生，不单单只是关爱某一个学生，更不是偏爱成绩好的优等生。教师应以平等公正的态度对待自己所有的学生，无论成绩优劣，无论心智是否健全，无论家境贫富，只有这样的爱才是真诚的，只有这样的爱才会赢得学生的心。我国特级教师李镇西在其著作《爱心与教育》中记录了他与学生之间真挚感人的故事，这一切都源自他对学生发自肺腑的关爱。他不忘在每一个学生的生日那天，送上一份充满爱的礼物；不顾繁杂的班主任工作，数年如一日保持与学生的书信往来；翻越三十里山路接辍学的同学回校读书，资助家庭困难的孩子继续学业；无论是后进生，还是优秀生，李镇西老师永远都是以真诚的爱与平等公正的态度对待每一位学生。

2.尊重每一个学生的人格

每一个学生都是有着主观能动性的独立个体。有些教师存在这样一些误区,认为学生年龄尚小,各方面还不成熟,便错误地把学生只当成接受教育的对象来看待,而忽视了他们首先是人,是具有主观能动性的人。学生与成人拥有同等的人格,要尊重学生的基本权利,依法维护学生的权益。在师生交往的过程中应建立平等民主的师生关系。平等民主的师生关系并不意味着放任不管或一味纵容学生,而是要严慈相济,多倾听学生的想法,耐心细致地为学生答疑解惑,同时在学生犯错时及时纠正,对事不对人地给予批评,这样才能做学生的良师益友。教师既要树立起威信,更要建立与学生的信任感。

3.不得讽刺、挖苦和歧视学生

这一条规范的最后还明确提出,教师不得讽刺、挖苦、歧视学生。当学生勇敢提出不同的想法时,个别教师会冷言冷语,甚至怪腔怪调地嘲笑学生,这是极其错误的行为。教师应该呵护每一个学生的好奇心,即使他的想法天马行空,缺乏正确的逻辑,教师也应该给予辩证的引导,而不是当众打压。消极的处理方式往往会影响其他学生对同类事情的态度,会在学生间助长校园霸凌的风气。适当合理的处理方式则会起到激励作用,帮助学生养成独立思考的好习惯。

4.不体罚或变相体罚学生

体罚学生是非常严重的失范行为。当学生犯错时,教师可予以适当的惩戒,但由于我国一直以来缺乏科学的惩戒准则,在实际教育教学过程中,过度体罚的现象屡见不鲜,甚至被一些教育工作者当成一种正确的"教育手段",错误地奉行"不打不成器"的理念。体罚学生不仅会给学生的身心带来不可磨灭的伤害,更有损教师队伍的整体形象。如何正确行使惩戒权一直以来困扰着广大教育工作者,2019 年 11 月,教育部发布《中小学教师实施教育惩戒规则(征求意见稿)》,对教师的惩戒权从国家层面第一次提出了明确规定与要求,这也是我国教育逐渐走向现代化的一大亮点。

(四)教书育人

教师育人是教师的天职,是教师与其他职业的最根本区别。教书是手段,育人是目的,要辩证理解教书与育人的关系。正如著名教育学家赫尔巴特所说:"我想不到有任何'无教学的教育',正如在相反方面,我不承认有任何'无教育的教学'。"这揭示了教学过程中教书与育人两个侧面之间内在的、必然的联系。①

《中小学教师职业道德规范》在这一次修订中明确提出,教师应遵循教育规律,实施素质教育。怎样使这一规范具体可操作呢?首先,要明白教育规律是什么,正

①张君.中小学教师职业道德教育读本[M].沈阳:辽宁大学出版社,2009:69.

如植物不能揠苗助长一样，教学也不能凌节而施，不能违背学生的身心发展规律。教师不能教死书、死教书，要真正了解学生的需要，尊重学生的发展规律，科学合理地实施教学活动。实用主义教育代表人物杜威针对当时的教育无视儿童的天性，消极地对待儿童，不考虑儿童的需要和兴趣，提出“教育即生长”，要求摒除压抑、阻碍儿童自由发展之物，使一切教育和教学适合儿童的心理发展水平和兴趣、需要。素质教育开展得轰轰烈烈，应试教育办得扎扎实实，很大程度上在于评价体系忽视了教育规律，只追求外在的成绩与分数，导致很多学生考试分数很高，却失去了独立思考的能力。开展素质教育，要真正以学生为本，这是教书育人的前提。同时，随着当今社会产业结构的转变，各行各业对人才规格的需求也发生了很大的变化。不以分数作为评价学生的唯一标准，是此次修订中极具创新突破的一点。这既是当下时代的需求，更是教育本质的呼唤。教师应多维度地对学生进行评价，给予学生多元的反馈，积极引导学生，帮助学生树立正确的价值观。

(五)为人师表

为人师表是教师职业的内在要求。教师要坚守高尚的情操，以身作则，做学生的楷模，以自己的人品和学识影响学生。教师的为人师表能够塑造学生美好的心灵，形成教师的教育威信。教师要做到为人师表，需要培养自己良好的人格素养，自觉规范自己的言谈举止，严于律己，与家长、同事等一起建立教育共同体，共同助力学生的成长。现代教育是主体化、开放式的教育，学生的成长是由多方面形成的教育合力综合施加影响的结果。①

1. 与同事精诚合作

教师职业劳动的特点既具有个人性，又具有群体性，这是因为教育教学活动既是通过一个个教师的个体劳动来完成的，同时教师的劳动成果又是集体劳动和多方面影响的结果。因此，在教育过程中，需要每个教师分工协作，而不是自顾自地单打独斗，即便个人能力再突出，也需要与同事团结一心，这样才能发挥更大的教育合力。在集体工作中，既要充分发挥自己的优势，也要认识到自己的不足。提醒自己永远保持一颗谦卑的心，当别人向你讨教时不要吝啬小气，自己遇到难题时要虚心请教他人，特别是刚参加工作的年轻教师，在教学与管理方面应主动向老教师多取取经。在尊重友爱的氛围中，教师与教师之间互帮互助，对促进教师专业发展有非常积极的作用。真正优秀的人，往往也是懂得关心他人、注重团队合作的人。如何妥善处理好与同事的关系，是现代教师必备的品质。

2. 与家长协同共谋教育方法

父母是孩子的第一任教师，在家庭生活中家长总是有意或无意地教育着孩子，

---

①赵国柱，陈旭光. 师德新说——中小学教师职业道德经典读本[M]. 北京：开明出版社，2009：120.

良好的家庭教育对孩子的早期发展具有极其重要的作用。学校教育与家庭教育是相辅相成的，二者有着共同的目标——希望孩子健康成长。在孩子的成长过程中，二者都具有不可替代性。教师与家长的交流是一种双向性的沟通，教师作为这个教育共同体中的专业人员，更应主动与家长多联系，及时就孩子的学习情况、身心发展等方面与家长进行沟通。但与家长交流不是一件容易的事情，尤其是每个人都有不同的教育理念。当教师的教育理念与家长的教育理念发生冲突时，作为专业人员，教师应先认真倾听家长的想法，尊重家长，这样才能全面深入地了解家长的想法，继而采取合适的态度与做法展开下一步的有效沟通。

3.教师自身要言行示范、廉洁从教

教师的职业劳动是培养人、塑造人和改造人的社会活动，其根本目的是教书育人。教师职业劳动具有鲜明的示范性，学为人师，行为世范，要求教师在一言一行中都要为世人做好模范。这决定了教师必须是道德高尚的人，作为一名优秀的教师必须涵养高尚的道德情操。党的十八大报告把立德树人作为教育的根本任务，育人之本在于立德铸魂，新时代践行教育使命，教师首先要立德。教师在教育教学过程中，往往通过自身的言行给学生带来潜移默化的影响。正如《论语》中所言："其身正，不令而行；其身不正，虽令不从。"教师要以德立身，以身作则，不断加强道德修养，自觉规范语言举止、衣着打扮，带头弘扬社会主义道德和中华传统美德；要自觉追求处处为人师表，坚守自己的道德原则与职业操守，知荣明耻，面对外界诱惑要坚决抵制，真正淡泊名利，不贪一时富贵；要以严于律己、敬业奉献为荣，远离功利浮躁风气，作风正派，廉洁奉公，兢兢业业，恪守岗位，把心放在本职工作身上，守护好三尺讲台。

（六）终身学习

终身学习是教师专业发展的不竭动力。当今时代，科技、经济发展迅猛，事物瞬息万变，单一的知识结构难以适应多元的社会变化。在这种形势下，终身学习是每个人生存和发展的重要手段。学会终身学习是时代发展的要求，也是教师职业特点所决定的。尤其是当今社会学生获取信息的渠道多样，认知水平处于一个新的起点上，这就要求教师必须学会学习、不断学习，树立终身学习的理念，主动通过多种方式拓宽知识视野，及时更新知识结构。在信息化社会中，网络平台为教师提供了大量优质的学习资源，教师可以借助这些手段和资源开展自我学习。教师要借助自身的终身学习意识达到激发思维的目的，能够主动从外部环境中汲取知识，丰富自身知识结构，还要充分利用每一个实践机会，及时转变传统被动接受知识的错误观念，主动深入汲取知识的过程中。[1] 教师在教学中要勇于探索创新，勇于突破自我、超越旧我，从而不断提高专业素养和教育教学水平。

①张婷.终身学习理念下教师教育改革[J].中国教育学刊，2019(S1)：222—223，229.

三、《中小学教师职业道德规范》的影响

(一)各地积极学习贯彻规范要求

《中小学教师职业道德规范》修订颁布后，各级教育部门和中小学结合当地实际情况，如火如荼地开展各类宣传与学习活动，制订具体实施办法与工作计划，把贯彻《中小学教师职业道德规范》列入师德建设的重要议事日程，帮助广大教师全面了解新时期教师职业道德的基本要求，大力弘扬高尚师德。例如，上海市从 2008 年 9 月底开始用 2 个月左右的时间，在全市中小学校集中开展加强以"学习英模、贯彻规范，推进师德师风建设"为主题的专题教育活动。① 福建省出台了《中小学教师职业道德考评办法》，明确提出师德考核"一票否决"的 20 种情形。② 2009 年，教育部举办"第四届全国师德论坛"，总结交流各地学习贯彻《中小学教师职业道德规范》的经验。

(二)完善了教师资格认定与招聘依据

2008 年修订的《中小学教师职业道德规范》将教师职业道德具体化、规范化，师德成为教师资格认定和新教师聘用的重要依据和考查内容。2010 年印发的《国家中长期教育改革和发展规划纲要(2010—2020 年)》明确规定，将师德表现作为教师聘任(聘用)的首要内容。2011 年，教育部发布意见，将《中小学教师职业道德规范》列为教师教育的必修课程，大力推进教师教育课程改革。2013 年，我国将职业道德纳入教师资格考试笔试部分，严格教师准入门槛。当前和今后一个时期，职业道德规范作为必备条件已深深嵌入教师资格认定与聘用制度中。

(三)促进了师德长效机制的建立

《中小学教师职业道德规范》不仅为教师资格认定和聘任聘用提供了意见，更成为考核学校和教师业绩的重要指标。首先，各地按照教育部的要求，在师德建设中大胆探索制度创新，通过出台相关规范性文件加强制度建设，综合多项措施生动实践，积累了许多成功经验。其次，一系列丰富多彩的师德教育活动，大力表彰和宣传了一大批模范教师和英雄教师，充分发挥了先进典型的示范带头作用，有力引导了广大教师深入学习优秀教师的先进事迹，进一步增强了广大教师教书育人的自觉性与主动性，促进了全社会尊师重教良好氛围的形成。最后，通过创新师德教育的方式方法，进行教师师德培训，增强了师德教育的实效性。《中小学教师职业道德规范》的颁布与实施已取得了阶段性的成果，更催生了后续其他教师职业道德规范的完善。这一系列工作对我国师德建设长效机制的建立起到了积极的促进作用。

---

①上海多管齐下深入推进师德师风建设[EB/OL]．(2010-04-15)[2020-02-01]．http://www.moe.gov.cn/jyb_xwfb/s6192/s222/moe_1740/201004/t20100420_85970.html.

②中小学教师队伍建设有关情况[EB/OL]．(2011-09-11)[2020-05-03]．http://www.moe.gov.cn/jyb_xwfb/xw_fbh/moe_2069/s5209/s5871/s5875/201109/t20110906_123974.html.

第二节

教师专业标准中的师德规范

2012年9月，教育部研究制定了《幼儿园教师专业标准（试行）》《小学教师专业标准（试行）》和《中学教师专业标准（试行）》（本节统称为《教师专业标准》），标志着我国教师队伍建设进入专业化阶段。《教师专业标准》是对广大教师落实立德树人根本任务提出新的更高要求，并对教师的教育教学行为进行具体的规范。

一、《教师专业标准》的制定背景

（一）国际教师专业发展的趋势

1966年，国际劳工组织和联合国教科文组织发布《关于教师地位的建议》，提出了“教育工作应被视为一种专门的职业”。这是世界上首次以官方文件的形式对教师专业化作出明确的说明，它肯定了教育工作的专业化性质，提出了教师职业的专业化要求，人们逐渐对“教师专业化”的理念达成共识。① 之后，欧美国家及日本纷纷将教师专业发展作为提高教师质量的主要途径，均制定了本国教师专业标准。与此同时，各国把基础教育水平作为提高综合国力和国际竞争力的重要手段，从而加强了教师教育，把教师的专业发展作为教师培养的核心，广泛开展了提高教师专业发展水平的改革实践，推动了教师专业组织的形成和发展。② 在紧跟时代步伐和顺应国际教师专业发展的趋势下，持续推动了我国教师专业标准的建立。

（二）教育事业发展的现实需要

21世纪以来，我国教师队伍建设取得了明显成效，为教育改革发展提供了强有力的师资保障。但随着我国经济社会的发展和教育改革的深入，中小学教师队伍建设总体上还有些不适应。教师专业化水平亟待提升，教师职业吸引力亟待进一步增强，教师资源配置亟待改善，教师管理机制亟待完善。③《国家中长期教育改革和发展规划纲要（2010—2020年）》中提出建设高素质教师队伍，强调“教育大计，教师为本。有好的教师，才有好的教育。提高教师地位，维护教师权益，改善教师待遇，使教师成为受人尊重的职业。严格教师资质，提升教师素质，努力造就一支师德高尚、业务精湛、结构合理、充满活力的高素质专业化教师队伍”。制定教师专业标准，更是贯彻落实国家教育事业发展的现实需要。

---

①单中惠．教师专业发展的国际比较[M]．北京：教育科学出版社，2010：2.

②赵国柱，陈旭光．教师专业标准背景下的师德建设[M]．天津：天津教育出版社，2014：1.

③周洪宇．制定教师专业标准 加快教师队伍建设步伐[N]．中国教师报，2011-12-14(05).

(三)完善教师队伍建设标准体系的必然要求

1994 年颁布的《中华人民共和国教师法》规定了教师是“履行教育教学职责的专业人员”,但是该法律以及此后的法律文本、相关政策都没有对教师作为专业人员的基本要求作出明确规定。作为履行教育教学职责的专业人员,教师必须经过严格的专业训练,掌握系统的专业知识和专业技能,养成高尚的专业伦理。国家应该制定并实施特定的教师专业标准,为教师提供专业发展的方向和指南,能够正确引导教师向专业化方向发展,真正提升教师的专业水平。[①] 因此,《教师专业标准》的制定与实施,迈出了我国教师队伍建设标准体系构建的关键一步。

二、《教师专业标准》中的师德规范

《教师专业标准》以师德为先、学生为本、能力为重、终身学习四大基本理念为导向,在基本内容中,从专业理念与师德、专业知识和专业能力三个维度针对不同领域提出了 60 条基本要求。突出师德要求是幼儿园、小学和中学教师专业标准的共同特点之一,将师德为先作为第一基本理念,凸显了对教师职业道德规范的重视。《教师专业标准》中关于师德的内容包括职业理解与认识、对学生的态度与行为、教育教学的态度与行为和个人修养与行为四个领域,共 19 条基本要求,根据幼儿园、小学、中学之间的差异,各自所侧重的内容有所不同。

(一)三个标准中师德规范的共性要求

1. 树立职业理想

教师的职业理想是教师专业素质的重要组成部分,是对教师职业道德的高层次要求,体现了教师应该努力的方向。教师只有具备了崇高的职业理想,才能产生模范遵守教师专业道德规范的行为;才能在教育信念的推动下,不计较个人的得与失,心甘情愿地为教育事业付出。[②] 作为终生奋斗的事业,不是要每个人都成为大师或名人,最根本的是要自觉肩负起这份神圣职责,矢志不渝地忠于党和人民的教育事业,这就是每一位人民教师都应该树立的职业理想和信念。[③] 以理想信念坚定教师专业发展,才能激发教师对教育事业的热情。

2. 提升专业认同感

教师职业的专业性和独特性,要求教师注重自身专业发展,这是时代发展和教育进步对教师专业发展的诉求。[④] 新时期,人们希望拥有更优质的教育,对教师的专业化水平提出了更高的要求。教师的专业发展不仅依赖于良好的外部条件,更需要教师自觉地不断完善自己,通过个体内在的专业发展提升专业化水平。教师职业劳

---

①周洪宇. 制定教师专业标准 加快教师队伍建设步伐[N]. 中国教育报,2011-12-14(05).

②杨天平,申屠江平. 教师专业发展概论——做人们满意的教师[M]. 重庆:重庆大学出版社,2012:207.

③杨连山,田福安. 教师专业化五项修炼[M]. 重庆:西南师范大学出版社,2010:56.

④顾明远.《小学教师专业标准》说明[N]. 中国教育报,2011-12-14(03).

动的特点决定了教师职业的专业性，职业角色的多样性又赋予了教师不同于其他职业的独特性，因而教师在社会中具有不可替代性。无论是幼儿园教师，还是中小学教师，只有每一位教师从心底认同这份职业的专业性和独特性，才会以一个专业人员的标准要求自己，有意识地提升自己的专业素养，从而逐步促进个人的专业发展与教师群体的专业化。

3.关爱、尊重与信任

在“对学生的态度与行为”这一领域中，关爱、尊重与信任是核心，突出生命教育，强调教师要重视学生的身心健康，关心学生的生命状态，予以学生多方面的关注与呵护。以中学阶段为例，此时学生大多步入青春期，生理发展趋于成熟，心理活动开始丰富多变，一些学生对自己的外在变化无法接受，容易产生矛盾心理；一些学生认为自己已经是“小大人”了，独立意识变得强烈。面对这些现象，教师要及时帮助学生疏导和调节情绪，正确认识与感知生命的发展与意义。要尊重学生的独立人格，尊重个体差异，这是一切教育的基础。教师要以学生的生命成长为出发点，主动了解和满足学生的不同需要，积极创造条件，构建良好环境，以利于学生的发展，这些基本要求也充分体现了以学生为本的理念。以学生为本就是要遵循学生的身心发展特点和教育教学规律，为学生提供合适的教育。

4.注重教师个人修养

教师要注重个人修养，这是具有时代意义的规定，是在2008年颁布的《中小学教师职业道德规范》的基础上的一次超越。[①] 在“个人修养与行为”这一领域中，不仅在职业道德素质方面强调教师要富有爱心、责任心、耐心和细心，在心理素质方面提出教师要乐观向上、热情开朗、有亲和力，善于自我调节情绪，保持平和心态。教师的工作是与人打交道的工作，教师每天要面对各种各样的学生，还有形形色色的家长，难免会遇到一些比较麻烦的情况，比如学生违反课堂纪律，家长不支持工作等。不管面对什么样的学生或家长，教师都要明白自身的责任所在，要有爱心、细心、耐心，而不是站在他们的对立面。因为教师的职责是教育学生，是同家长一起帮助孩子健康成长。每个人在工作中都会遇到挫折，与逃避问题、不断埋怨相比，乐观向上的态度更容易帮助人们在挫折中站起来，教师更需要如此。情绪对教师的工作起着十分重要的作用，积极饱满的精神状态不仅能够提高工作效率，还会给他人带来正面的情绪传递。

(二)三个标准中师德规范的不同侧重点

1.学前与小学阶段将保护学生生命安全放在首位

三个标准中的“专业理念与师德”基本框架一致，但是根据幼儿园、中小学的教育对象的不同又体现出各自的特点。学前幼儿与小学生年龄较小，生理还不成熟，行动能力与自我保护能力不如中学生，因此，《幼儿园教师专业标准(试行)》和《小学

---

①赵国柱，陈旭光．教师专业标准背景下的师德建设[M]．天津：天津教育出版社，2014：8.

教师专业标准(试行)》在"对学生的态度与行为"这一领域中,将保护学生的生命安全放在首位,与专业知识、能力的基本要求相互呼应。在面对紧急事故与突发灾难时,教师必须毫无顾忌地站出来,守护学生的生命安全,履行教师职责。

2.对学前教师专业态度与行为的要求更为详实

在"教育教学的态度与行为"领域,《幼儿园教师专业标准(试行)》提出了6条要求,内容比《小学教师专业标准(试行)》《中学教师专业标准(试行)》更为丰富详细。幼儿园教师的教育对象是身心发展迅速、可塑性大,同时易受伤害的幼儿。① 幼儿是指3～6岁的幼儿期儿童,幼儿园教学活动与中小学教学活动最大的区别在于幼儿园实施保教结合的教学模式,体现了幼儿园教学活动的特殊性。幼儿园教师要注重保教结合,重视环境和游戏对幼儿发展的独特作用,创设富有教育意义的环境氛围,将游戏作为幼儿的主要活动。同时,幼儿园教师还要重视丰富幼儿多方面的直接经验,将探索、交往等实践活动作为幼儿最重要的学习方式等。《幼儿园教师专业标准(试行)》尤其注重专业理念与师德,并将其作为该标准的灵魂与核心。②

3.小学与中学阶段教师教育态度和言行的差异性

《小学教师专业标准(试行)》强调教师要引导学生体验学习乐趣,保护小学生的求知欲和好奇心。小学生是指年龄在6～12岁之间的学龄儿童,而小学阶段是由形象思维向抽象逻辑思维过渡的关键时期,其形象思维占主导。③ 因此在教学中,教师应充分运用直观教学的原则,通过简单具体的事例引导学生进行思考,培养学生的动手能力和探究能力。中学生是指初中和高中阶段的学生,年龄在12～18岁之间。由于中学课程内容的系统性和难度与小学相比发生了较大的变化,中学生的认知能力、情感体验、意志水平、操作能力都进入快速发展时期。④《中学教师专业标准(试行)》更强调教师要引导学生自主学习、自强自立,培养中学生良好的思维习惯和适应社会的能力。

三、《教师专业标准》中师德规范的影响

(一)促进了师范生师德养成

在师范生德育培养方面,教育部高度重视师范生的德育工作,要求教师教育院校将师德教育贯穿于师范生的培养全过程。依据《教师专业标准》调整教师培养方案,编写教育教学类课程教材,作为教师教育类课程的重要内容。加强师德教育与教育实践,提高师德教育课程比例,在教育实习中发展师德体验。

---

①庞丽娟.《幼儿园教师专业标准》的研制背景、指导思想与基本特点[J].学前教育研究,2012(7):3—6.

②刘铁芳.学校教育学[M].北京:教育科学出版社,2011:120.

③刘铁芳.学校教育学[M].北京:教育科学出版社,2011:120.

④刘铁芳.学校教育学[M].北京:教育科学出版社,2011:120.

例如，2016年，北京市教育委员会、北京市机构编制委员会办公室、北京市人力资源和社会保障局、北京市财政局印发《北京市关于加强和改进师范生培养与管理的意见》的通知，提出加强师德教育和养成教育，着力培养师范生的社会责任感、创新精神和实践能力。市属师范院校要统筹规划教育实践课程，系统设计，构建包括师德体验、观摩见习、教学实践、班级管理实践、教研实践等全方位的教育实践内容体系。

（二）丰富了师德培训内容

在在职教师培训方面，充分发挥《教师专业标准》的引领和导向作用，将《教师专业标准》作为"国培计划"和"省培计划"等各级培训的重要内容，依据《教师专业标准》制定教师培训课程指南。2013年，教育部办公厅、财政部办公厅印发《关于做好2013年"国培计划"实施工作的通知》，要求要将师德、教师专业标准解读列入必修课程。《教师专业标准》为师德培训提供了丰富的内容，在深化教师培训改革的同时，也在实践中提高了师德教育的地位。

（三）完善了师德评价体系

在教师评价考核方面，师德作为最难以量化却又摆在重要位置的指标，明确其考评标准和考评办法存在一定的困难。作为幼儿园与中小学教师考核和教师教育质量评估的重要依据，《教师专业标准》提供了统一客观的参照标准，进一步细化了考核的内容和指标，是各地各校进行教师管理和教师教育管理的抓手，更为构建科学有效的师德考核体系提供了多维度的参考。

|第三节|
新时代教师职业行为准则

2018 年，教育部研究制定了《新时代高校教师职业行为十项准则》《新时代中小学教师职业行为十项准则》和《新时代幼儿园教师职业行为十项准则》（本节统称为《准则》），这是新时代加强师德师风建设和提高教师队伍素质的重要举措。《准则》强调了教师职业行为的底线道德，并作为教师失范行为惩罚的依据，发挥规范的约束性作用。

一、《准则》的制定背景

（一）完善新时代师德师风制度建设的需要

党的十九大报告提出，要“加强师德师风建设，培养高素质教师队伍，倡导全社会尊师重教”。2018 年 1 月颁布的《中共中央 国务院关于全面深化新时代教师队伍建设改革的意见》中指出，坚持兴国必先强师，人民对公平而有质量的教育的向往更加迫切，面对新方位、新征程、新使命，教师队伍建设还不能完全适应，需要不断提升教师的思想政治素质、师德水平、专业化水平，以适应新时代人才培养的要求。2018 年 9 月召开的全国教育大会，强调要坚持把教师队伍建设作为基础工作，教师应珍惜这份光荣的职业，执着于教书育人，从严要求自己、完善自己，这为教师队伍建设指明了方向。新时代，我国对教师队伍的能力和水平提出了新的更高要求，将师德师风建设列为重点工作。在此背景下，规范教师职业行为的一系列准则便应运而生。

（二）个别教师恶性事件的舆论影响

近年来，我国个别教师存在师德失范行为，严重违反法律法规，侵害未成年人权益。尤其是虐童与性侵未成年人对社会造成了极其恶劣的影响，在当时引发了巨大舆论。教育领域发生的个别教师恶性事件，造成了民众愤怒，家长害怕，教师恐慌。人民群众强烈呼吁加快完善健全师德规范长效机制，严惩失范行为，防微杜渐。因而，制定教师职业行为准则也是回应社会关切的重点之举。

制定教师职业行为准则，明确新时代教师职业规范，针对主要问题、突出问题划定基本底线，是对广大教师的警示提醒和严管厚爱，是深化师德师风建设，造就政治素质过硬、业务能力精湛、育人水平高超的高素质教师队伍的关键之举，为教师严格自我约束、规范职业行为、加强自我修养提供基本遵循。[①] 这一系列准则及处理指导

---

① 弘扬高尚 师德明确底线行为 造就党和人民满意的高素质专业化创新型教师队伍——教育部教师工作司负责人就印发实施新时代高校、中小学、幼儿园教师职业行为十项准则等答记者问[EB/OL].(2018-11-16)[2020-02-03]. http://www.moe.gov.cn/jyb_xwfb/s271/201811/t20181115_354885.html.

办法的颁布，使我国大中小幼教育、宣传、考核、监督、奖惩相结合的师德建设长效机制基本完善，覆盖大中小幼完整的师德建设制度体系基本建立。①

二、《准则》的主要内容

《准则》结合高校、中小学和幼儿园教师队伍的不同特点，分别提出了十条有针对性的准则要求，包括坚定政治方向、自觉爱国守法、传播优秀文化、潜心教书育人、关心爱护学生等方面。每一条既提出正面倡导，又划定基本底线。

（一）加强思想政治素质

教师是党的教育方针的执行者，教育方针代表了党和国家对人才培养的要求。《准则》把坚定政治方向、自觉爱国守法、传播优秀文化等共性要求放在首要位置，强调良好的思想政治素质是教师立德树人的基础。我国社会主义教育要培养社会主义的建设者和接班人，政治是灵魂，坚持正确的政治方向是第一位的。教师要以习近平新时代中国特色社会主义思想为指导，践行社会主义核心价值观，以身作则，做学生的榜样，引领帮助学生把握好人生方向，“扣好人生的第一颗扣子”，培养学生坚定走中国特色社会主义道路的信念，使学生做到从思想上认同、理论上认同、感情上认同。②

（二）廉洁自律，自觉规范职业行为

随着我国市场经济的发展，一些不良风气开始侵蚀教师队伍，个别思想薄弱的教师开始放松自我要求，擅自从事影响教育教学本职工作的兼职兼薪行为，利用职务之便牟取私利。教师作为国家公职人员，在职业活动中，做任何事情都需要考虑自己的身份，任何在法律规定之外希冀直接从学生或者家长那里获取个人额外收入的想法或做法都是不允许的。③ 教师不能以从事经济活动的心理来从事教育教学活动，也不能要求学生对自己付出的劳动从物质利益上作出回报，这也是为什么世界各国都把教师作为公职人员，有的国家甚至把教师作为公务员的原因。④ 因此，教师必须坚定高尚情操，严于律己，自觉抵制不良风气，潜心教书育人，这也是在新时代教师职业行为准则中继续倡导廉洁自律的现实意义。

（三）严禁以任何方式伤害学生身心

《新时代中小学教师职业行为十项准则》和《新时代幼儿园教师职业行为十项准则》中提出“三个严禁”，即严禁虐待、伤害学生；严禁任何形式的猥亵、性骚扰行为；严禁猥亵、虐待、伤害幼儿。这是针对当前教师失范行为中的共性问题和突出问题

---

①朱旭东，赵英. 为建设教育强国提供“第一资源”[N]. 中国教育报，2019-11-21(06).

②顾明远. 守住教书育人的底线[EB/OL]. (2018-11-16)[2020-03-04]. http://www.moe.gov.cn/jyb_xwfb/moe_2082/zl_2018n/2018_zl86/201811/t20181115_354889.html.

③武模桥，刘合英. 教师职业道德修养与教育法规[M]. 成都：电子科技大学出版社，2008：71—72.

④武模桥，刘合英. 教师职业道德修养与教育法规[M]. 成都：电子科技大学出版社，2008：73.

的明确规定。未成年人由于心智尚未成熟，对外界信息缺乏判断力，往往更倾向于相信熟人，并对其缺乏防范心理。特别是在学校环境中，一些教师利用职业便利获得未成年人的好感，进而实施伤害学生身心的行为，侵犯了学生的权益。如果不对此类行为进行严厉的打击和处罚，必然给社会带来极其恶劣的影响。教师必须加强法律意识，认真学习法律理论。无论何时何地，教师在与学生交往的过程中，必须始终恪守法律法规与道德底线，不得以任何形式伤害学生。

三、《准则》的特点

（一）《准则》是教师职业行为的最大公约数

《准则》是新时代教师队伍建设的重要任务与实践基准，是教师职业行为的基本规范与刚性要求，也是检验与评价新时代教师队伍整体素质、思想道德、精神风貌、专业素养乃至整体形象的第一标准。[①]《准则》覆盖各级各类教育，结合教师队伍的不同特点，分别提出具有针对性和可操作性的十条要求，回应基层需求，凝聚基层智慧，对高校、中小学和幼儿园教师职业道德规范以及行业组织教师自律进行系统梳理、科学界定、简明而严谨表述，最终形成公共法理、专业伦理、行业认同、社会认可的教师职业行为的最大公约数与准绳戒律。

（二）《准则》是不可逾越的师德底线

结合新时代、新要求、新形势、新问题制定的教师职业行为规范，既有正面倡导、高线追求，也有负面禁止、底线要求。[②] 在每条准则的最后部分都以“不……”的方式提出了明确的禁止性要求，是不可触碰的底线，凸显了准则的警示作用。

（三）《准则》是原则性规定

《准则》与此前制定的有关严禁教师违规收受学生及家长礼品礼金、严禁中小学校和在职中小学教师有偿补课的规定结合执行。为了配合《准则》的出台，教育部还制定了《关于高校教师师德失范行为处理的指导意见》和《幼儿园教师违反职业道德行为处理办法》，并对 2014 年印发的《中小学教师违反职业道德行为处理办法》进行了修订。《准则》具有更强的操作性，思想层面与行为层面并重，使师德师风建设工作的开展更加具有针对性。

---

①李方. 教师专业伦理与行为规范的最大公约数——《新时代中小学教师职业行为十项准则》的知会与践行[N]. 中国教师报，2019-06-12(01).

②弘扬高尚师德 明确底线行为 造就党和人民满意的高素质专业化创新型教师队伍——教育部教师工作司负责人就印发实施新时代高校、中小学、幼儿园教师职业行为十项准则等答记者问[EB/OL]. (2018-11-16)[2020-02-03]. http://www.moe.gov.cn/jyb_xwfb/s271/201811/t20181115_354885.html.

|第四节|

教师职业失范行为的治理

近年来,体罚或变相体罚、侵犯儿童权益等师德失范行为的发生,引起了社会的广泛关注。为了落实全国教育大会精神,扎实推进《中共中央 国务院关于全面深化新时代教师队伍建设改革的意见》的实施,加强师德师风建设,教育部于2018年制定了《幼儿园教师违反职业道德行为处理办法》,并重新修订了《中小学教师违反职业道德行为处理办法》。这些文件明确列举了教师违反职业道德行为的多种表现,并提出了相应的处罚措施,一定程度上加大了对师德失范行为的处理力度,净化了教育环境,提升了教师队伍的师德标准。

一、教师职业失范行为产生的原因

(一)社会环境的因素

教师作为特定的社会群体,产生职业失范行为有其深层次的原因,许多学者认为社会环境的变化带来了一些负面影响。社会转型既带来了经济的活跃,同时也不可避免地造成了其他的冲突。体制混变致使教师“面临解决特定问题时陷入无章可循、有章难依或随意择章的境地,结果产生失范行为”①。在市场经济条件下,商品买卖关系渗透到社会生活的各个领域,在当前情况下,旧的体制被冲破,新的体制尚未健全,徘徊在新旧两个“世界”之间,不仅体制的一些弊端有待革除,而且市场经济的负面影响也极易滋生、扩张。② 例如,恶意竞争造成的金钱本位、利益至上现象,也侵蚀了教师群体的思想。一些教师不再专注于自己的本职工作,把精力投入到其他方面,开办培训机构或补习班,更有甚者经营其他行业生意,端着“铁饭碗”,捞着“油水外快”。此外,教育产业化的形成,教育消费的出现,使教育染上了拜金主义的色彩,师生之间传统的伦理关系变成了一种交易关系,使学生认为他们在“花钱买知识”,教师理应为他们服务,弱化了学生对教师的尊重。一些只注重个人利益的教师借此机会赚得盆满钵满,而另一些教师的热情却因此受到打击,兢兢业业的教师得不到社会应有的尊重,自然心理不平衡,对待工作的责任感也降低了,阻碍了师德建设的推进。

(二)教师管理制度的冲突

为了推进师德师风建设,国家和各级教育部门作出了许多努力,制定印发了一

---

①吴康宁.教育社会学[M].北京:人民教育出版社,1998:184.

②陈法宝.教师职业伦理失范的归因分析与对策[J].河北师范大学学报(教育科学版),2012(10):74—77.

系列的意见办法。然而，有些政策只停留在表面，治标不治本是无法彻底根除病因的。师德失范实际上也反映了当前教育制度的许多问题，各级制度之间的不协调、不兼容也是造成教师职业失范形成的一大因素。

在教师管理制度中，如教师的聘用聘任，往往更注重学历、工作经历等条件，而对于职业道德的要求偏向描述性、概括性。一个人的品德要怎样外化成具体的参考数据呢？这是很难把握和考核的。以往在入职审查中对个人的品德考核只简单地走个过场，流于形式主义，从而导致教师队伍良莠不齐。

2018 年 12 月，我国教育部办公厅印发了《进一步加强中小学(幼儿园)预防性侵害学生工作的通知》，要求各地教育行政部门和学校严格落实有关教师管理法规和制度要求，进一步完善教师准入制度，强化对拟招录人员品德、心理的前置考察，联合公安部门建立性侵害违法犯罪信息库和入职查询制度。在这之前，已有浙江慈溪、重庆、上海、广东等地出台相关意见与办法实施从业禁止制度与着手创建性侵害违法犯罪信息库。

(三)教师自身的因素

教师师德离不开个人修养，有些教师即使处在非常恶劣复杂的环境中，仍然能独善其身，不为外界所干扰，这是因为他们对自身有着非常高的要求。随着信息社会和人工智能时代的到来，传统的教育模式被颠覆，对教育的需求早已不同于以往，对教师的师德要求也产生了很大的变化，更强调学生为本、终身学习等理念。然而，一些教师教育观念落后，无法接受平等民主的师生关系，在与学生的交往过程中，不容许学生挑战自己的权威，也难以接受他人的意见，动辄体罚打骂孩子以保持自己的威严。如果不更新落后的教育观念，以老一套的方式管教学生，后果则可能是要付出法律的代价。

此外，一些教师缺乏正确的人才观，高举唯分数论，不能公平公正地对待学生，歧视成绩差的孩子。当然，这不只是教师的原因，在应试教育的背景下，学生的成绩与教师的奖金紧密挂钩，这也反映了教育评价制度与师德建设的矛盾。作为一名合格的教师，此时更应该不断提升个人修养，及时调整认知与期待。教师要明白，每个人都是不一样的，并不是所有的孩子都要成为同一类人，积极的鼓励胜过消极的制裁，应正确引导孩子。

二、治理教师职业失范行为的相关规定

《中小学教师职业道德规范》《教师专业标准》《准则》等一系列文件厘清了教师职业道德中的禁止性行为，划定了师德基本底线，对教师职业道德予以了具体化、规范化。为使这些文件更好地贯彻实施，促进师德师风建设制度化，教育部又出台了针对违反教师职业道德的行为的一系列处理办法，对于如何惩处失范行为予以了具体规定，与上述各项规范性文件相配套，从而建立起违反师德行为的惩处制度框架。

(一)早期有关违反教师职业道德的法律规定

在针对性的专门规范性文件出台前,早有一些其他的法律法规为教师职业失范行为及惩处提供了参照标准和依据,如《中华人民共和国教师法》和《事业单位工作人员处分暂行规定》等。根据《中华人民共和国教师法》第三十七条的规定,教师有下列情形之一的,由所在学校、其他教育机构或者教育行政部门给予行政处分或者解聘:第一,故意不完成教育教学任务给教育教学工作造成损失的;第二,体罚学生,经教育不改的;第三,品行不良、侮辱学生,影响恶劣的。教师有前款第二项、第三项所列情形之一,情节严重,构成犯罪的,依法追究刑事责任。然而,在实际的执行过程中,难以对某些情形进行具体界定,如体罚和侮辱学生,体罚的范围是什么?侮辱的手段有哪些?这些笼统模糊的语言没有给出清晰明确的标准,因而导致难以操作、执法不严或过度执法等现象。

在过去很长的一段时间里,对教师的处分一直参照《国务院关于国家行政机关工作人员的奖惩暂行规定》。2006 年,《中华人民共和国公务员法》开始实施后,该规定被废止。《中华人民共和国公务员法》和 2007 年国务院制定的《行政机关公务员处分条例》只适用于公务员,对教师不适用,由此导致了对教师处分的法律空白。[①] 2012 年,人力资源和社会保障部、监察部联合制定了《事业单位工作人员处分暂行规定》,这是我国第一部系统规范事业单位工作人员纪律处分的专门性国务院部门规章,结束了对事业单位中非行政机关任命的工作人员纪律处分基本无法可依的历史。[②]《事业单位工作人员处分暂行规定》对处分的种类和适用、违纪违法行为及其适用的处分、处分的权限和程序作出了详细规定和说明,为教育部门的人事管理提供了更全面的法律依据,尤其是为学校对教师的职业失范行为进行处分提供了直接的法律依据。

(二)中小学与幼儿园教师违反职业道德行为处理办法

《中小学教师职业道德规范》(2008 年修订)颁布后,各地结合实际情况出台了一系列规范性文件,对违反教师职业道德的行为加以处理。这种做法虽然对现实作出了及时回应,但规范层次效力低、各地差异大,对教师职业行为的调整与法律法规不完全一致,在对教师处理上存在着一些规范过度、失范甚至违法的现象,不利于保障教师合法权益。[③] 因此,2014 年,教育部出台了《中小学教师违反职业道德行为处理办法》,统一规定了违反教师职业道德行为的处理方式。2018 年,教育部又出台了《准则》等一系列文件,对教师职业道德规范作出了新的要求。为使《准则》能够有效

---

①解立军.教师处分的法律分析:基于《事业单位工作人员处分暂行规定》的解读[J].中小学管理,2013(4):31—34.

②董芳.《事业单位工作人员处分暂行规定》的适用问题[N].中国纪检监察报,2013-04-26(07).

③姚金菊.师德底线从何而来?[EB/OL].(2013-11-29)[2020-02-13].http://www.moe.gov.cn/jyb_xwfb/xw_zllssj/s7753/201311/t20131129_160227.html.

贯彻实施，教育部对 2014 年印发的《中小学教师违反职业道德行为处理办法》进行修订并重新印发，还制定印发了《幼儿园教师违反职业道德行为处理办法》。这些文件结合时代背景，对违反教师职业道德行为的认定、惩处作出了新的具体规定，并且拓宽了覆盖范围，首次将幼儿园纳入制度体系，建立起违规行为的受理处理机制和责任追究机制。

(三)《中小学教师实施教育惩戒规则(征求意见稿)》

在教师的职业失范行为中最常见的是体罚学生，《中华人民共和国未成年人保护法》《中华人民共和国教师法》以及各类规范性文件都明确禁止体罚学生，现实中我们却经常看到某些教师惩戒不当、对学生过度体罚的报道。

例如，2015 年 1 月 5 日，宣恩县某中学教师梁某在上课时，因怀疑学生董某偷拿了其他学生的饭卡，便让其蹲在讲台旁写检讨。由于董某未写偷饭卡的内容，梁某遂用右脚踢向董某，踢到其左腹部，致其脾脏破裂。后经鉴定，董某所受损伤程度属重伤 2 级，残疾等级为 6 级。梁某被一审法院以故意伤害罪判处有期徒刑 3 年，缓刑 4 年。①

上述案件中严肃处理教师体罚学生的做法合法合理，为其他教师敲响了警钟。但在严厉执法的过程中，又存在个别过度处分导致矫枉过正的现象。比如，许多教师不敢管也不愿管孩子了，连口头批评教育都要小心翼翼。一些学生公然顶撞甚至侮辱殴打教师，叫嚣着“老师不能体罚学生”，以此裹挟欺压教师。再比如，个别家长蛮横无理，教师只是轻微管教一下孩子，便跑到学校大动干戈，一些学校为了息事宁人往往不顾教师的权益，赶紧让教师道歉赔偿，甚至进行不合理的处分。教师既怕被学生和家长报复，又怕被上级处分，严重影响了教师正确行使教育惩戒权，师道尊严丧失，在学生和家长面前“站不起来了”。

2019 年 6 月 23 日，《中共中央 国务院关于深化教育教学改革 全面提高义务教育质量的意见》中提出，制定实施细则，明确教师的教育惩戒权。2019 年 11 月 22 日，教育部发布《中小学教师实施教育惩戒规则(征求意见稿)》，根据《中华人民共和国教育法》《中华人民共和国教师法》《中华人民共和国未成年人保护法》等法律规定，对教育惩戒进行合法合理的细化，其中第十三条和第十四条对教师实施教育惩戒的禁止情形和权责作出了具体程序性的规定，既保障了教师的权益，又使得对教师不当惩戒进行规范处理有法可依。

三、教师职业失范行为惩处的特点

(一)评定标准的操作性

一方面，各文件划定了适用对象的范围。比如，《中小学教师违反职业道德行为

①湖北宣恩一教师体罚学生致重伤 被判刑 3 年[EB/OL].(2015-07-24)[2020-02-13].http://edu.people.com.cn/n/2015/0724/c1053－27354701.html.

处理办法》第二条指出，办法所称中小学教师是指普通中小学、中等职业学校（含技工学校）、特殊教育机构、少年宫以及地方教研室、电化教育等机构的教师，前款所称中小学教师包括民办学校教师。《幼儿园教师违反职业道德行为处理办法》第二条也指出，本办法所称幼儿园教师包括公办幼儿园、民办幼儿园的教师。另一方面，在对教师职业失范行为的惩处中，最重要的是对其行为进行合法合理的评定，是否违法违纪，性质情节如何，定性准确才能进行后续的恰当处理。这些规范性文件的共同特征是对教师违反职业道德的情形都予以非常清晰的界定说明，评定标准的可操作性大大提升了实施过程的执行效力。

（二）处分程序的规范化

如何公平公正地处分，是一个健全的惩处制度最核心的部分。当前的这些规范性文件均对处分的种类与适用，以及处理权限和程序作出了具体规定。《事业单位工作人员处分暂行规定》给出了最广泛详细的参照依据，因为它针对的不仅仅是在编教师，而是所有的事业单位工作人员。对于处分的种类，《中小学教师违反职业道德行为处理办法》与《幼儿园教师违反职业道德行为处理办法》则更具有针对性，除了警告、记过、降低岗位等级或撤职、开除外，对于中共党员同时给予党纪处分，其他处理还包括给予批评教育、诫勉谈话、责令检查、通报批评，以及取消在评奖评优、职务晋升、职称评定、岗位聘用、工资晋级、申报人才计划等方面的资格。遵循惩处与违法违纪行为的性质、情节等相适应的原则，将处理的种类进行细化，避免执法过度。此外，关于教师的救济途径，各文件规定教师不服处理决定的，可以向主管部门申请复核；对复核结果不服的，可以向主管部门的上一级行政部门提出申诉。在严格执法的同时，也保障了教师的个人权益。

（三）追究机制的创新性

仅仅对违法违纪的教师作出处分，有时候容易忽略背后的问题。为何有些教师多次出现师德失范问题，一部分原因在于学校及主管部门的管理不当，利用权势关系，相互包庇纵容。《中小学教师违反职业道德行为处理办法》最具有创新性的一点是提出了落实责任追究机制。第十二条规定："学校及主管教育部门不履行或不正确履行师德师风建设管理职责，有下列情形的，上一级行政部门应当视情节轻重采取约谈、诫勉谈话、通报批评、纪律处分和组织处理等方式严肃追究主要负责人、分管负责人和直接责任人的责任：（一）师德师风长效机制建设、日常教育督导不到位；（二）师德失范问题排查发现不及时；（三）对已发现的师德失范行为处置不力、方式不当或拒不处分、拖延处分、推诿隐瞒的；（四）已作出的师德失范行为处理决定落实不到位，师德失范行为整改不彻底；（五）多次出现师德失范问题或因师德失范行为引起不良社会影响；（六）其他应当问责的失职失责情形。"在严肃的处理机制上，进一步落实责任追究机制，以强有力的法律效力树立起"高压线"。

练习与思考

一、选择题

1.(　　)是教师专业发展不竭的动力,是时代发展的要求,也是教师职业特点所决定的。

A. 关爱学生　　B. 爱岗敬业　　C. 教书育人　　D. 终身学习

2.(　　)是师德的灵魂。没有爱就没有教育。教师必须关心爱护全体学生,尊重学生人格,平等公正对待学生。对学生严慈相济,做学生的良师益友。保护学生安全,关心学生健康,维护学生权益。

A. 关爱学生　　B. 爱岗敬业　　C. 教书育人　　D. 关心集体

3. 班主任陈老师根据数学成绩将学生分为 A、B、C 三类,并为三类学生分别建立综合成长档案。陈老师的做法(　　)。

A. 不恰当,忽视学生的主动发展　　B. 恰当,注重学生的个性发展

C. 不恰当,忽视学生的全面发展　　D. 恰当,注重学生的可持续发展

4. 小敏数学基础差,秦老师经常利用课余时间义务帮小敏补习。小敏的家长多次给秦老师报酬,都被秦老师婉言谢绝了。这表明秦老师(　　)。

A. 做到了严慈相济　　B. 不注重家校合作

C. 做到了廉洁从教　　D. 不注重有效沟通

二、材料分析题

5. 某教师经常以班级的名义从个体书店以优惠价购买各科课程学习辅导资料,然后以全价卖给学生,学生几乎人手一套。同时,她向学生家长暗示或明要礼物、礼品或礼金,特别是在各种节日的时候。此外,她还私下到某家教辅导中心兼课。在学校讲课时她会“留一手”,只讲基本内容,对课程的重点也往往一带而过,并直接或间接地介绍学生去民办课外辅导机构或家教辅导中心接受辅导或参加补课。当然,学生接受辅导或参加补课是要交高额学费的,民办课外辅导机构或家教辅导中心会给这位教师很多讲课费和介绍费。

从教师职业道德的角度,分析材料中该教师行为存在的主要问题。

6. 班里新转来一位贫困学生,由于遭遇了种种生活的变故而悲观消极,不认真学习,不愿意和同学交往,不信任老师。苏老师细心地观察这位学生,主动和他交流,但没能使他有所改变。一天早上,苏老师发现学校新栽下的小树需要护理,就请这位学生跟他一起去照顾小树。在劳动的过程中,苏老师很自然地从讨论小树的成长入手,和他探讨人生问题,他的眼睛里第一次充满了兴奋的神采。后来这位学生慢慢变得积极、活泼起来。

从教师职业道德的角度,评析苏老师的教育行为。

第十二章
教师职业道德修养

◆思维导图

- 教师职业道德修养
  - 教师职业道德修养概述
    - 教师职业道德修养的含义
    - 教师职业道德修养的意义
    - 教师职业道德修养的原则
    - 教师职业道德修养的特征
  - 教师职业道德修养的内容
    - 树立师德理想
    - 提高师德认识
    - 陶冶师德情感
    - 磨砺师德意志
    - 确立师德信念
    - 培养师德行为和师德习惯
  - 教师职业道德修养的方法
    - 知行统一
    - 开展批评与自我批评
    - 学习先进人物
    - 努力做到慎独

◆学习目标

1. 理解教师职业道德修养的含义、意义、原则及特征。
2. 掌握教师职业道德修养的内容。
3. 体会教师职业道德修养的实践价值，掌握教师职业道德修养的方法。

◆学习重点

1. 教师职业道德修养的内容。
2. 教师职业道德修养的途径与方法。

第一节
教师职业道德修养概述

教师职业道德修养是教师道德修养的重要组成部分，也是教师形成良好职业道德素质的重要途径。明确教师职业道德修养的内涵、意义、原则及特征，对提高教师职业道德水平、培养教师的职业道德品质具有重要的意义。

一、教师职业道德修养的含义

（一）道德修养的含义

“修养”是一个合成词，含义丰富，其通俗解释有以下四种：一是指培养自己高尚的品质和正确的处世态度或完善的行为规范；二是指思想、理论、知识、艺术等方面所达到的一定水平；三是指逐渐养成的待人处世的正确态度；四是指休整调养。韩非曾提出“侈而惰者贫，而力而俭者富”，认为个人品质修养的提高有助于精神世界的富足和物质财富的创造。诸葛亮主张“夫君子之行，静以修身，俭以养德。非淡泊无以明志，非宁静无以致远”，强调应加强自身道德修养。孔子也提出“君子坦荡荡，小人长戚戚”，彰显出道德品质的重要性。

道德修养作为道德活动的一种重要形式，是为了培养人的道德品质。所谓道德修养，是指个人自觉修炼和培养高尚品质、道德智慧，以求取德性人格之充实完美的实践活动。[①] 一般意义上来说，道德修养一方面要求道德主体按照一定的社会道德原则和规范进行自我反省、自我检查、自我教育等；另一方面要求道德主体通过自我修为来达到相应的境界。所以，道德修养是不断认识、反复实践、逐渐提升的复杂过程。

古今中外历来都十分重视道德修养。孔子曾说，他最担忧的是“德之不修”，即不重视自己的品德修养，提出了“修己以敬、修己以安百姓”的理论，并强调“内省”的修养功夫，要求他的学生曾参每日“三省”自身。孟子进而指出，人们经过坚持不懈、诚心诚意的修养，就可以产生一种“至大至刚”的“浩然正气”，达到“富贵不能淫，贫贱不能移，威武不能屈”的道德境界。由此可以看出，先秦时期的儒家就已十分重视道德修养。而后经过历代思想家的继承与发展，形成了一套系统的道德修养理论，如出自《礼记》的“修身、齐家、治国、平天下”理论，就把个人道德修养上升到家国情怀的高度。在西方，从古希腊的赫拉克利特开始，就十分强调道德上的自我教育。

---

①韩东屏．论道德修养[J]．中州学刊，2015(10)：88—93．

德谟克利特进一步提出一个人能在与自己思想的斗争中取得胜利，即意味着他在道德上的进步。马克思主义道德修养理论着重强调个人道德的自我修养，提出道德修养对纯洁人们的道德意识、培养人们的道德品质、形成人们的道德行为，进而达到理想的道德境界具有重要意义。

（二）教师职业道德修养的含义

教师职业道德修养是指教师在职业活动中按照一定的职业道德原则和规范，进行自我锻炼和自我改造以及所形成的道德品质和所达到的道德境界。[①] 它包含了动态和静态两个方面：一是教师为了适应教育教学工作的需要，根据教师道德的原则、规范、范畴的要求，在道德方面进行的反省、检查、自我批评和自我解剖，这是修养的动态部分；二是指教师在职业活动中通过自我道德修养所形成的道德品质和所达到的道德境界，这是对修养的静态考察。这动、静两种状态是相互依存且不可分割的。

教师职业道德修养的根本目的在于：教师通过对职业活动的认识和实践，同时结合自身的个性品质，把师德的基本原则与规范自觉地转化为个人内心的要求和坚定的信念，从而养成良好的职业行为习惯，并逐渐培养起高尚的职业道德品质，成为具有高尚职业道德的人民教师。

二、教师职业道德修养的意义

重视道德修养是我们中华民族的优良传统，从古至今，历代思想家、教育家等不断赋予道德修养新的时代内涵。古代，学者提倡修养个人品德，强调“习行”在道德修养中的重要作用。近代，马克思主义伦理学强调道德修养和人们的道德实践活动相联系，指出只有在改造客观世界的斗争中人们的道德品质才能真正得到改造，应不断地把道德原则、规范转化为人们的感情、意志和信念，并且认真贯彻到行动中去。在社会主义建设新时期，我们继承了传统道德修养的精华部分，并赋予了其新的科学内容和时代特征。新时期要求加强教师职业道德修养，规范教师群体道德建设，以保证科教兴国战略顺利落实，为社会培养出高素质高质量合格人才，从而推动我国经济建设持续健康发展。具体而言，教师职业道德修养的作用表现在以下几个方面。

（一）教师职业道德修养是落实新时期教育工作的具体要求

党的十九大报告指出，建设“教育强国是中华民族伟大复兴的基础工程”，要全面贯彻党的教育方针，落实立德树人根本任务，发展素质教育，推进教育公平。国家在新时期对教育发展提出了新的要求，而教师团体是国家教育的主体，承担着立德

---

① 武模桥，刘合英. 教师职业道德修养与教育法规[M]. 成都：电子科技大学出版社，2008:55—57.

树人的重担，更应加强自身职业道德修养，懂得教育规律，具有教育教学的各种能力，做到诲人不倦、为人师表、爱岗敬业、关爱学生。只有这样，教师才能在职业劳动中规范自身的道德行为，形成崇高的思想情操和良好的道德品质，培养出德智体美全面发展的社会主义建设者和接班人，完成时代赋予教师的教育任务。

（二）教师职业道德修养是培养学生健康成长的重要保证

教师不仅肩负着“传道、授业、解惑”的重任，而且其自身的人格魅力会潜移默化的影响和塑造学生。教师的人格魅力由其理想信念、学识水平、知识能力、个性情趣、品德修养等综合素质熔铸而成，是吸引学生的主要源泉。① 因此，提高教师职业道德修养至关重要。

教师职业道德修养的高低影响着学生世界观、人生观、价值观的形成。学生时代是人的“三观”趋于成熟的关键时期，在这个时期，教师是学生成长道路上的引导者、帮助者和支持者，对学生的身心发展起着关键作用。倘若教师自身的专业素质和道德操守低下，会对学生发展和社会发展造成严重的负面影响。此外，教师职业道德修养的高低直接影响着学生综合素质的发展。教师是培养社会人才的主力军，他们要培养的是综合素质全面发展的人才，而教师自身就是一种教育影响力，他们的道德品质和职业操守决定着学生综合素质的提升，影响学生道德素质的形成。

（三）教师职业道德修养是提高教师素质的关键

教师要想获得长足发展，必须不断提升自身职业道德修养。一方面，教师职业道德修养是教师从业的基本要求。一位教师要想在岗位上有所建树，首先必须承担起立德树人的重担，争做“四有”好老师，即有理想信念、有道德情操、有扎实学识、有仁爱之心；②其次，要遵守教师职业道德规范与行为规范，掌握业务技能，具备与实际工作岗位相适应的业务能力、道德品质和职业行为。只有这样，教师才能坚守在教育岗位上，桃李满天下。

另一方面，提高教师职业道德修养是完善教师道德人格的需要。教师良好的道德人格是在教育实践过程中逐渐形成和发展起来的，教师在职业活动中，不仅在教育学生，也在教育自己。教师根据社会所需要的职业道德品质要求，结合自身职业道德状况，切实加强自身职业道德修养，将外在的职业道德原则和规范转化为内在的信念，并作出相应的职业道德行为，从而提升道德品质，完善道德人格。

---

①王金发．扬师德铸师魂 站好三尺讲台[J]．中国高等教育，2013(6)：9—12．

②习近平．做党和人民满意的好老师——同北京师范大学师生代表座谈时的讲话[N]．人民日报，2014-09-10(02)．

拓展阅读

牡丹江大学教师获评全省师德先进个人①

东北网2019年3月7日讯　近日，黑龙江省教育厅发布了“关于2018年全省教育系统师德先进集体和先进个人评选结果的公示”。此次共评选师德先进个人165人，其中全省高校教师近30人。牡丹江大学社会科学部教研室主任吴淑霞入榜。

吴淑霞坚守思想政治理论课教学20余年，注重因材施教与个性化培养。作为“全国道德实验基地”德育导师，构建学生自主学习、互动学习、协作学习模式的教学新方法，创造性地提出“德育积分”“德育项目领办制”实践教学新思路，增加了学生对思想政治理论课的喜爱和认可程度。学生普遍评价她授课新颖独特，不拘泥于书本，善于将知识引申到现实中，深入浅出，用最浅显的现象揭示深奥的道理，给学生以思考的空间。

教学中，吴淑霞不企图“改造”学生，而是以尊重为主，了解学生需要，多与学生交流、沟通，从学生的角度考虑、处理事情，善于启发、引导、激励学生，让学生实实在在、真心真意地接受一些观点，由此成为很多学生的良师益友。她先后荣获省先进思想政治工作者、“三育人”标兵、牡丹江市首届“十大优秀青年”等光荣称号。

三、教师职业道德修养的原则

(一)坚持知行统一

坚持知行统一的原则，就是要把学习道德理论、提高道德认识同自己的行动统一起来，使理论与实践相结合。教师要掌握教育学、心理学、文学等基础理论知识和教师职业道德基本常识，知道善恶、美丑、是非等的界限，并利用自己所掌握的知识开展教育实践，从而在道德实践中不断增强自身道德意志和信念，提高个人道德素养。

(二)坚持自律和他律相结合

教师职业道德修养的最高境界是“慎独”，即高度自律、自觉，教师能够在无人监督的情况下，仍自觉遵守师德规范，恪守职业道德，履行自己的教育职责。然而，单靠教师自己进行反思、提高是远远不够的，由于主观意志的影响，教师很有可能注意

---

①王蕊.牡丹江大学教师获评全省师德先进个人[EB/OL].(2019-03-08)[2020-03-19].https://edu.dbw.cn/system/2019/03/08/058163316.shtml.

不到自己的缺点和错误,不能准确地进行道德行为判断。因此,教师也要依靠他人的监督和指导,虚心接受他人的建议,弥补自身在师德方面的不足之处。

(三)坚持个人和社会相结合

教师提高职业道德修养的过程离不开社会和个人的共同作用。一方面,教师职业道德修养是教师个体自主的活动,它的内驱力来源于教师高度的自觉与自律,是教师将师德规范、原则等转化为个人内心的要求和坚定的信念,从而形成良好的职业行为和习惯。另一方面,教师职业道德修养是在社会大环境中与各种因素相互作用下形成的。社会对教师职业道德修养提出了基本的评价标准和要求,促使教师在社会规划的大框架下努力提升自身道德修养,将外在的道德标准内化为自身坚定的理想信念。因此,教师提高自身职业道德修养,要把个人信念与社会要求结合起来,不断提升职业道德品质。

(四)坚持继承和创新相结合

国家在新时期对教育事业提出了新的要求,也赋予了师德新的时代内涵和发展方向。这就要求教师在新的教育实践中,借鉴传统的优秀师德,并在新的时代背景下,清晰认识教师职业活动中的利益关系、道德关系和行为规律,保证教师工作的原则方向,完成时代赋予教师的历史使命,进而形成高尚的师德品质,达到高深的师德境界。

四、教师职业道德修养的特征

教师职业道德修养既是一种道德品质,又是一种道德境界。教师为了达到这种境界,需要不断进行自我改造、提高和完善。在这个过程中,教师职业道德修养具有广泛性、自觉性、长期性和矛盾性等特征。

(一)修养内容的广泛性

教师职业道德修养所蕴含的内容是广泛且深刻的,而不仅是修养知识、规范、原则等的综合。教师职业道德修养的前提是师德理想,教师树立远大的师德理想能够激励自身持续前进;教师职业道德修养的基础是师德知识,教师学习师德知识以提高师德认识,从而陶冶师德情感、磨砺师德意志、确立师德信念,进而把师德认识转化为师德行为和习惯,养成师德行为和习惯是教师职业道德修养的最终目的。因此,教师职业道德修养的内容主要包括理想、认识、情感、意志、信念、行为和习惯。这六个方面是统一的有机体,是教师提高职业道德修养的必经路径和关键。

(二)道德修养的自觉性

教师职业道德修养是教师本人对自己进行的特殊教育活动,需要教师具有高度的自觉性,并严于律己,正如曾参提出的“吾日三省吾身”,良好修养的养成需要个人高度的自觉与自律。因为修养是个体出于完善自我人格的内在需要，以及这种内在需要所启动的主体的自主、自为、自觉和自愿的活动，如果教师没有高度的自觉精神，就会缺乏对自我的正确认知，从而逃避矛盾，不能进行正确的道德认知、认同和行为选择，个人的道德发展也会受到影响。①

（三）修养时间的长期性

提高教师职业道德修养是一个长期而艰巨的过程，教师的职业道德修养并不是先天赋予或唾手可得的，它是教师在长期的职业实践中逐渐形成和发展起来的。道德修养的培养与发展是终身的，贯穿于教师的整个职业生涯中，它需要教师"耐得住寂寞、坐得住冷板凳"，需要教师进行持续终身的自我教育与自我完善，以适应教育实践。

（四）修养过程的矛盾性

教师职业道德修养是一个充满矛盾的过程，教师在教育实践中会遇到很多矛盾，如集体利益与自身利益的矛盾、社会要求与个人愿景的矛盾、协调社会关系的矛盾等。首先，教师要辩证地看待集体利益与个人利益的关系，必要时作出某些牺牲捍卫集体利益，才能获得长足的发展；其次，教师要把社会道德要求转化为个体品质，将自己已有的品德心理与教师职业道德规范要求建立联系，实现对教师职业道德规范要求的同化；再次，在处理社会关系矛盾（如与同事之间的矛盾）时，要采取恰当的方式使彼此了解问题的症结所在，加强沟通，使矛盾得以消除，这也是教师职业道德修养的体现。

---

①傅修楠.试论高校教师的职业道德修养[J].福建农林大学学报(哲学社会科学版),2007(6):86—89.

|第二节|

教师职业道德修养的内容

教师职业道德修养具有丰富的内容，主要包括师德理想、师德认识、师德情感、师德意志、师德信念、师德行为和师德习惯等方面的修养。这几个方面的修养对教师履行教书育人的职责具有重要的意义。

一、树立师德理想

师德理想是教师在职业上依据社会要求和个人道德发展状况，借想象而确立的奋斗目标，即教师渴望达到的职业境界，它是教师职业发展的潜在内驱力。教师只有拥有崇高的职业道德理想，才能自觉遵守职业道德规范，作出相应的职业道德行为。

教师在树立师德理想的时候，要注意以下几点：一是要正确处理择业与个人经验能力的关系；二是要把社会需求与个人愿景结合起来；三是要正确认识教师工作的艰辛与幸福；四是要客观看待教师的福利待遇与声望。只有这样，教师才能正确认识自己的职业，确立师德理想，并为此不断努力。

择业是确立职业道德理想的第一步，只有作出了正确且适合自己的职业选择，教师才能树立远大的职业道德理想，以此激励自己实现个人价值。首先，教师应正确全面地看待自己的职业，它是为人类幸福而劳动的职业，它是创造社会财富的源泉，对维护社会稳定起着不可估量的作用，从事这一职业是非常光荣的；其次，教师要实现职业道德理想，应不断汲取职业道德知识，并投身于教育实践，在实践中发现自己的长处，使其得到充分发挥，以便更好地实现职业理想。

二、提高师德认识

教师职业道德认识是教师对师德知识的理解和掌握，提高师德认识是教师进行职业道德修养的关键环节。总的来说，教师的师德认识包括：教师对教育劳动中所遵循的行为准则、规范和必备道德品质的认识；教师对行业道德要求的认识；教师对处理社会道德关系的认识等。

教师要提高职业道德认识，应深刻理解并努力提高对教师职业道德原则、规范的认识，把道德原则和规范逐步内化为自己从事教育事业的行为准则；要了解社会对教师行业的道德要求，并认识自身的品德发展状况，找出差距与不足之处，逐步完善自身道德品质；要在实际的教育活动中分清各种界限，如是非、善恶、美丑的界限，逐步提高职业道德的判断力。

三、陶冶师德情感

教师职业道德情感是指教师对自己从事的职业所具有的稳定的态度和体验，它是提高教师职业道德修养的强大精神动力，调节着师德认识和师德行为。教师在教育活动中汲取职业道德知识，进行自我教育、自我反思及自我提高，从内心产生一种对自己所从事职业的需求意识和深刻理解，以不断调节自己的职业道德认识和职业道德行为，从而培养起高尚的职业道德情感。只有这样，教师才会真心热爱自己的工作岗位，恪尽职守，潜心钻研，为社会培养栋梁之材。

总的来说，教师的职业道德情感具体表现为六个方面，分别是职业正义感、职业责任感、职业义务感、职业良心感、职业荣誉感和职业幸福感。具有职业正义感的教师能以公正、平等的态度来处理人与人、人与社会之间的道德关系，维护国家、集体和人民群众的正当合法权益；拥有职业责任感与职业义务感的教师能清楚认识到自己的使命与责任，自觉遵守师德规范并积极作为；具备职业良心感与职业荣誉感的教师能对职业行为作出正确的判断和评价，并敦促自己在符合职业道德要求的情况下从事职业活动，从而获得积极愉悦的道德情感；当教师达到一定高度的道德境界时，就形成了相对稳定的职业认同感，能够从职业活动中获得持续增长的快乐体验，即职业幸福感。

四、磨砺师德意志

教师职业道德意志是教师在教育劳动中进行道德抉择时，面对困难和阻碍进行积极斗争的顽强毅力和能力，也是教师有意识、有目的、有计划地调节和支配自己的道德行为的心理现象。① 师德意志是师德认识、师德情感转化为师德信念的中介环节，也是教师形成良好的师德行为和师德习惯的重要精神条件。

五、确立师德信念

教师职业道德信念是指教师通过对师德规范的认识和了解，在自身强烈的道德情感驱动下，对履行职业道德义务产生的强烈的责任感。它是构成教师职业道德品质的主要因素之一，一旦形成，便具有相对的稳定性和持久性。教师职业道德信念坚固与否，直接影响着师德认识、师德情感及师德意志的稳定性发展，也影响着教师职业行为的选择与评价判断能力。教师一旦树立了坚定的职业道德信念，就能坚定不移地从事教育工作，恪守师德规范，努力实现自己的职业道德理想。

---

①杨宗元.略论道德意志与道德推理的关系[J].重庆理工大学学报(社会科学)，2019，33(1)：13—19.

六、培养师德行为和师德习惯

教师良好的职业道德行为是指教师在正确的师德认识、炽热的师德情感、顽强的师德意志及师德信念的支配下所从事的劳动活动。经过长时间的行为实践，教师养成良好的职业道德习惯，良好职业道德习惯的养成是教师职业道德修养的最终目的和归宿。良好的师德行为和师德习惯是衡量教师职业道德品质好坏及职业道德水平高低的客观依据，它能驱使教师自觉遵守师德规范，作出正确的职业道德行为，从而巩固和发展已形成的职业道德意识。

第三节

教师职业道德修养的方法

教师职业道德修养是教师职业道德规范内化的过程，形成良好的教师职业道德品质是教师职业道德修养的目的，但良好的教师职业道德品质的形成需要通过正确、合理的修养路径。这些路径主要包括知行统一、开展批评与自我批评、学习先进人物、努力做到慎独。

一、知行统一

知行统一就是把提高教师的道德认识与躬行道德实践统一起来，以促进道德规范要求内化为道德品质，外显为实际的道德行为。教师要加强自身道德修养，首先应加强职业道德理论知识的学习，不断提高职业道德认识。一方面，要认真学习马克思主义理论知识，为自己的人生观、世界观、价值观的形成奠定坚实的理论基础，并学会运用马克思主义的立场、观点和方法，创造性地解决自己在工作岗位上遇到的矛盾和问题；另一方面，还要学习党的教育方针、政策和教师职业道德的有关理论，切实把握国家最新的教育动态，紧跟时代发展步伐，掌握最新的教育理论知识，丰富自身的知识储备，以便更好地开展教育教学工作。此外，还要全面科学地掌握职业道德的原则和规范，明确职业行为的道德界限，逐步提高自己的职业道德选择和评价能力。

教师的职业道德建设不能停留于理论学习和条条框框之中，必须立足实践、扎根实践。[①] 教师只有将所掌握的道德理论知识应用于道德实践，以正确的职业道德观念指导自己的本职工作，并坚持不懈地进行自我反省、自我批评，努力克服自己在师德方面存在的问题，才能不断提高自身道德修养。

二、开展批评与自我批评

开展批评与自我批评，既需要教师严于解剖自己，又需要教师诚恳地接受他人的监督和帮助。高素质的教师既能从与人为善的角度出发，实事求是地指出他人的缺点和错误，做到知无不言、言无不尽，还能虚心地接受他人的批评，敢于正视自己的不足之处，进行自我反思、自我批评，从而发挥职业道德在调节自己与他人社会关系方面的作用，增进彼此之间的沟通互信，改善社会风气，促进教师职业道德建设。因此，勇于开展批评与自我批评是提高师德修养的重要方法。

---

①靖国平．教育智慧伦理：教师职业道德的新境界[J]．上海师范大学学报（哲学社会科学版），2015，44(1)：46—51．

首先，开展相互批评，必须联系实际，有的放矢，克服避重就轻、避实就虚，只谈表面现象，不触及实际问题的相互批评，应就现实问题做深刻剖析，使彼此认识到问题的根源所在，以便更好地修正错误，开展教育工作。其次，教师应严于自剖，开展自我批评。孔子曾说："内省不疚，夫何忧何惧？"明代思想家王阳明也主张"省察克治"的修养方法。可见，进行自我反省是加强道德修养的重要手段。教师只有善于剖析、反思自己，才能消除错误道德观念和行为的影响，培养高尚的职业道德品质。

三、学习先进人物

每个先进人物身上都闪耀着璀璨的职业道德理想，能够为教师树立职业道德理想提供可以借鉴的有益经验，也能为教师进行职业道德修养提供强大的精神支持。学习先进人物，可以激励教师勇敢地将自己的理想信念化为行动的力量，在自己的工作岗位上干出一番事业。

榜样的力量是强大的。教师向先进人物学习，可以以榜样为镜，找出差距，看清自身在职业道德品质方面的不足；可以以榜样为旗帜，找到前进的方向，培养坚定的职业道德信念，努力提高职业道德境界。在我国社会主义现代化建设中，各行各业都涌现出了一大批先进模范人物，他们在平凡的工作中作出了不平凡的贡献，保持着优秀的职业道德品质，为教师进行职业道德修养树立了好榜样。

教师学习先进人物的优秀品质，更重要的是向优秀教师学习。首先，优秀教师在长期的教育实践中积累了许多宝贵的教育经验，可以为青年教师提供丰富的学习材料，避免他们走弯路，促使他们尽快适应职业生活，确立起自己的职业理想；其次，优秀教师身上有许多高尚的师德品质，这些闪光的品质具有较强的感染力和说服力，对青年教师进行职业道德修养具有具体的激励作用。

拓展阅读

教育部决定开展向李芳同志学习活动：李芳被追授"全国优秀教师"荣誉称号①

2018年，用生命完成"最后一课"的河南女教师李芳，舍身保护学生被撞身亡的事迹被社会各界广为传颂。教育部下发通知，在教育系统深入开展向李芳同志学习活动。

2018年6月11日下午放学，李芳在护送学生过马路时，面对失控的三轮摩托车冲向学生，义无反顾地冲上前去挡护学生，自己被严重撞击，经全力抢救无效，英勇牺牲，年仅49岁。李芳同志扎根山区从事乡村教育29年，一直默默耕耘、无私奉献、精心育人，深受学生爱戴、家长尊敬、学校认可。她多次放弃调往城市工作的机会，将所有的心血倾注在山区教育事业上，用爱心抚育每一个

①教育部决定开展向李芳同志学习活动：李芳被追授"全国优秀教师"荣誉称号[EB/OL].(2018-06-23)[2020-03-19]. http://www.moe.gov.cn/s78/A10/moe_601/201806/t20180627_341273.html.

孩子。她以德施教,用自己的言行感染学生,让学生受到潜移默化的影响。她钻研创新教学方法,精心为学生上好每一堂课。她心怀大爱,临危不惧,舍己救人,用生命为学生上好“最后一堂课”,让崇高的师德和不朽的师魂熠熠生辉,塑造了新时代人民教师的光辉形象。李芳同志是践行“四有”好老师要求的先锋模范,是乡村教师的一面旗帜。为大力表彰和学习宣传李芳同志的先进事迹,教育部决定追授李芳同志“全国优秀教师”荣誉称号。

四、努力做到慎独

教师职业道德修养的最高境界是慎独,它标志着教师职业道德修养已经达到了高度自觉的程度。所谓慎独,是指一个人在独处的情况下,仍能主动遵守各种行为准则。高度自觉的教师能依靠内部驱动力,在教育教学实践活动中,把教师职业道德所要求遵守的必备准则主动内化为自身的道德自觉,实现内在道德品质和外在道德行为的和谐发展,提升道德境界。①

作为教师职业道德修养的重要方法,要做到慎独,可以从这三个方面努力:第一,教师要学会自我审视和自我反思,尤其是剖析自己的思想层面,一旦发现自己有不良思想或动机,就将其立刻抛弃,做到防患于未然;第二,教师在日常的教育教学工作中,要谨言慎行,恪守师德规范,不做任何有损教师形象的事,做到为人师表;第三,教师要增强自制力,持之以恒地加强自身修养,以达到高尚的师德境界。只有教师努力做到慎独,才能自觉遵守教师职业道德,使自己成为一名有高尚道德情操的人民教师。

拓展阅读

哈尔滨通报教师违规及查处情况②

经查,2015 年 9 月至 2017 年 7 月,孙某利用班主任身份便利,与其妻子本校教师刘某,故意逃避学校入户检查,将各自班级近 20 名学生带回家中有偿住宿,谋取利益,存在严重的食品卫生、人身安全隐患。孙某作为一名在岗党员教师,师德败坏,带领住宿学生饮酒,打手板变相体罚学生,另有其他涉嫌犯罪行为已移交司法机关处理,其行为严重违背了党风党纪、社会公德,对未成年学生身心健康造成严重伤害,给学生家庭造成经济负担,在社会上造成极坏的影响。孙某受到留党察看处分,撤销教师资格,清除出教师队伍。刘某受到降低岗位等级处分,调离教学工作岗位三年,责令退还收取的费用。该校校长刘某受到通报批评处理,党支部副书记王某受到党内警告处分。

---

①冯晓玲,别敦荣.文化视角下的高校师德建设路径[J].现代教育管理,2018(12):74—78.

②针对中小学教师违规收受礼品礼金和有偿补课:哈尔滨通报 8 起相关问题查处情况[EB/OL].(2018-01-09)[2020-03-19].http://fanfu.people.com.cn/n1/2018/0109/c64371—29754121.html.

练习与思考

一、简答题

1. 如何理解教师职业道德修养的含义?

2. 教师职业道德修养有哪些特征?

3. 提高教师职业道德修养要遵循哪些原则?

4. 教师职业道德修养的主要内容有哪些?

5. 结合实际,谈谈提高教师职业道德修养的路径和方法。

二、材料分析题

6. 李某是北京某中学的优秀教师,他积极响应国家号召,远赴千里之外的大西北——宁夏的农村学校支教。面对漫无边际的黄沙和贫穷落后的恶劣环境,他没有改变初衷,没有退却,更没有放弃,毅然选择了为当地教育事业奋斗终生的远大理想。面对一双双求知若渴的眼眸,他没有放弃每名学生,用自己的教学艺术吸引学生,用自己的实际行动感化家长,用自己的人格感染周围的所有人。支教40余年来,他教过的学生多达万余人,有的出国留学,有的成为名牌大学教授,有的回到家乡继续着他的事业……可谓“桃李满天下”。而这也正是他一生所追求的人生目标。

结合材料,从教师职业道德修养的角度,分析加强教师职业道德修养与提高教师职业道德品质的意义。

参考文献

[1]张乐天.教育政策法规的理论与实践(第三版)[M].上海:华东师范大学出版社,2015.

[2]付世秋.教育政策法规与教师职业道德[M].北京:清华大学出版社,2016.

[3]石正义.小学教育政策与法规[M].北京:北京师范大学出版社,2015.

[4]杨思帆.处境不利儿童教育补偿政策与实践——美国、印度、中国三国的比较研究[M].南昌:江西人民出版社,2016.

[5][美]托马斯·R.戴伊.理解公共政策(第十二版)[M].谢明,译.北京:中国人民大学出版社,2011.

[6]余雅凤.学生权利概论[M].北京:北京师范大学出版社,2009.

[7]陈韶峰.受教育权纠纷及其法律救济[M].北京:教育科学出版社,2010.

[8]劳凯声,蒋建华.教育政策与法律概论[M].北京:北京师范大学出版社,2015.

[9]江再智,陆志松.中国职业教育名校/名校长创新管理评析(校企合作卷)[M].重庆:西南师范大学出版社,2012.

[10]和震.职业教育政策研究[M].北京:高等教育出版社,2012.

[11]祁占勇.职业教育政策研究[M].北京:教育科学出版社,2018.

[12]袁兆春.高等教育法学与教师职业道德[M].济南:山东大学出版社,2008.

[13]徐蕉艳,苏丹.教育政策法规[M].北京:乐器工业出版社,2000.

[14]潘世钦,刘小干,颜三忠.教育法学(第二版)[M].武汉:武汉大学出版社 ,2010.

[15]黄崴,胡劲松.教育法学概论[M].广州:广东高等教育出版社 ,1999.

[16]国务院法制办公室.中华人民共和国义务教育法(含教育法)注释与配套[M].北京:中国法制出版社,2014.

[17]法律出版社大众出版编委会.中华人民共和国未成年人保护法、中华人民共和国预防未成年人犯罪法:实用问题版(升级增订2版)[M].北京:法律出版社,2018.

[18]教育部人事司,教育部基础教育司.校园安全[M].北京:北京师范大学出版社,2008.

[19]黄尧.经济转型期我国职业教育宏观政策研究[M].北京:外语教学与研究出版社,2012.

[20]杨进，孙琳，等. 职业教育法修订的研究与实证[M]. 北京：高等教育出版社，2017.

[21]全国人民代表大会教育科学文化卫生委员会教育室. 中华人民共和国职业教育法及文件汇编（1996—2002）[M]. 北京：中华书局，2003.

[22]董竞，宋彬，张妍. 教育政策法规[M]. 北京：航空工业出版社，2017.

[23]申素平，等. 从法制到法治——教育法治建设之路[M]. 上海：华东师范大学出版社，2018.

[24]吴本厦. 中国学位与研究生教育的创立及实践[M]. 北京：高等教育出版社，2010.

[25]王文东. 心灵的教化——变革社会中的中国师德[M]. 成都：四川人民出版社，2003.

[26]魏则胜. 教师职业道德[M]. 广州：中山大学出版社，2017.

[27]陈惠津，范士龙. 教师职业道德与教育法规[M]. 武汉：华中师范大学出版社，2018.

[28]傅维利. 教师职业道德教育指南（第 2 版）[M]. 北京：高等教育出版社，2009.

[29]杜萍. 当代教育学[M]. 上海：华东师范大学出版社，2016.

[30]王道俊，郭文安. 教育学[M]. 北京：人民教育出版社，2016.

[31]杨连山，田福安. 教师专业化五项修炼[M]. 重庆：西南师范大学出版社，2010.

[32]赵国柱，陈旭光. 教师专业标准背景下的师德建设[M]. 天津：天津教育出版社，2014.

[33]赵国柱，陈旭光. 师德新说——中小学教师职业道德经典读本[M]. 北京：开明出版社，2009.

[34]檀传宝. 教师职业道德[M]. 北京：北京师范大学出版社，2015.

[35]赵文，钟秉枢. 高校教师职业道德与修养探析[M]. 北京：中国传媒大学出版社，2016.

[36]云南省教育厅. 教师职业道德与教育法律[M]. 昆明：云南科技出版社，2004.

[37]北京未来新世纪教育科学发展中心. 教师职业道德修养[M]. 呼和浩特：远方出版社，2005.

[38]陈法宝. 教师职业伦理失范的归因分析与对策[J]. 河北师范大学学报（教育科学版），2012(10).

[39]冯晓玲，别敦荣. 文化视角下的高校师德建设路径[J]. 现代教育管理，2018(12).

[40]黄宝印. 科学谋划 创新推进 加快建设中国特色世界一流大学和一流学科[J]. 中国高等教育,2017(19).

[41]韩东屏. 论道德修养[J]. 中州学刊,2015(10).

[42]霍益萍,张人红. 研究性学习的特点和课程定位[J]. 课程·教材·教法,2000(11).

[43]黄忠敬. 我国教育政策制定过程之探讨[J]. 教育理论与实践,2007(3).

[44]解立军. 教师处分的法律分析:基于《事业单位工作人员处分暂行规定》的解读[J]. 中小学管理,2013(4).

[45]靖国平. 教育智慧伦理:教师职业道德的新境界[J]. 上海师范大学学报(哲学社会科学版),2015,44(1).

[46]孙绵涛. 关于国家教育政策体系的探讨[J]. 教育发展研究,2001(3).

[47]申素平,邓雨薇. 我国高等教育法治 70 年发展史[J]. 教育发展研究,2019(17).

[48]赵阳. 英国教师职业行为规范制定与实施[J]. 外国教育研究,2019,46(8).

附录一
练习与思考参考答案

第一章

一、简答题

1. 从广义上讲，政策是个人、团体或政府等为了达到某种目标，实现某种目的所提出的各项有计划的活动的总称。从狭义上讲，政策是政府、政党和其他政治团体等具有公共权力的主体在一定的历史条件下和社会环境中，为了实现其政治、经济、文化、社会、科技、教育等各项发展目标而提出的政治性的行为依据和准则。

2. 教育政策是国家和政党为了实现一定时期的教育目标和任务，通过一定的程序制定的调节教育内外关系的行动依据和准则，表现为教育路线、教育方针、教育战略、教育规划、教育决定、教育法律法规等形式。

3. 每项教育政策的制定都必然会有系统整体的考量，即便是单项教育政策也具有系统性的特征。从教育政策整体来看，一个国家的教育政策体系包括教育体制政策、教育经费政策、教师政策、教育质量政策等多个维度。任何教育政策都是在与其他政策相互作用的过程中而发挥作用的，它们相互支持、相互制约，组成了有关社会发展的整体政策。

4. 教育政策的功能主要包括引导功能、保障功能、规范功能、协调功能、激励功能。

(1)引导功能：所谓教育政策的引导功能，是指教育政策对教育教学活动、对人们的行为具有引导作用。教育政策的引导功能通常从两个方面表现出来：一是为教育事业的发展提出明确的目标；二是依据政策推出一系列落实政策的重大措施。

(2)保障功能：教育政策能够对教育发展起着“保驾护航”的作用。所谓保障功能，是指教育政策客观上起着维护与保障教育事业发展的作用。教育政策的保障功能主要表现在两个方面：一方面，制定教育政策是为了使教育事业的改革与发展有章可依；另一方面，实施教育政策是为了保障教育事业能够按照教育政策所确立的目标并沿着教育政策所指引的路径向前发展。

(3)规范功能：教育政策是社会规范的一种，规范功能是其最基本的功能。依法治教并不否定教育政策的规范功能，相反，由于教育政策和教育法律具有各自不同的特点和不同的调整范围，使得两者在调整教育领域中的社会关系时具有各自特有的优势。在不便或不能运用法律调整的某些领域，或者尚无教育法律调整的某些领域，要充分发挥教育政策的灵活性特点和规范功能。

(4)协调功能：教育政策的协调功能是指教育政策在社会发展过程中能起到协调和平衡各种教育关系的作用。教育事业是一项庞大的系统工程，组成这个系统的各个要素之间(如初等教育与中等教育之间、中等教育与高等教育之间)存在着各种各样的关系和结构。教育政策之所以具有协调功能，主要是由教育政策的本质属性决定的。教育政策是有关教育的权力和利益的具体体现，作为利益的“显示器”和“调节器”，所有教育政策都具有协调功能。

(5)激励功能：教育政策能够对教育实践产生极大的激励作用。所谓激励功能，是指教育政策客观上起着一种鼓舞、促进教育事业不断向前发展的作用。教育政策的激励功能首先表现为它能够激发起人们内心的普遍认同。教育政策的激励功能除了表现为它能引起社会大众情感上的共鸣与回应之外，更重要的是，它能激发人们对教育政策实施的积极参与。

5.我国教育政策的主要表现形式有五类：(1)党关于教育的政策性文件；(2)人民代表大会通过的有关教育的政策性文件，即通常所说的教育法律法规；(3)国家行政机关制定、发布的有关教育工作的政策性文件；(4)党和政府出台的教育政策文件；(5)党和国家领导人有关教育问题的讲话、指示。

6.教育政策的过程分为制定、执行、评价三个阶段。

(1)教育政策制定：主要包含四个步骤，一是教育政策主题的确认，二是教育政策议程的设立，三是教育政策方案的形成，四是教育政策的合法化。

(2)教育政策执行：主要包含三个阶段，一是准备阶段，二是实施阶段，三是总结阶段。

(3)教育政策评价：常用的方法有成本—效益分析法、前后对比分析法和评价主体分析法等。

二、材料分析题

7.(1)教育政策制定的主体即确定教育政策是由谁来制定的问题。

(2)教育政策制定过程是一项复杂的系统工程，涉及社会的方方面面的利益和关切点。因此，在实际教育政策制定中，参与的主体成员总是多方面的。

(3)材料中的三项教育政策制定过程表明，参与的主体成员是方方面面的，包括中央政治局、全国人大、全国政协、各民主党派、教育部、地方教育厅(委)、部分大中小学和幼儿园、企事业单位及教师、学生、家长等，都参与了政策的制定过程。

(4)在教育决策强调民主化、科学化和专业化的今天,教育政策制定的主体是很广泛的,除了党政机构人员外,还有学术研究群体、利益相关者代表以及众多的行业普通人员等也会参与到教育政策的制定中来。

第二章

一、简答题

1.教育振兴的"六大工程"指的是:一是跨世纪素质教育工程,整体推进素质教育,全面提高国民素质和民族创新能力;二是跨世纪园丁工程,大力提高教师队伍素质,加强师德建设;三是高层次创造性人才工程,加强高等学校科研工作,积极参与国家创新体系建设;四是211工程,大力提高高等学校的知识创新能力;五是建设一流大学以及一流学科工程;六是现代远程教育工程,形成开放式教育网络,构建终身学习体系。

2.改革开放后三十年我国教育政策发展的特点是:我国教育政策强调的重点从教育体制改革到教育事业优先发展地位的确立,再到全面推进素质教育,然后提出面向新世纪的教育行动方略,这不仅是我国教育事业改革发展量的积累,更是质的飞跃,体现出国家性、地方性、社会性。从国家性的角度,我们的教育政策把全国作为一个整体来对待,由中央政府统一制定全国教育政策,管理、发展和改革教育;从地方性的角度,地方制定自己的教育政策、安排自己的教育财政,人民群体对教育提供了帮助和支持;从社会性的角度,国家开展多元办学、社会合作办学,形成了全民办教育的新模式。

二、材料分析题

3.教育规律指教育内部诸因素之间、教育与其他事物之间的本质性联系,以及教育发展变化的必然趋势。从宏观上看,虽然每个阶段的教育各不相同,但各个阶段的教育都受当时社会的生产力和经济政治制度以及文化生活的制约,这就是一个具有普遍性的规律。从微观上来说,教与学,传授知识与发展智力,智育与德育,小学、中学与大学各个教育阶段之间,也存在内在的本质性的联系,即存在着教育规律。揭示教育规律,阐明教育工作的原则、方法和组织形式,为教育工作者提供理论上和方法上的依据。

4.教师基本素养是教师在教育教学活动中表现出来的,影响其教育教学效果,对学生身心发展有直接而显著影响的素质、心理品质等的总和,其中包括高尚的师德、文化素养、教育素养、心理素质。材料中提到"加强师德师风建设,培养高素质教师队伍,倡导全社会尊师重教,形成优秀人才争相从教、教师人人尽展其才、好教师不断涌现的良好局面"。教师是教育事业的主要依靠力量,教师的素养直接关系到教育事业的发展，因此当前教师应具备的基本素养有：第一，高尚的师德修养。第二，宽厚的文化素养。第三，专门的教育素养。其一，具有教育理论素养，掌握教育科学基本理论知识；其二，教育能力素养，有顺利完成教育教学任务的基本操作能力；其三，教育研究素养，探索教育领域的规律和解决问题的能力。第四，健康的心理素质。（王道俊，郭文安. 教育学[M]. 北京：人民教育出版社，2009：454—458.）

三、论述题

5. 教育政策与教育事业发展的关系是：不同时期的教育政策与这一时期教育事业的发展相适应。教育政策指引并促进教育事业的发展，而教育事业的发展又反作用于教育政策的制定，并在不适应教育发展规律时作出应有的变化与调整。教育的改革发展与教育政策不可分离，教育发展的每一步不可脱离教育政策的指引，反之，教育政策的每一次制定与优化都源于教育改革发展的实践。总的说来，教育政策是教育发展的指导性纲领，教育发展为教育政策的优化提供宝贵的经验，二者相互依存。

第三章

一、选择题

1. C　2. D　3. B　4. B　5. D　6. D　7. A　8. A　9. C　10. A

二、案例分析题

11.（1）教师申诉的范围：教师认为学校或其他教育机构侵犯其《教师法》规定的合法权益的，可以提出申诉；教师对学校或其他教育机构作出的处理决定不服的，可以提出申诉；教师认为当地人民政府的有关行政部门侵犯其《教师法》规定的合法权益的，可以提出申诉。

（2）教师陈某有权进行申诉。因为申诉权是教师的权利，至于学校是否真的侵犯了教师的合法权益，由受理机关裁决。

（3）学校作出的决定合法。因为《教师法》第八条第二款规定，教师应当履行“贯彻国家的教育方针，遵守规章制度，执行学校的教学计划，履行教师聘约，完成教育教学工作任务”的义务。教师参加进修是《教师法》赋予教师的一项权利，但应在完成本职工作或不影响正常教育教学的前提下行使自己的权利。本案中陈某因未能参加进修，在工作中经常迟到、早退，而使正常的教育教学活动受到影响。

12.（1）教师的做法是错误的，违背了教师职业道德修养和规范的基本要求。

（2）教师的做法违背了依法执教的教师职业道德规范的要求。依法执教要求教师要关心、爱护全体学生，尊重学生的人格，保证学生在德智体等方面全面发展。教师勒令全班的孩子不要理睬小明会给他带来心灵上的伤害。

(3)教师的做法违背了热爱学生的教师职业道德规范的要求。热爱学生要求教师要深入了解学生,充分尊重学生的人格,教师当众批评小明会伤害他的自尊心。

第四章

一、选择题

1. A　2. ABCD　3. ABCD

二、辨析题(先判断正误,再论述理由)

4.这种说法是错误的。职业教育与普通教育是两种不同教育类型,具有同等重要地位。改革开放以来,职业教育为我国经济社会发展提供了有力的人才和智力支撑,现代职业教育体系框架全面建成,服务经济社会发展能力和社会吸引力不断增强,具备了基本实现现代化的诸多有利条件和良好工作基础。没有职业教育现代化就没有教育现代化,我们要坚持以习近平新时代中国特色社会主义思想为指导,把职业教育摆在教育改革创新和经济社会发展中更加突出的位置。

三、简答题

5.《中华人民共和国职业教育法修订草案(征求意见稿)》规定,“国家建立职业教育教师培养培训体系”,国家设立职业教育教师培养培训基地,加强专业化教师培养培训;鼓励、支持地方人民政府设立专门的职业技术师范学院,鼓励高等学校设立职业教育教师教育专业;鼓励行业企业共同参与职业教育教师培养和培训;产教融合型企业、规模以上企业应当安排一定比例的岗位,接纳职业学校、职业培训机构教师实践。

《国家职业教育改革实施方案》规定,“多措并举打造‘双师型’教师队伍”,加强职业技术师范院校建设,优化结构布局,引导一批高水平工科学校举办职业技术师范教育,实施职业院校教师素质提高计划,建立100个“双师型”教师培养培训基地,职业院校、应用型本科高校教师每年至少1个月在企业或实训基地实训,落实教师5年一周期的全员轮训制度。

6.(1)明确提出政策建设的总目标和阶段目标;

(2)突出以学科为载体,带动高校发展积极性;

(3)创新择优遴选机制,动态管理“双一流”建设高校;

(4)引入第三方评价,凸显社会参与机制。

第五章

一、选择题

1. B　2. D　3. C　4. D　5. A　6. D　7. C　8. B　9. A　10. A

二、案例分析题

11.(1)班主任老师代表学校行使教育教学职权时没有履行“以适当方式为受教育者及其监护人了解受教育者的学业成绩及其他有关情况提供便利”的义务。也没有履行“建立安全制度,加强对未成年人的安全教育和安全管理”和“教育保护”职责。所以,对于谢某的失踪,学校应承担一定的法律责任——民事法律责任。

(2)一是要强化依法治教的法律意识;二是在教育教学过程中要严格履行义务,正确行使权利;三是切实履行对学生的教育保护职责,杜绝学生人身伤害事故的发生,切实保护受教育者的合法权益,以实际行动为推动教育的法制建设作出贡献。

第六章

一、选择题

1.C　2.D　3.C　4.B　5.C　6.A　7.A　8.A　9.D　10.D

二、材料分析题

11.校长做得对,儿童拥有受教育的权利,其中包括参与教育教学活动的权利,所以班主任不让涛涛上课的做法侵害了他的受教育权。学校是少年儿童受教育的地方,为了保护中小学学生的受教育权利,法律还专门规定了在义务教育阶段,学校不能随便开除学生。教育和帮助有缺点的学生是学校和老师的责任,学校、老师应当对学习有困难、品行有缺点的学生给予更多的关心和帮助,使他们改正错误,健康成长。经过教育,这位班主任应当认识到自己的错误。涛涛也应当认识到,自己不仅违反了学校纪律,而且在课堂上随便说话也影响了别的同学听课,实际上侵犯了其他同学受教育的权利。

12.学校侵犯了教师获取报酬待遇权。教师的请求能得到教育行政部门的支持。原因是:拖欠教师工资,违反《中华人民共和国教育法》《中华人民共和国教师法》,是侵害教师合法权益的行为。它不仅侵害了教师获取劳动报酬的基本权利,影响教师及其家庭生计,还严重影响了教师队伍的稳定和教育教学工作的正常进行。

处理:如果该校拖欠教师3个月工资的情况属实,教育行政部门应当责令该校及其责任人限期归还被挪用的教师工资,修建校舍的经费由该校另行解决,并可对该校领导及其直接责任人给予行政处分。

第七章

一、选择题

1.D　2.A　3.D　4.B　5.D　6.D　7.A　8.C　9.B　10.B

二、材料分析题

11.(1)学生伤害事故是指在学校实施的教育教学活动或者学校组织的校外活动中，以及在学校负有管理责任的校舍、场地、其他教育教学设施、生活设施内发生的，造成在校学生人身损害后果的事故。

(2)依据《学生伤害事故处理办法》第九条规定，学校的安全保卫、消防、设施设备管理等安全制度有明显疏漏，或者管理混乱，存在重大安全隐患，而未及时采取措施的，造成学生伤害事故，学校应当依法承担相应的责任。结合材料进行分析。

(3)对校园安全管理的思考。

12.(1)学生伤害事故是指在学校实施的教育教学活动或者学校组织的校外活动中，以及在学校负有管理责任的校舍、场地、其他教育教学设施、生活设施内发生的，造成在校学生人身损害后果的事故。

(2)依据《学生伤害事故处理办法》第八条："学生伤害事故的责任，应当根据相关当事人的行为与损害后果之间的因果关系依法确定。因学校、学生或者其他相关当事人的过错造成的学生伤害事故，相关当事人应当根据其行为过错程度的比例及其与损害后果之间的因果关系承担相应的责任。当事人的行为是损害后果发生的主要原因，应当承担主要责任；当事人的行为是损害后果发生的非主要原因，承担相应的责任。"结合材料进行分析。

(3)依据《中华人民共和国义务教育法》第二十九条："教师应当尊重学生的人格，不得歧视学生，不得对学生实施体罚、变相体罚或者其他侮辱人格尊严的行为，不得侵犯学生的合法权益。"结合材料中教师的行为进行分析。

(4)依据《中华人民共和国未成年人保护法》第二十七条："学校、幼儿园的教职员工应当尊重未成年人人格尊严，不得对未成年人实施体罚、变相体罚或者其他侮辱人格尊严的行为。"结合材料中教师的行为进行分析。

(5)结合材料从教师专业素养和职业道德的角度进行分析，言之有理即可。

第八章

一、选择题

1.B　2.D　3.C　4.D　5.A　6.A　7.B

二、材料分析题

8.(1)A　(2)B　(3)A

9.《中华人民共和国职业教育法修订草案(征求意见稿)》规定，职业学校的专业教师应当具有一定年限的相应工作经历或者实践经验，达到相应的技术技能水平。

《国家职业教育改革实施方案》规定，从2019年起，职业院校、应用型本科高校相关专业教师原则上从具有3年以上企业工作经历并具有高职以上学历的人员中公开招聘，特殊高技能人才（含具有高级工以上职业资格人员）可适当放宽学历要求，2020年起基本不再从应届毕业生中招聘。

因此，小王如果想去中等职业学校任教，除了考取中等职业学校相应专业的教师资格证以外，还需要具有一定年限的相应工作经历或者实践经验，达到相应的技术技能水平。

第九章

简答题

1.师德规范是对教师的教育专业行为提出的行为准则，它具有道德规范的典型特征，主要表现为一种以自觉自律为主要特征的社会规范。

2.师德规范对指导教师职业行为的作用主要表现在以下几个方面：一是对弘扬高尚教师职业行为的引导功能；二是对违反师德底线行为的管理功能；三是对教育对象的教育功能；四是对社会文明的示范功能。

3.中国古代社会师德规范的基本内容包括：(1)道德示范，言传身教。具体要求教师以身作则、端正品行、注重身教、提倡力行、师严道尊、博学新知。(2)有教无类，公平施教。有教无类和公平施教是教师招生与教学过程中应遵循的基本规范和尺度。有教无类指的是不论学生出身贵贱贫富、地域差异都应加以教育，坚持正义是传统社会教师的人生追求和立身处世之道。(3)教学相长，爱护学生。教学相长和爱护学生是教师处理师生关系所应遵循的基本规范和尺度。教学相长是建立良好师生关系的基础，要处理好师生关系，教师需要多方面的努力，其中爱护学生是处理好师生关系的最基本条件。爱护学生主要体现为教师要关心、了解学生，对学生一视同仁，寄予厚望。(4)学而不厌，自省其身。学而不厌和自省其身是教师终身学习所应遵循的基本规范和尺度，要求教师要努力学习，永不满足，不知厌倦，不断复习旧知识，从中获得新体会、新发展，时常反躬自问，日省其身。

4.新中国成立以来师德规范发展的历程，大体可以分为三个阶段：一是师德规范的萌芽期，大体从1949年到改革开放之初，强调师德规范的思想政治标准；二是师德规范的建设期，从改革开放之后到21世纪的前10年，这是师德规范的专业化发展时期；三是师德规范的完善期，大体从2012年至今，强调师德规范向精细化、纵深化和常态化发展。

5.参考本章第三节的观点。

6.答案略。

第十章

一、选择题

1.C　2.C　3.A　4.B　5.D　6.A

二、材料分析题

7.不同的课程对教师有不同的角色要求。在新课程背景下，学校发生了一系列变化：由使学生适应学校要求变为学校教育要适应学生发展；教师评价以教师自评为主，建立发展性教师评价体系；学生的学习方式变为主动参与、探究、合作；课程资源也不限于学校内部，扩大至社区；确立了新的三维目标。

由于背景的变化，教师角色也发生了相应变化：教学过程中更多履行多样化职责，更多承担组织教学的任务；从一味强调知识的传授转向组织学生学习，并最大限度地开发社区内部的新资源；注重学生个性发展，改进师生关系；教师间合作广泛；广泛利用现代教育技术；密切与家长和其他社区的合作，更广泛地参加校内服务与课外活动。

教师要实现这些角色变化，可尝试制订角色发展规划。制订规划应注意以下几点：认识自我并评估时间与空间环境；分析相关资料，审视发展机会；确立发展目标与行动策略；按目标逐步执行；评价发展计划。

8.材料中李老师的做法是合理的，符合新课程改革背景下的教师观要求，值得其他老师借鉴，具体表现在以下方面。

(1)第一，从教师角色的角度来看：新课程要求教师应该是学生学习和发展的促进者。教师应该把激发学生学习动机，指导学生学习方法，组织管理学生的学习过程，培养学生自主学习、合作学习的能力作为自己工作的主要目标。在教学过程中，教师要注重培养学生的发现和探究的能力以及实践动手能力，激发学生的创造潜能，使学生学会学习。材料中，李老师通过自己的做法影响学生，引导学生认识到如果自己把学习计算机的热情和努力用在学习物理上也可以学得很好，激发了学生进行学习的积极性。

第二，从教学与研究的关系来看，新课程要求教师应该是教育教学的研究者。新课程要求教师应该是一个研究者，在教学过程中以研究者的心态置身于教学情境中，以研究者的眼光审视和分析教学理论与教学实践中的各种问题，对出现的教学问题进行研究，总结经验，并形成规律性认识。材料中李老师以教学札记的形式记录自己教学中遇到的实际问题和解决方法，时刻总结经验，最终取得了良好的效果。

(2)从教师行为转变的角度来说，李老师的行为符合以下几点。

其一，在对待师生关系上，新课程强调尊重、赞赏。要求教师不仅要尊重每一位学生，还要学会赞赏每一位学生。材料中当学生在物理方面没有兴趣，经常不及格之时，李老师并没有否定学生，而是通过现身说法的形式给学生肯定和鼓励，做到了尊重和信任。

其二，在对待教学上，新课程强调帮助、引导。教师的本质在于引导，引导的特点是含而不露，指而不明，开而不达，引而不发；引导的内容不仅包括方法和思维，也包括价值和做人。材料中，李老师引导学生认识到他在计算机方面的成功，并且可以通过同样的学习劲头在其他学科上取得成功。

其三，在对待自我上，新课程强调反思。教学反思是教师专业发展和自我成长的重要因素，促使教师形成自我反思的意识和自我监控的能力。材料中李老师通过自己的不断反思和总结，并撰写教学札记，积累经验。

综上所述，作为新时代的教育者，我们应该像李老师一样，不断地进行教师角色的转化，不断地引导学生、帮助学生，让学生在肯定和鼓励中不断体会到成功学习带来的快乐。

第十一章

一、选择题

1. D　2. A　3. C　4. C

二、材料分析题

5. 教师职业道德规范要求教师做到：爱国守法、爱岗敬业、关爱学生、教书育人、为人师表和终身学习。材料中该老师的教育行为违背了教师职业道德规范“爱岗敬业”和“为人师表”等规定。

首先，该老师的做法违背了爱岗敬业的职业道德。爱岗敬业是教师职业的本质要求。材料中该老师讲课“留有一手”，在教学工作中“敷衍塞责”的做法，说明对自己的工作不够认真负责，不符合爱岗敬业的要求。

其次，该老师的做法违背了为人师表的职业道德。材料中的该老师利用职务之便谋取私利，收取课程学习辅导资料的差价，向学生家长暗示或明要礼物、礼品或礼金等行为，不符合“为人师表”中廉洁从教的要求。

总之，材料中该老师的行为是十分不可取的，应对其进行教师职业道德规范教育。我们一定要从这位教师身上吸取教训，坚决抵制这样的行为出现在教学中，同时，也要努力践行《中小学教师职业道德规范》的要求，做一名合格的、受人尊敬的教师。

6. 苏老师的做法践行了职业道德规范的相关要求，是值得我们学习的。

首先，苏老师的做法体现了爱岗敬业的要求。材料中的苏老师细心地观察这位新同学,主动和他交流,充分说明了苏老师是爱岗敬业的。其次,苏老师的做法体现了关爱学生的要求。苏老师发现学校新栽的小树需要护理,就请新同学跟他一起去照顾小树,这体现出了苏老师真正做到了关爱学生。最后,苏老师的做法体现了教书育人的要求。教书育人要求教师能够遵循教育规律,循循善诱,促进学生全面发展。材料中苏老师并不是通过课堂的讲授让学生接受知识,而是通过课堂外的小事给学生正确的启示。这说明苏老师遵循了教育规律,激发了学生兴趣,培养了学生乐观开朗的性格和良好的品行。

综上所述,苏老师在教学中遵循了职业道德的规范,做到了爱岗敬业、关爱学生、教书育人,值得我们每一位教师学习。

第十二章

一、简答题

1.教师职业道德修养是指教师在职业活动中按照一定的职业道德原则和规范,进行自我锻炼和自我改造以及所形成的道德品质和所达到的道德境界。

2.教师职业道德修养的特征包括:(1)修养内容的广泛性;(2)道德修养的自觉性;(3)修养时间的长期性;(4)修养过程的矛盾性。

3.教师职业道德修养遵循的原则包括:(1)坚持知行统一;(2)坚持自律与他律相结合;(3)坚持个人和社会相结合;(4)坚持继承和创新相结合。

4.教师职业道德修养的主要内容包括:(1)树立师德理想;(2)提高师德认识;(3)陶冶师德情感;(4)磨砺师德意志;(5)确立师德信念;(6)培养师德行为和习惯。

5.教师职业道德修养的路径和方法大致包括:(1)知行统一;(2)开展批评与自我批评;(3)学习先进人物;(4)努力做到慎独。

二、材料分析题

6.(1)李某的行为是高尚职业道德修养的重要体现;(2)从国家、学生以及教师三个方面论证提高教师职业道德修养的意义。

附录二
本书政策法律规范汇总

第一章

1.《国家中长期教育改革和发展规划纲要(2010—2020 年)》

2.《中国教育现代化 2035》

第二章

1.《中共中央、国务院关于教育工作的指示》

2.《中共中央关于教育体制改革的决定》

3.《中国教育改革和发展纲要》

4.《面向 21 世纪教育振兴行动计划》

5.《中共中央 国务院关于深化教育改革,全面推进素质教育的决定》

6.《国务院关于基础教育改革与发展的决定》

7.《国家教育事业发展"十三五"规划》

8.《中共中央 国务院关于全面深化新时代教师队伍建设改革的意见》

第三章

1.《教育部关于进一步推进义务教育均衡发展的若干意见》

2.《中小学生减负措施》

3.《中共中央 国务院关于深化教育教学改革 全面提高义务教育质量的意见》

4.《教育部关于进一步推进高中阶段学校考试招生制度改革的指导意见》

5.《关于加强和改进新时代师德师风建设的意见》

6.《教师教育振兴行动计划(2018—2022 年)》

第四章

1.《国家职业教育改革实施方案》

2.《职业学校校企合作促进办法》

3.《统筹推进世界一流大学和一流学科建设总体方案》

4.《统筹推进世界一流大学和一流学科建设实施办法(暂行)》

第五章

1.《中国人民政治协商会议共同纲领》

2.《关于改革学制的决定》

3.《关于扫除文盲的决定》

第六章

1.《中华人民共和国教育法》

2.《中华人民共和国教师法》

第七章

1.《中华人民共和国义务教育法》

2.《中华人民共和国未成年人保护法》

3.《中华人民共和国预防未成年人犯罪法》

4.《学生伤害事故处理办法》

5.《中小学幼儿园安全管理办法》

6.《教育部等九部门关于防治中小学生欺凌和暴力的指导意见》

第八章

1.《中华人民共和国职业教育法修订草案(征求意见稿)》

2.《中华人民共和国高等教育法》

3.《中华人民共和国学位条例》

4.《普通高等学校学生管理规定》

第九章

1.美国全国教育协会1975年《教育专业伦理规范》

2.英国全国教师联合会(UNT)提出英国专业教师应避免的行为

第十章

1.《基础教育课程改革纲要(试行)》

2.《中小学班主任规定》

3.《教师资格条例》

第十一章

1.《中小学教师职业道德规范》(2008 年版)

2.《中学教师专业标准(试行)》

3.《小学教师专业标准(试行)》

4.《幼儿园教师专业标准(试行)》

5.《新时代中小学教师职业行为十项准则》

6.《新时代幼儿园教师职业行为十项准则》

7.《中小学教师违反职业道德行为处理办法》

8.《幼儿园教师违反职业道德行为处理办法》

9.《中小学教师实施教育惩戒规则(征求意见稿)》

本书政策法律规范汇总